教育的温度丛书

走向高质量融合教育

区域随班就读的系统建构和实践行动

乔慧芳　牛丽君　韩秀华 等◎著

华东师范大学出版社
·上海·

图书在版编目（CIP）数据

走向高质量融合教育：区域随班就读的系统建构和实践行动／乔慧芳等著. —上海：华东师范大学出版社，2022
（教育的温度丛书）
ISBN 978-7-5760-2949-9

Ⅰ. ①走… Ⅱ. ①乔… Ⅲ. ①听力障碍—儿童教育—特殊教育—研究—中国 Ⅳ. ①G762.2

中国版本图书馆 CIP 数据核字(2022)第 139736 号

教育的温度丛书
走向高质量融合教育：区域随班就读的系统建构和实践行动

著　　者　乔慧芳　牛丽君　韩秀华 等
策划编辑　彭呈军
责任编辑　朱小钗
责任校对　郭　琳　时东明
装帧设计　卢晓红

出版发行　华东师范大学出版社
社　　址　上海市中山北路 3663 号　邮编 200062
网　　址　www.ecnupress.com.cn
电　　话　021-60821666　行政传真 021-62572105
客服电话　021-62865537　门市(邮购)电话 021-62869887
地　　址　上海市中山北路 3663 号华东师范大学校内先锋路口
网　　店　http://hdsdcbs.tmall.com

印 刷 者　上海锦佳印刷有限公司
开　　本　787×1092　16 开
印　　张　16.5
字　　数　271 千字
版　　次　2022 年 9 月第 1 版
印　　次　2022 年 9 月第 1 次
书　　号　ISBN 978-7-5760-2949-9
定　　价　52.00 元

出 版 人　王　焰

课题批准号：DHA170343 全国教育科学“十三五”规划2017年度教育部重点课题

课 题 名 称：提升3—15岁听障儿童随班就读质量的区域支持系统研究

课题负责人：乔慧芳

序

20 世纪 80 年代末期，我国以随班就读的方式开始了残疾儿童融合教育实践。其最初的使命是“形成一条投资少、见效快、效益大的残疾少年儿童教育发展的路子”[1]。普通学校数量多、分布广，方便特殊儿童就近入学，随班就读政策使得大量残疾儿童就近进入普通学校就读，快速提高了适龄残疾儿童义务教育的入学率。历经 30 余年的努力，随班就读已成为特殊教育的主体形式，为特殊儿童提供了与同龄普通儿童平等就学的机会，从根本上改变了特殊教育的隔离状态。2014 年起，教育部连续发布并实施三期特殊教育行动计划，2019 年，中共中央、国务院印发《中国教育现代化 2035》，将“全面推进融合教育”作为教育发展的重要战略任务。大量的研究与实践证据显示，融合教育为全体儿童享受公平优质的教育提供了保障。融合教育创造了特殊儿童与普通同伴共同学习和自然交往的机会，有助于增进师生对多样性的认识以及对差异性的尊重，有助于提升全体儿童社会适应能力，对特殊儿童的学业发展有积极的作用。在推进融合教育的过程中，普通学校在融合环境创设、课程教学、师资队伍、支持保障等方面不断改进，进而实现学校变革与发展。但长期以来，随班就读工作始终面临重大挑战，现实困境触手可及，特殊儿童“随班混读”“回流（特殊教育学校）”的现象普遍存在。正如本书所分析的“政策执行之难”“环境接纳之难”“质量提升之难”“学校支持之难”“儿童适应之难”等多重困难横亘于现实和理想之间，形成巨大落差。随班就读是一项系统工程，涉及政策制度、组织管理、学校接纳、课程教学等方方面面的工作，实可谓“牵一发而动全身”。如何突破这一难题，让特殊儿童真正获得公平而有质量的教育，迫切需要区域的顶层设计与科学实施。

正是在这样的背景之下，项目组直面现实需求，以听障儿童随班就读为切入点，聚

1 国家教委副主任何东昌在全国特殊教育工作会议上的讲话，1988 年 11 月.

焦区域随班就读工作的关键核心问题开展了为期四年的行动研究。项目组基于问卷调查和深入访谈,全面呈现了区域听障儿童随班就读的现实状况与需求,既包括宏观层面的区域政策与支持,也包括中观层面的学校管理、融合氛围、课程教学、学段衔接和家校合作,同时还关注了学生听能管理、人际沟通与学业适应。基于调研中发现的问题,项目组立足于融合文化、课程体系以及转衔服务等三个向度,打造了区域、学校、班级三层级融合文化,构建了以普通课程为核心,区域共享课程与学校特设课程为补充的听障儿童随班就读课程实施模式,建立了听障儿童双向融合、双向流动的多项转衔机制与服务体系。为科学构建区域随班就读支持系统,项目组在深入研究国内外文献的基础上,先行建立了区域和学校两个层面的随班就读质量关键性指标体系,厘定了各指标体系的三级指标及内涵,并明确了各指标对应的责任机构,为指标落实提供了依据。基于该指标体系,项目组构建了由宏观、中观和微观三个层级构成的区域随班就读支持系统,整体设计随班就读各项工作安排与运行,形成多方协同、上下贯通的区域随班就读支持系统。在实践运行中,创设了引导式、介入式、浸入式、互融式四种区域随班就读支持模式,并将基于听障儿童随班就读支持所形成的项目成果成功地推广辐射至区域全体随班就读儿童的支持服务之中。书中大量鲜活的案例生动展示了项目学校所形成的多样化成果,既包括学前阶段进阶式融合、小学阶段差异教学和初中阶段多元支持等不同学段的特色举措,也包括面向家庭、学生及教师等不同人群的个性化支持服务。

我以为,本书所呈现的既是该项目的成果,也真实记录了区域随班就读工作实践推进的过程,期待也相信该成果能够为我国随班就读的研究与实践提供有益的借鉴。

2022.4.28

(华东师范大学教育学部教授,上海市特殊教育资源中心主任)

目录

第一章

融合教育的
理论追溯和现实辨析

“融合教育”的思想是在批判、反思回归主流教学实践失败的基础上建立起来的，是基于满足学生多种需求的信念，在具有接纳、归属和融合文化氛围的学校内，为特殊儿童提供平等、高效的教育与相关服务。

顺应融合教育思潮，我国随班就读作为融合教育的一种教育创新，是根据我国具体国情走出的一条实施特殊教育的新路子。本章通过对融合教育的理论追溯和随班就读的发展辨析，以期了解国内外融合教育的发展历程，明晰我国特殊教育事业面临的现实问题，为后续发展指明方向。

第一节　国际融合教育的历史追踪

融合教育的发展源自西方的人权运动，经历正常化运动、回归主流与一体化教育，融合教育思想迅速席卷全球，成为各国教育改革关注的焦点问题。融合教育在各个国家每个阶段都有其各自发展的特点和缺点，但从大趋势上来说都是为了保证特殊教育需要儿童与正常儿童一样平等地在普通学校接受"免费、适当"的教育，追求特殊教育的高质量发展，最终实现个人尊严与社会公正的目标。

一、立足于人权观的特殊教育思潮(20 世纪初期与中期)

受人权观和民主观念的影响，一些国家政府为保障残疾儿童谋求平等教育机会的教育公平化，出台和颁发了一系列政策、措施和法案等，这种自上而下的改革措施极大地推动了各国特殊教育的发展。以美国为例，在第一次世界大战后，美国政府增加了特殊教育的拨款，从而使特殊教育的规模迅速扩大。1930 年由胡佛总统亲自发起，召开了关于儿童健康与保护的会议，并通过了《儿童宪章》。在宪章中，第一次用大量篇幅对特殊教育进行了专门的阐述，并提出特殊教育应是教育的一个合法组成部分。[1]此时期的英国通过颁发一系列法案，促进了其特殊教育的发展。比如 1906 年，苏格兰通过缺陷儿童教育法；1913 年英格兰、苏格兰及威尔士通过心理缺陷儿童教育法；1937 年，英格兰和威尔士通过了聋儿教育法，实行特殊教育与普通教育平行的二元教育体制。

与欧洲其他国家相比，西班牙早期特殊教育发展主要得益于特殊教育者的研究和

1　刘春玲，江琴娣.特殊教育概论[M].上海：华东师范大学出版社，2008：23.

社会实践,但这种自下而上的发展过程存在着一些问题,如国家对特殊教育关注度不高、无专门针对特殊教育发展的相关法案等。[1]

不管是自上而下还是自下而上,这一时期的特殊教育主要以隔离式教育为主,即特殊教育与普通教育相互隔离,两者没有任何交集。尽管特殊教育是充分地从残疾学生自身考虑出发的,但是仅仅考虑了他们在学校教育中的更好发展,没有为他们将来良好地走入社会作出任何努力,甚至阻碍了他们走入社会的脚步。

二、正常化思想的提出(20 世纪 60 至 70 年代)

回顾特殊教育发展的历史,早期主要是采取隔离的教育安置方式。在人权运动的影响下,一些研究者认为特殊儿童被限制在隔离班级中接受教育并不一定有效,同时,对隔离教室的质量低、设备差及教师缺乏训练等问题提出批评。对这些问题的思考和隔离教育机构有效性的研究,促使人们对新的教育方法进行了探索。于是 20 世纪 50 年代,欧洲出现了特殊教育“正常化运动”,从此拉开了特殊教育改革的序幕。

正常化原则(Normalization)自从丹麦的米克尔森(Mikkelsen)在 1950 年提出后,经瑞典人尼尔耶(Nirje)和美国人沃尔芬伯格(Wolfensberger)的倡导,在 20 世纪 60 年代奠定了其基本体系,即强调残疾人的个别性和公民权,认为身心障碍者应该尽可能与普通人一样,拥有一个良好的教育和生活环境,并享有自由的权利和公平的机会。受到这个理念的影响,特殊教育产生两项重大变革:“去机构化”(deinstituition)运动和“最少受限制环境”(least restrictive enviroment)概念。[2]基于对障碍者受教育权利的重视,1971 年和 1975 年,联合国教科文组织分别通过了《弱智儿童权利宣言》和《残疾人权利宣言》。宣言认为,残疾儿童享有与同龄人一样的平等权利,社会应对他们进行医学、心理的治疗和康复,进行教育和职业训练,以促使他们的潜能得到最大限度的开发。[3]

随着世界社会政治、经济等环境的改善,特殊教育迎来了一系列改革,各国通过颁

---

1 Emanuelsson I, Haug P, Persson B. Inclusive education in some Western European countries. In Mitchell D. Contextualising Inclusive Education: Evaluating Old and New Perspective [M]. London: Routledge, 2005: 114-138.

2 昝飞.融合教育理想与实践[M].上海:华东师范大学出版社,2016:16.

3 刘博允.中国台湾与美国融合教育政策之比较研究[D].暨南国际大学硕士论文,2000:118-119.

布一系列法案，避免造成特殊教育与普通教育完全相互隔离的现象。比如 1971 年，意大利政府颁布《残疾人新条例》，首次规定废除特殊教育学校，将部分残疾学生安置到普通学校，和正常学生一起接受教育。1970 年，西班牙政府颁布《教育与教育财政改革一般法》，从国家角度承认特殊教育是国民教育体系的一部分，并根据学生残疾程度对其采取不同的安置方式。[1] 1967 年，瑞典政府颁布《弱智人社会福利法》，鼓励特殊教育学校与普通学校合作以实现资源的优化配置，节约政府支出。[2]

正常化思想不仅为残疾人的治疗和教育提供了指导方针，同时也对具体的行动提出了建议，改革了原有公共隔离机构的封闭形式，将隔离者安置到正常社会环境中学习、生活，使其能够适应社会。同时，正常化原则在学龄儿童身上的实践引起了对整个特殊教育产生深刻影响的“回归主流”运动。[3]

然而随着人们对实践的认识以及特殊儿童在“正常化”环境中出现的各种利弊，许多研究揭示，大部分的法案仅仅限于将残疾学生安置到普通学校，关于这些残疾学生如何在普通学校进行学习，却无明确规定，使得有些被安置在普通班级的特殊学生，可能一整天都被孤立于普通学校群体之中，因此他们仍是被隔离的。

三、回归主流与一体化教育的兴起(20 世纪 70 至 80 年代)

正常化思想和去机构化运动是针对整个残疾人群体所提出的思想和开展的运动。这一思想在学龄儿童上的实践则是回归主流（mainstreaming）或者“一体化教育”（integrated education）。回归主流是美国常采用的一种说法，而一体化教育则是英国、北欧等国家的惯用术语。“回归主流”源于美国特教专家邓恩，他认为“特殊教育与普通教育必须融合”，批评当时把轻度智障儿童送到特教班或特殊学校做法的不恰当。[4]除了联合国于 1975 年提出“障碍者权利宣言”，揭示残障者“机会均等与全面参与”、回归主流社会的权利等理念，许多国家也开始改变对障碍者的教育安置形式，比如，

1 方俊明.特殊教育学[M].北京：人民教育出版社，2005：31.

2 Pastor C. Integration in Spain：acritical view[J]. European Journal of Special Needs Education，1998(1)：43－56.

3 Cor J. WMeijer，Sip Jan Pijl and Seamus Hegarty. New perspevtives in special education：A six-country study of integration[M]. London：Routledge，1994：41－53.

4 黄志成，王伟.英国全纳教育研究的现状[J].外国教育研究，2002(3)：13－14.

1975 年，美国颁布的《所有残疾儿童教育法》，提出要最大限度地让特殊儿童与普通儿童共同学习和生活，所有残障儿童必须接受免费、恰当的公共教育，是美国关于残疾儿童教育的第一部最完整、最重要的立法。[1] 1978 年英国沃纳克委员会发表了《沃纳克报告》，认为绝大多数残疾儿童可以而且应当在普通学校就读，用"有特殊教育需要的儿童"（special education needs，简称 SEN）这一术语代替原来的"特殊儿童"，并提出了一体化教育的三种形式：场所一体化、社会一体化和功能的一体化。[2] 1981 年，英国政府颁布了《1981 年教育法》，此法案在英国从隔离式教育到一体化教育再向融合教育迈进的发展过程中具有里程碑式的意义。

虽然"回归主流"运动比起隔离教育前进了一大步，是对传统教育完全隔离的反思，但回归主流教育运动依旧没有明确普通教育与特殊教育的关系问题，主要表现在：仅仅指的是安置形式，而不注重安置质量；针对轻度障碍儿童，而非所有儿童；教师所承担的对这些学生的教育责任仍旧是被分割的；正常化思想的缺陷等受到诟病。

四、融合教育法律保障的发展阶段（20 世纪 90 年代）

在 1980 年对于回归主流的做法加以反省，联合国为了激励各政府能贯彻"机会均等与全面参与"，1990 年，在泰国宗迪恩举行的世界全民教育大会上正式提出了全民教育运动，并发表了《世界全民教育宣言》（也称《宗迪恩宣言》），该宣言提出：全世界都应积极关注残疾人的学习问题，各国政府必须采取措施向各类残疾人提供平等教育的机会。1993 年，在菲律宾召开的亚太地区工作会议上，新西兰的一位代表在发言中提出"融合学校"（inclusive school）的说法。1995 年，英国会议通过了《残疾人歧视法》，旨在保护残疾人免受歧视的法案，由此第一次将特殊教育需要与法律上的机会平等联系起来。1997 年，英国政府颁布了《绿皮书与白皮书》，明确了对融合教育的支持，承诺：只要学生有特殊教育需要，主流学校就要为他们提供教育所需的强大支持与保障。继 1975 年的《所有残疾儿童教育法》，1990 年，美国政府颁布的《美国残疾人法》和《残疾个体教育法》成为美国发展融合教育的立法保障。1997 年，颁布了《残疾

1 余小红.特殊需要儿童全纳教育研究[M].杭州：浙江大学出版社，2016：84.

2 王俊.英国全纳教育研究——对我国随班就读教改试验的启示[D].华东师范大学硕士学位论文，2004.

个体教育法案修正案》,对当时法案中所规定的美国特殊教育的对象、目的、教育安置方式等一系列问题作了全面修订,对当代美国特殊教育目标、教育原则、教育对象的筛选与鉴定以及特殊教育服务的种类等问题逐一作了评述。[1]

1994 年 6 月 7 日至 10 日,代表 92 个政府及 25 个国际组织的 200 多名与会人员参加了联合国教科文组织在西班牙萨拉曼卡市召开了"世界特殊教育大会",颁布了《萨拉曼卡宣言》,会议上首次明确提出了"融合教育"(Inclusive Education)的思想。其核心思想是让所有儿童都得到教育,让所有儿童都得到适合他的教育,使每个儿童都得到最佳成长机会和对社会生活的最佳适应。这在国际教育发展过程中具有重大意义,拉开了融合教育的序幕。

由此可见,20 世纪 90 年代世界各国融合教育的兴起有以下特点:第一,开始注重国际交流研讨,各个国家互相交流融合教育试验的信息;第二,法令的逐步建立和完善,利用立法手段保障所有儿童享有平等的受教育权利与机会。第三,各国融合教育的理论和实践研究逐步开展并深入,已经发展成为一个专门的教育研究领域。

五、融合教育质量保障的深化阶段(21 世纪至今)

2000 年,第五届国际特殊教育大会在英国曼切斯特召开,焦点即融合教育,大会主题为"容纳被排斥者(including the excluded)"。2002 年,联合国教科文组织为了支持在世界各国推行融合教育,组织来自 30 多个国家和地区的 40 多位专家,精心编写了一个在不同国家推行融合教育经验的手册——《融合教育共享手册》(*Open File on Inclusive Education*)。2005 年 8 月,第六届国际特殊教育大会在英国格拉斯哥城举行,来自世界 77 个国家和地区的代表参加了此次会议。大会的主题为"融合教育:包容多元(Inclusion: Celebrating Diversity)"。2008 年 12 月,联合国教科文组织召开第 48 届国际教育大会,主题为"全纳教育:未来之路",再次强调全纳教育就是要确保全民受到教育、所有学习者都享有基本的学习权利和丰富高质量的学习机会。2013 年,联合国儿童基金会发布的《2013 年世界儿童状况》指出,全纳教育的第一步应该从家庭教育开始。可见在实现融合教育的过程中,除了教师的必须参与,同时还需要家长、社

1 黄志成.全纳教育——关注所有学生的学习和参与[M].上海:上海教育出版社,2004:265.

区和儿童的共同努力。不仅如此，各国也相继颁发了一系列法案，以美国为例，2000年的《2000年目标：美国教育法》、2002年的《不让一个儿童落后法案》以及2004年的《残疾人教育法促进法》等，这些法案的颁布极大地促进了美国融合教育的发展。[1]

因此，21世纪至今世界各国融合教育的蓬勃发展有以下特点：第一，在教育教学方面，加强个别化教育，增强教育的针对性与有效性；第二，在教师队伍建设方面，通过加强特殊教育教师培训，缓解普通学校教师"普而不专"的问题；第三，强调相关服务及专业团队合作；第四，鼓励家长及社区人士参与；第五，融合教育的经费逐渐提高，在很大程度上调动普通学校招收特殊教育需要学生的积极性。

综上所述，融合教育的发展主要源于人权运动的推动、民主政治的推进、经济发展的支持和教育改革的拓展。西方融合教育的发展经历了从特殊教育的"正常化"到"回归主流"的思想转变，从"回归主流"到"一体化教育"的模式转换，从"一体化教育"到"融合教育"的理念提升。

1 朴永馨.特殊教育[M]长春：吉林教育出版社，2000：240－245.

第二节 国内随班就读发展研究述评

为了“使每一个残疾孩子都能接受合适的教育”，我国在西方融合教育的基础上，根据国情制定了在普通教育机构招收特殊学生进行随班就读的政策，这是我国特殊教育的主要形式之一。从20世纪初至今，我国随班就读的发展经历了民间自发到行政支持的探索阶段、法律保障的发展阶段以及质量保障的深化阶段，每个阶段都有其各自的时代背景和发展特点，都是为了实现公平而有质量的教育发展目标。

一、随班就读发展趋势

（一）随班就读萌芽期（1986年以前）——民间自发实践

新中国成立以前，中国特殊教育随着社会热心人士的提倡和参与，政府逐步加大对特殊教育的关注力度，相关政策逐步建立，各省份也都陆续成立一些特殊教育机构，比如，1915年，在汉口训盲学校毕业的盲人刘先骥先生在长沙创办了湖南导盲学校，这是中国人自己最早创办的特殊学校。[1] 1927年，南京市立盲哑学校的创办是我国历史上第一所公立盲哑学校，也是第一所公立特殊教育机构。1931年，聋哑人龚宝荣创办了杭州私立聋哑学校（后改名为“吴山聋哑学校”）等。1948年出版的《第二次中国教育年鉴》就记载了盲人罗福鑫在普通大学毕业的事迹等。[2]

20世纪50年代，四川大巴山区有的农村小学就接收了当地的残疾儿童随班就

1 方俊明.特殊教育学[M].北京：人民教育出版社，2005：31.
2 雷江华.融合教育导论[M].北京：北京大学出版社，2012：34.

读。[1] 1969 年，香港地区教育局为帮助有聆听困难的学生融入普通学校，尝试在普通学校开设聆听班。20 世纪 70 年代，我国把有一定听力的耳聋学生转入普通学校去插班学习，以借助普通学校的语言环境带动聋儿练习说话，以便较快地提高他们的口语能力，摆脱聋哑状态。[2] 1977 年，香港地区教育局颁发的白皮书“让残障人士融入社会保障”中指出：尽可能让在特殊学校接受教育的弱能学生融入普通学校的态度相统一。[3] 1975 年于台北市新兴国中成立台湾地区第一个资源班，以服务听觉障碍学生为主，次年于台北市金华国中、中山国小开设启智资源班，于此，不但开展了资源班的运作模式，亦初步将资源班界定为融合教育的重要支援。[4]

与此同时，中国大陆特殊教育受特殊时期的影响，许多盲、聋哑学校被解散，教师改行，直至 1976 后，才得到逐步恢复和发展。20 世纪 80 年代初，东北的一些学校也有了弱智儿童跟班学习的事例，黑龙江海伦县出现了聋童、多残疾儿童在村小随读的实践。[5]

受西方人权运动和特殊教育发展思潮的影响，此阶段我国港澳台地区的特殊教育改革原有公共隔离机构的封闭形式，将隔离者安置到正常社会环境中学习、生活，使其能够适应社会，可见融合已成大势所趋。大陆地区由于抗战和其他历史原因，特殊教育机构虽也在逐步恢复，但和欧美经济发达国家相比，发展极其缓慢，差距很大。[6]

（二）随班就读实验期（1986 年—1993 年）——官方自为探索

随班就读是根据我国国情探索出来的对特殊需要学生实施特殊教育的一种形式，其迅速发展是与一系列方针、政策、法规的出台分不开的。1983 年 8 月，教育部在《关于普及初等教育基本要求的暂行规定》中明确提出了“弱智儿童目前多数在普通小学就学”。[7] 1987 年 12 月，原国家教委在《关于印发〈全日制弱智学校（班）教学计划〉（征求意见稿）的通知》中写道：“在普及初等教育的过程中，大多数轻度弱智儿童已经

1 华国栋.残疾儿童随班就读现状及发展趋势[J].教育研究，2003(2)：65.
2 张宁生.试论聋童“一体化”教育安置的心理条件——一个有关加快残疾儿童入学的课题[J].辽宁师范大学学报：社会科学版，1990(1)：43 - 45.
3 栾欣畅.从“平等”的概念分析香港融合教育发展中的利与弊[J].中国特殊教育.2010(3)：18 - 19.
4 吴武典.台湾特殊教育综论(一)：发展脉络与特色.[J]特殊教育季刊，2013(12)：13 - 15.
5 朴永馨.融合与随班就读[J].教育研究与实验，2004(4)：38.
6 肖非.中国的随班就读：历史・现状・展望[J].中国特殊教育，2005(3)：4.
7 朴永馨.融合与随班就读[J].教育研究与实验，2004(4)：38.

进入当地普通小学随班就读。这种形式有利于弱智儿童与正常儿童的交往，是在那些尚未建立弱智学校（班）的地区特别是农村地区解决轻度弱智儿童入学问题的可行办法”。这是首次在国家文件中出现“随班就读”一词。后来1988年公布的《中国残疾人事业五年工作纲要（1988—1992）》中提出，“积极推动普通学校和幼儿园附设特教班，以及普通班吸收特殊儿童随班就读”。在该纲要下发之后，1989年，国家教委分别在河北、江苏、山东、黑龙江、北京、山西、辽宁和浙江八个省市开展视力、听力障碍儿童以及轻度弱智儿童安置在普通学校随班就读实验。[1]

同时期，1986年，香港教育局推出为期两年的“融合教育先导计划”，协助有特殊需要的儿童融入普通幼儿园；教育委员会第2号报告书（Education Commission Report No.2）建议有特殊教育需要的学生尽可能安排入读普通学校，“使他们接受全面的教育机会及在正常环境下获得全面的好处”。1984年，台湾地区制定公布《特殊教育法》为其特殊教育及融合教育的发展奠定基础。

以上历史性文件明确了我国发展特殊教育的方针政策、目标与任务、领导与管理。[2]我国随班就读与西方的一体化、回归主流在形式上有着相同之处，但在出发点、指导思想、实施方法等方面具有中国的特色。其实施目的不仅是要促进社会广泛、平等地接受残疾人，为特殊教育需要学生提供一体化教育，更重要的是通过随班就读改变我国特殊教育严重滞后于普通教育的状态，使大量流失在校园外的特殊需要学生就学有门。它以一种较经济的方式、较快的速度使他们进入邻近的普通学校接受教育。

（三）随班就读规范期（1994—2005年）——保障入学率

在此期间，中国大陆随班就读以惊人速度奋起直追，通过颁布的法律使得随班就读实践有了法规的依据。1994年7月21日，国家教育委员会颁布了《关于开展残疾儿童少年随班就读工作的试行办法》，提出“残疾儿童少年随班就读是发展和普及我国残疾儿童少年义务教育的一个主要办学形式”。该文件从7个方面用36项条款对随班就读进行了全面规定，这是迄今为止唯一一个专门针对随班就读的政策文件，从随班就读政策萌芽期发展至此，是一个关键性的文件。1994年8月颁布的《残疾人教育条例》，正式将随班就读确定为残疾儿童青少年接受义务教育的一种安置方式。2001

1 李拉.我国随班就读政策演进30年：历程、困境与对策[J].中国特殊教育，2005(10)：16.
2 郭又方，林坤灿，曾米岚.台湾融合教育的实施与展望[J].东华特教，2016(12)：4－5.

年11月国务院办公厅转发教育部、国家计委、民政部、财政部、人事部、劳动保障部、卫生部、税务总局、中国残联《关于"十五"期间进一步推进特殊教育改革和发展的意见》中规定:"要加强对普通学校特殊教育班和随班就读教学工作的指导、监控,尽快建立普通学校特殊教育班和随班就读的教学管理制度,努力提高教学质量,降低辍学率。……特殊教育研究部门要努力研究提高普通学校特殊教育班和随班就读教学质量的有效途径。教育部要编写有关随班就读方面的指导手册,指导开展随班就读工作。"我国各地随班就读的具体政策也渐渐完善,例如上海市教育委员会于1997年8月颁发了《关于在本市普通中小学开展随班就读工作的暂行规定》。[1] 2003年,上海市人民政府办公厅印发《上海市特殊教育事业"十五"规划》中,各区县建立随班就读康复指导中心、实施随班就读工作的管理和指导,形成市——区(县)——学校的随班就读特殊教育管理网络。在提高随班就读质量方面,《规划》要求优化配置教育资源,以科学的康复训练和信息技术等现代化教育手段的应用为突破口,改革特殊教育课程教材和教学方法。

同时,我国港澳台地区也颁发了一系列政策和法案以促进特殊教育的兴起。1997年,香港教育局推行了一项为期两年的融合教育先导计划,有7所小学和2所中学参加,录取了49名特殊教育需要的学生。[2] 1996年,澳门地区颁发的第33/96/M号《特殊教育制度》法令,强调平等机会和适切教育,进一步鼓励和协助特殊学生融入学校和社会。[3] 1997年,台湾地区修正《特殊教育法》,条文33条,历经13年第一次大幅度修正,更促成台湾地区特殊及融合教育蓬勃发展。[4]

我国随班就读的发展在这一时期逐步规范,以政策法规的颁布保障特殊儿童"有学上",以此促进教育公平。但值得注意的是,此时随班就读工作存在许多问题亟待研究,有些问题还处于研究的空白状态,如怎样保障特殊儿童的教育质量,随班就读的基本理论、教育模式、督导评价等问题。

---

1 赵小红.近25年中国残疾儿童教育安置形式变迁——兼论随班就读政策的发展[J].中国特殊育,2013(3):27.

2 余玉珍,尹弘飚.香港融合教育政策下的教师专业发展[J].华南师范大学学报:社会科学版,2014(6):44-45.

3 董志文,李嵩义.澳门特殊学校特教教师之挑战:从融合教育与社会变迁角度探讨[C]. Proceedings of 2017 4th International Conference on Advanced Education Technology and Management Science (AETMS 2017), 2017:386.

4 于承平.台湾融合教育教师师资供需现况及问题探究[J].学校行政双月刊,2016(3):147-149.

（四）随班就读深入发展期（2006—至今）——追求质量的提高

此阶段中，直接以随班就读质量相关关键指标命名的政策陆续出台，标志着质量提升是随班就读的生命线。2006年，随班就读被正式写入了新修订的《中华人民共和国义务教育法》，教育安置形式由九年义务教育向学前和职业教育两端延伸，而且从经费、教师、奖惩等方面予以了保障，这对提高随班就读的质量起到了至关重要的作用。2008年修订的《中华人民共和国残疾人保障法》从学前教育到高等教育阶段皆规定了残疾儿童、少年在普通学校接受教育的权利。[4]2010年提出的《国家中长期教育改革和发展规划纲要（2010—2020年）》，把促进公平作为国家基本教育政策，把提高质量作为教育改革发展的核心任务。2014年发布《特殊教育提升计划（2014—2016年）》，提出三大任务，重点是解决未入学适龄残疾儿童、少年的就学问题，建立健全覆盖全体残疾学生的资助体系。[1]第二期《特殊教育提升计划（2017—2020年》以"使每一个残疾孩子都能接受合适的教育"为导向，重点做好落实"一人一案"；2019年，中共中央、国务院印发《中国教育现代化2035》，"全面推进融合教育"则被写入实现教育现代化的十大战略任务之中。[2] 2020年，教育部印发了《关于加强残疾儿童少年义务教育阶段随班就读工作的指导意见》，更加重视随班就读中科学评估、坚持尊重差异、因材施教、课程教学调适等，实现特殊教育公平而有质量发展，促进残疾儿童少年更好地融入社会生活。[3] 2021年，国务院印发了《"十四五"残疾人保障和发展规划》明确提出开展随班就读工作要以普通学校为主，加强支持保障体系建设。[4]

同时，我国港澳台地区对融合教育越来越重视，从实践层面对特殊需要学生进行合理安置和教育教学，为公立或私立中小学提供财政支持和师资配备与培训，进一步加深融合教育理念的推广。香港地区鼓励普通学校推行全校参与模式融合教育，秉持"及早识别""及早支援""全校参与""家校合作"和"跨界别协作"五个基本原则，在文化、政策及措施三方面互相配合，这些都彰显了政府对融合教育的肯定。2000年，香港教育局颁布"全校融合教育（whole-school approach in providing integrated education）的方案"，共有40所学校参加；提出"优质教育政策（Policy Address on Quality Education）"，

---

1 郭文斌，张晨琛.我国融合教育热点领域及发展趋势研究［J］.残疾人研究，2017（3）：63－69.

2 李拉.当代融合教育改革的目的—融合教育理论研究专题（一）［J］.现代特殊教育，202（15）1：9.

3 丁勇.新时代全面推进融合教育的目标任务及实现路径［J］.现代特殊教育，2021（13）：4.

4 丁勇.健全随班就读与支持保障体系，大力推进融合教育［J］.现代特殊教育，2021（17）：1.

其目标是为普通学校推广融合教育提供资源。2006—2008 年,香港教育局在 2006 年的《有关融合教育推行情况的检讨进度报告》中提出以“三层支持模式”向主流学校中有特殊学习需要的学生提供支持,并于 2007—2008 学年推行为期 5 年的“融合教育教师专业发展架构”,为在职教师提供系统的特教师资培训。[1] 2020 年,香港教育局编制《全校参与模式融合教育运作指南》,目的是向所有的普通学校提供指导原则和切实可行的办法,并根据学生的特殊教育需要,提供优质的教育服务,亦促使全校师生尊重个别差异,共同缔造共融的校园。[2] 2006 年,澳门制定了“第 9/2006 号法律:《非高等教育制度纲要法》”,该法律确立了澳门特殊教育以融合教育的方式为主,强调融合教育要从评估、课程、教学等多方面调整,以保障有特殊教育需要学生的教育质量。[3] 2009 年,我国台湾地区修正《特殊教育法》,本次修正为继 1997 年以来,历经 12 年最大幅度的修正,2013 年又修正 8 条,此等修法促成台湾地区特殊及融合教育品质的提升与精致化。2014 年,台湾地区颁发了相关条例,首次将特殊儿童的学习需求纳入普通教育课纲中,为促进融合教育背景下普教与特教课程接轨。[4] 2015 年,颁布了新修订的《高级中等以下学校特殊教育课程发展共同原则及课程大纲总纲》,强调通过课程调整与教学创新,让每一位普通教育环境中的特殊儿童都能接受优质、适合的教育。2019 年,《新课纲》的颁布是台湾地区融合教育发展与改革的一次重要里程碑。[5]

这些重大纲领性文件,预示着我国随班就读更紧密地与普通教育改革相契合,从而嵌入教育整体改革之中,共同服务于公平、有质量的教育发展目标。但进一步思考会发现,我国随班就读仍普遍存在教师缺乏基本的特殊教育知识和技能、教师培训制度和教师资格认证制度有待完善、巡回教师的制度不健全、缺乏特殊教育服务体系等问题。同时对特殊需要学生的支持系统不健全,包括家庭的教育和帮助,社区提供的设施和条件,医务工作者的支持和配合,等等。可见,目前我国随班就读工作还有一段很长的路要走。

---

1 孙秀华.香港融合教育面面观[J].现代特殊教育,2014(7):116-117.

2 香港特别行政区政府教育局.全校参与模式—融合教育运作指南[Z].2020:6.

3 董志文,伍剑佐,赵伟智.澳门融合教育发展现状之质性研究[J].现代特殊教育,2017(7):76-77.

4 陈红.我国台湾地区融合教育的发展与启示[J].现代特殊教育,2018(16):32-33.

5 陆怡君.我国学前融合教育文献回顾与探讨[J].幼儿保教研究期刊,2017(18):54-58.

二、启示

（一）我国随班就读发展研究经历了从宏观到微观、从数量到质量的转变

作为具有中国特色的特殊教育融合之路，随班就读经过30多年的发展，已从最初“摸着石头过河”的探索逐步到当下不断的成熟完善。刚开始，研究者的目光聚焦于相关政策的解读和保证残疾儿童有学上、提高入学率方面；目前，无论是相关领域的专家还是一线工作者，都将研究转向随班就读教师培养和学生发展上，尤其是后者，聚焦残障儿童的特殊需要，避免“随班就坐”“随班就混”，以确保随班就读的高效实施，使随班学生的受教育权从起点公平最大限度地走向过程与结果公平，实现真正融合。

（二）我国随班就读的发展研究呈现出中西部差异巨大、南北方迥然不同

笔者所选文献中，研究者多聚焦华东、华北地区，上述地区经济水平较高，随班就读主要研究机构分布于此，为我国教育研究事业发展提供了大量的资金支持和充足的人员支持。与之相反，在广大农村地区、西部地区和少数民族地区，特殊教育事业发展比较落后，随班就读工作推进较为缓慢，相关的研究很少，需要学界的关注。

（三）我国随班就读的研究中缺少学校课程层面有价值的思考与实践

样本文献中，学校层面对随班就读的研究主要有资源教室、资源教师等保障体系的建构，一线教师也结合具体学科，开展了对随班就读儿童的个案研究，但缺少对课程框架的研究和思考。究其原因，特殊儿童自身的问题各不相同，造成了课程实施的困难，学校课程架构也就成了一句空话。

随班就读课程应该实现普通课程和特殊课程的结合，学习普通课程使特殊学生能更好地融入社会，同时根据不同类别的学生特点选择不同的课程（如定向行走、手语），或根据个别化教学计划选择合适的内容。同时两类课程之间要有相应的契合点，真正实现“融合”的精神，使随班就读的学生能顺利地升学就业，实现个人价值。

我国随班就读作为融合教育的一种教育创新，是根据我国具体国情走出的一条实施特殊教育的新路子。在这条路上，我们正面临和将面临各种挑战与问题，只有结合国情创造性地应对这些挑战与问题，才可能真正有效地满足班级中学生多样化的需求，积累并丰富融合教育领域的经验。

第三节 随班就读的现实困难

随班就读作为中国实现全纳教育的主要形式之一，在提高特殊儿童义务教育的入学率、实现教育机会均等、促进特殊儿童社会性发展等方面发挥了很大作用，但在实践中，也存在政策执行、环境接纳、学校支持等难以突破的瓶颈和各种现实困境。

一、政策执行之难：理想与现实之间

首先，政策定位狭窄。全纳教育以追求“关注和尊重每一个人，加强合作、促进参与、满足不同学生的不同需求”为价值取向，[1]随班就读作为其在我国的重要实现方式，为有效实现残疾人的教育公平和公正，就势必要求相关政策不仅仅只考虑特殊教育，还要把普通教育考虑在内。当前我国随班就读的政策只关注到特殊教育领域，将在随班就读实践中处于主体地位的普通学校排除在外，这种窄化极有可能成为影响随班就读未来发展的阻碍或瓶颈，甚至会危及随班就读政策本身的落实和价值。

其次，随班就读政策滞后于随班就读实践。我国的随班就读实践先由民间自发，早于政策的颁布。新时代随班就读蓬勃发展、全纳理念逐步走向深入，而与之相关的政策却缺乏应有的变化，已相对滞后于随班就读的实践发展。如颁布于 1994 年的《关于开展残疾儿童少年随班就读工作的试行办法》是迄今为止，我国唯一的、专门的随班就读政策规范文本，当时随班就读本身还不够成熟，它本身必然也带有探索与实验的色彩。如今将近 30 年过去了，当前的随班就读实践无论是发展规模还是时代背景都有了显著的变化，而随班就读政策却缺乏相应的完善调整。

1 黄志成.教育公平——全纳教育的基本理念探析[J].比较教育研究，2010(9)：53－57.

再次，随班就读政策执行出现问题。有研究者选取了我国东、中、西三类地区进行随班就读政策抽样检查，发现只有30%左右的调查对象认为当前随班就读的政策制定与执行情况是好的，而相当一部分人对此评价一般或较差。[1]数据折射出政策执行出现的问题，很大程度上反映出当前随班就读政策不够细化、缺乏明确的可操作性的瓶颈，应采取措施促使政策的落地。

二、环境接纳之难：想说爱你不容易

融合教育自20世纪90年代以来就已经成为全球范围内残疾人教育改革和发展的主流思想。[2]传统隔离式的特殊教育体系逐渐瓦解，融合式教育成为了特殊教育发展的主要趋势。自1994年我国第一次出台随班就读工作指导文件，到2017年颁布《第二期特殊教育提升计划(2017—2020年)》，我国的随班就读已经发展为具有中国特色的融合教育实践形式。目前，越来越多的社会大众支持特殊儿童接受教育，但思想的认同并不代表行动上的接纳，相当一部分人还持有传统的特殊教育观，认为特殊儿童应该被安置在专门为他们建立的学校或机构内接受教育。[3]有研究表明，普通学校教师和普通家长对随班就读这一特殊儿童安置方式的接纳程度并不高。[4] 2009年北京地区的一份调查表明：近100%的普通学校领导听说过随班就读，但超过60%的普通学校领导不愿意或视情况而定接受残疾儿童在自己学校随班就读；近86%的普通学校教师班内不愿接纳残疾儿童就学；近30%的残疾儿童和普通儿童家长都不愿意让残疾儿童到普通学校随班就读，主要担心受歧视和教育质量无法保障；[5]对北京、上海部分社区居民、大学教师、科研人员等访谈也发现，许多人认为残疾儿童在普通学校学习行不通。可见，社会大众对残疾儿童随班就读的认识还没有形成一个共识，这种氛围和环境给残疾儿童在普通学校就读带来巨大压力。

可见，强调教育是包括残疾儿童在内的所有人的基本权利，树立人人平等的观念，

---

1 王洙，杨希洁，张冲.残疾儿童随班就读质量影响因素的调查[J].中国特殊教育，2006(5)：3－13.

2 庞文.我国残疾人融合教育的现状与发展研究[J].残疾人研究，2017(4)：35－43.

3 关文军，颜廷睿，邓猛.随班就读学校教师对孤独症儿童教育安置的态度研究[J].残疾人研究，2017(4)：85－90.

4 方俊明.特殊教育学[M].北京：人民教育出版社，2005：73－76.

5 王红霞，彭欣，王艳杰.海淀区小学融合教育现状调查研究报告[J].中国特殊教育，2011(4)：37－41.

仍然是我国随班就读工作持续发展面临的重要难题。也只有解决了这个难题，使特殊儿童通过随班就读达到社会融合，为他们提供适当的培训，同时也教会普通儿童如何与残疾儿童相处，才能建立真正平等的教育体系。

三、发展瓶颈之难：数量与质量之间

作为我国特殊儿童青少年接受教育的主要安置方式，我国随班就读努力构建"以普通学校随班就读为主体、以特殊教育学校为骨干、以送教上门和远程教育为补充"的发展格局。[1]据全国教育事业发展统计公报显示：自 2013 年到 2017 年，普通小学、初中随班就读和特教班在校生从 19.08 万提升至 30.4 万，占特教育在校生总数的比例从 51.84%增加到 52.52%。[2]然而，《国家中长期教育改革和发展规划纲要（2010—2020年）》的特殊教育专题中期评估报告中指出："作为我国特殊教育主体形式的随班就读呈萎缩态势，质量堪忧。"[3]

从我国随班就读目前的实施状况看，多数地区是从形式上解决了特殊儿童进入普通学校就读的问题，但教育教学质量、特殊儿童的生存质量并未获得质的提升。[4]"随班就坐""随班混读"、特殊儿童从普通学校又回到特殊学校就读的"回流"现象，都反映了虽然随班就读特殊儿童数量在普通学校不断增长，但是随班就读质量提升十分缓慢的问题。这种数量增长与质量不高的矛盾，不仅不利于融合教育的推进，还严重阻碍我国整体教育水平的提高。

四、学校支持之难：支持体系不完善

有些经过康复训练的特殊儿童，继续留在特殊教育学校或机构中，已经无法满足

1 中华人民共和国教育部.教育部等七部门关于第二期特殊教育提升计划（2017—2020 年）[EB/OL].（2017-07-28）[2022-04-01].http://www.moe.gov.cn/srcsite/A06/s3331/201707/t20170720_309687.html.

2 中华人民共和国教育部.2013 年全国教育事业发展统计公报[EB/OL].（2014-07-04）[2022-04-01]http://www.moe.gov.cn/srcsite/A03/s180/moe_633/201407/t20140704_171144.html.

3 中华人民共和国教育部.《国家中长期教育改革和发展规划纲要》中期评估——特殊教育专题评估报告[EB/OL].（2015-11-30）[2022-04-01].http://www.moe.gov.cn/jyb_xwfb/xw_fbh/moe_2069/xwfbh_2015n/xwfb_151130/151130_sfcl/201511/t20151130_221728.html.

4 李拉.从规模到质量：随班就读发展的目标转型与策略调整[J].现代中小学教育，2015(1)：16-18.

其接受高质量教育的需求，未来也无法更好地融入社会，他们需要进入普通学校学习。但调查发现，不少普通学校并没有做好接收特殊儿童进校进行随班就读的准备，相应的支持体系并不完善。从环境支持来看，大多数普通学校并没有进行无障碍环境建设，资源教室建设不够完善，缺少无障碍设施以及特殊辅助设备，无法满足特殊学生在普通学校正常出行和信息交流无障碍的需要。从学习支持来看，主要有教师支持和同伴支持，教师支持又包括师生关系和针对随班就读学生的课程、教学、评价等方面进行的调整，课程支持包括调整课程设置、调整课程目标、调整课程内容；教学支持包括选择教学材料、安排学习环境、设计教学过程、选择教学策略；评价支持包括设计环境、安排时间、选择形式、调整标准；同伴支持包括友善的氛围、合作互助的学习等。从现状看，这些支持都还有待完善。从心理支持来看，因为普通学校的教师、学生及其家长对特殊学生缺乏了解而出现排斥甚至歧视现象，使得特殊儿童的爱与归属的心理需求得不到满足，难以适应普通学校的学习生活，他们跟不上班级学习进度，无法达到普通学校学业标准的要求，也无法满足特殊儿童自身发展和成长的需要。

五、教学质量之难：教师专业有参差

教师对特殊儿童的态度表面化。教师对待随班就读这种教学形式、对特殊儿童的接纳程度直接决定着教学质量的高低。全纳在很大程度上取决于教师对有特殊教育需要儿童的态度；取决于他们对课堂差异的观点及他们想如何有效地处理这些差异的方式。一般来说，在使得学校变得更加全纳的过程中，教师的态度已被人们确定为一个起决定性作用的因素。“有 81.8%的教师对亲自教育有特殊教育需要的儿童有一种无力感。”[1]特殊儿童的需要并不是他们工作的内在动机，他们对特殊儿童的接受呈表面化，悦纳、积极的态度并未形成。

教师的专业化水平不高。从随班就读教师看，他们对于特殊教育相关知识掌握不足，对于特殊儿童身心发展状况所知甚少，再加上普通学校工作繁重造成部分教师压力很大，对于教育特殊儿童有心无力，这使得随班就读收效甚微，“随班就混”“回流”现象进一步显现。从资源教师看，他们普遍缺乏特殊学校的教学经验，即使参加过各

1 刘春玲，杜晓新，姚健.普通小学教师对特殊儿童接纳态度的研究[J].中国特殊教育，2000(3)：36.

类特殊教育培训,但面对复杂的残疾学生状况,仍明显感到无所适从。从特殊教育资源中心看,其巡回指导服务本应在融合教育实践中扮演着重要的角色,但我国的巡回指导教师主要是为普通学校提供咨询、为普通学校教师提供指导等服务内容,为学生直接服务的功能有限。从普通教育与特殊教育教师合作看,一方面,普通学校教师不知道该如何为随班就读学生提供合适的支持,导致随班就读学生不能生活在"最少受限制"的环境中;另一方面,特教教师的专业资源无法服务普通学校其他有特殊教育需求的学生,造成资源的浪费,二者合作有限。

六、儿童自身之难:学校适应需支持

肖非提到"随班就读的重点应落实在'读'上,'随'仅仅是安置形式,'读'才是实质"。[1]要让随班儿童"读"好,需要社会、家庭和学校等各方面的支持,其中学校支持占据主要地位,以我国主要随班就读的听障、视障、智障、自闭症和多动症儿童为例,所需的学校支持如下表(见表 1-3-1):

表 1-3-1 不同障碍类型学生学校支持内容

<table>
<tr><th rowspan="2">类 别</th><th colspan="2">不 同 支 持</th><th rowspan="2">相同支持</th></tr>
<tr><th>物 质 支 持</th><th>技 能 支 持</th></tr>
<tr><td>听障儿童</td><td>听力得到合适的补偿</td><td>手语;听觉和语言接受系统训练</td><td rowspan="5">合作教学;
特别辅导;
充分评价;
包容、接纳的氛围</td></tr>
<tr><td>视障儿童</td><td>盲文教材、盲文练习卷和考试卷、各种触觉图</td><td>定向行走技能;盲文读写技能;信息技术能力</td></tr>
<tr><td>智障儿童</td><td>教学手段、教学准备、教学经验</td><td>注重教学方法、教学与游戏的融合、制定与实施 IEP</td></tr>
<tr><td>自闭症儿童</td><td>图表、文字、特别布置、玩具及其有关物品的特别摆放</td><td>模仿、粗细运动、知觉能力、认知、手眼协调、语言理解和表达、生活自理、社交以及情绪情感等</td></tr>
<tr><td>多动症儿童</td><td>有规律的生活制度,培养良好习惯,及时给予鼓励、奖励</td><td>避免在精神上施加压力;避免情绪激动、体罚等</td></tr>
</table>

1 肖非.中国的随班就读:历史·现状·展望[J].中国特殊教育,2005(3):3-7.

我国随班就读的质量欠佳，特殊学生的“随班就读”演变成了“随班就坐”，一定比例的特殊教育学生选择在特殊学校就读或送教上门而非随班就读，或从普通学校回到特殊学校就读，出现“回流”现象，[1]其原因，正如有的学者所指出的那样，我国随班就读存在着部分特殊学生被忽略、得不到应有的尊重、学生个性化需求未得到满足等问题，[2]因此无法适应普通学校生活，最终放弃随班就读的安置方式。[3]

这固然有外部条件不足的原因，但特殊学生因为生活或学习的不方便，跟不上学习进度；普通学生异样的眼光，导致他们承受了很大的心理压力，这些都给他们个体成长和进步带来困扰，也就不容易融入普通学校。

综上所述，随着融合教育的不断进步和我国社会的不断发展，当前对于特殊儿童的研究势必继续深入，研究成果也会呈现多样化，我国特殊教育必然会出现正向的良性发展势头，融合教育的美好未来也终将实现。

首先，区域范围的支持对提高随班就读的质量至关重要。

在随班就读的发展过程中，国家宏观的特教政策多是指导性的文件，各地需根据各自情况进行“本地化”转化，此时，区域范围内对随班就读学校的支持就显得更加重要。各地特殊教育指导中心等相关机构应充分发挥职能，在掌握本地随班就读真实情况的基础上，出台可操作、易执行的相关政策，辅之以配套的教育资源和人、财、物，切实提高随班就读质量，推动本地特殊教育的发展。

其次，学校营造平等和互助友爱的氛围非常重要。

在目前的随班就读班级中，还存在着很多普通学生家长及学生排斥特殊儿童的状况，改变观念、营造宽容悦纳的氛围相当重要。学校可以组织活动，给家长和学生提供一个彼此沟通和交流的平台，让正常的孩子体会到特殊儿童和自己一样，需要尊重和爱护；在交往中学习照顾他们，体会帮助别人的乐趣，树立乐善和友爱的品格，一起成长进步。

第三，为教师和学生提供专业支持是提升质量关键。

在大力推行随班就读改革时，应该重视为教师提供在职培训和学习的机会，随班就读教师很多只接受了普通师范教育的训练，对特殊教育以及残疾学生了解甚少，他

---

1 傅王倩，肖非.随班就读儿童回流现象的质性研究[J].中国特殊教育，2016(3)：3－9.

2 华国栋，文明.我国随班就读存在的问题和发展趋势[J].现代特殊教育，2003(11)：39.

3 谢钰涵，谢凤英.融合教育环境中听障儿童“回流”问题探析[J].教育现代化，2018(22)：241－245.

们非常需要相关的特殊教育知识和残疾学生教学技能的学习。

此外,政府可以考虑在每个随班就读学校,配置资源教室和资源教师,资源教室可以为残疾学生提供他们所需要的康复或特殊技能培训服务,而这些服务是他们在普通课堂无法得到的;资源教师,则可以成为学校里的特殊教育专家,不仅为学生服务,还可以给普通教师提供教学支持。

第二章

区域听障儿童
随班就读的实践探索

现代康复医学让听障儿童的听力得到补偿、言语得到康复，大部分儿童实现了聋而不哑，为他们进入普校随班就读创造了条件与机会。近几年，在巡回指导实践中我们发现随班就读的听障儿童越来越多，但是随班就读申报率一直很低，其中家长态度起到了决定性作用，对随班就读认识有误、对孩子过高期望值是根本原因。2011 年，听障指导中心对长宁、徐汇、金山等六区的听障儿童随班就读情况实地走访，结果堪忧：学生听觉语言问题、助听补偿效果不佳、学校教育支持不足、家长教育观念偏差等是随班就读中普遍存在的问题，教师对听障学生的特殊性不了解，缺乏有效的教学策略和方法；随班就读学生没有得到有效的教学和服务，学生学业基本处于班级中下游水平，年级越高，与班级整体差距越大，甚至发生了“回流”现象，且呈现逐年上升趋势。

基于上述情况，课题组拟通过对闵行区听障儿童的随班就读质量进行全面调研，分析归纳听障儿童随班就读中存在的问题，“找病根，开良方”——分别从融合文化创建、课程体系建构和多向转衔服务三个方面进行提升听障儿童随班就读质量的实践探索。

第一节　区域听障儿童随班就读的质量调研

随班就读是我国特殊教育格局的重要组成部分，是深化教育改革、促进教育公平的重要举措。虽然国内近几年对听障儿童随班就读研究热度一直居高不下，研究也非常丰富，但研究大多是片面、单一、较为空泛的，且研究结果或建议对于实际改善随班就读的质量意义不大。本研究希望从学校、家庭和听障儿童等多角度对听障儿童随班就读质量进行全方位的调查研究，旨在发现目前听障生随班就读中存在的主要问题，分析问题产生的原因，为后续构建随班就读支持系统、提高随班就读教育质量的研究提供科学、有效的数据分析和决策依据。

一、调查研究构思

要实现公平且优质的现代特殊教育，除了不断扩大残疾儿童的入学范围即开展随班就读之外，提高随班就读教育质量是当务之急。对当前相关研究进行梳理发现，影响我国特殊儿童随班就读质量的因素有很多：政府部门的政策制定与执行、普校师资特教专业水平、特教中心（特教学校）的指导作用、普校对残疾儿童的接纳程度、资源教室的建立以及家长和社区的支持，等等。陈慧星提出构建现代化教育背景下本土融合教育质量评估框架需要以形成教育质量标准体系为目标、以不同学段和层次的教育体系内部各要素之间是否协调一致，与教育体系是否适应社会需要为标准，形成微观——中观——宏观三位一体的本土融合教育质量评估框架，并且以评估主体多元化和评估方式综合化为发展方向。[1]其中，微观层面的课堂教学，包

1　陈彗星，邓猛.教育现代化背景下融合教育质量评估框架与发展策略[J].绥化学院学报，2021(1)：18－24.

含教学目标、教学内容、教学方法与策略、学生评价等要素构成;中观层面的学校建设,由入学与转衔、教育资源、师资队伍建设、校园文化与学校管理等要素构成;宏观层面的融合教育质量由融合教育体系的建设、融合教育管理机制的建立与完善、教育政策的执行等要素构成。

听障儿童的随班就读质量与学校、家庭以及自身因素息息相关:学校的融合环境和教学支持直接决定了听障学生的学习质量,家庭环境的塑造、父母的教育态度对孩子的影响也是潜移默化的。因此,我们希望从学校、家庭和听障儿童三方的角度对闵行区听障儿童随班就读质量进行调查研究,旨在发现目前听障儿童随班就读中存在的主要问题,分析问题产生的原因,为后续构建提高听障儿童随班就读教育质量的区域支持系统提供科学依据。本次调研参考本土融合教育质量评估框架,结合实地走访本区听障学生随班就读现状,将听障儿童随班就读的质量调研从微观、中观、宏观层面分为了教师课堂教学、学生学业发展、儿童听能管理、家校融合观念、学段转衔服务、学校管理与工作、校内人际交往、家庭教育开展、政策宣传普及、所需区域支持十个维度。

二、调查研究方法

调查研究采用问卷调查与访谈调研相结合的形式:从学校、家长以及听障儿童本人的三个维度,自编《3—15岁听障儿童随班就读质量调查问卷》,对闵行区共计38所幼儿园、中小学的听障儿童随班就读现状进行问卷调查,调查对象包括在普通幼儿园、学校就读的听障儿童及其家长、主管学校随班就读工作的领导老师、相关班主任、任课教师以及听障儿童同伴;对其中3所学校进行实地走访,对学校领导、教师以及听障儿童本人一对一访谈,深入了解听障儿童在校就读的真实情况,对他们的在校就读质量进行主观评估。

(一)问卷调查法

根据调查对象的年龄,问卷分为3—6岁学前卷和6—15岁学龄卷,学前段主要包括家长篇、领导篇和教师篇3份问卷,而学龄段则包括儿童篇、家长篇、同伴篇、领导篇和教师篇5份问卷,问卷内容主要涵盖以下几个方面(见表2-1-1)。

表 2-1-1　听障儿童随班就读质量调查问卷三级维度

<table>
<tr><th></th><th>一级维度</th><th>二级维度</th><th>三　级　维　度</th><th>问卷（篇）</th></tr>
<tr><td rowspan="11">听障儿童随班就读质量</td><td rowspan="2">微观</td><td>教师课堂教学</td><td>课堂教学策略的运用、使用频次</td><td>学生篇、同伴篇、教师篇</td></tr>
<tr><td>学生学业发展</td><td>擅长与不擅长学科、学科学习的困难</td><td>学生篇、同伴篇</td></tr>
<tr><td rowspan="7">中观</td><td>家校融合观念</td><td>学校人员对随班就读的看法、家长对随班就读的了解和认识</td><td>领导篇、教师篇、家长篇</td></tr>
<tr><td>学段转衔服务</td><td>幼小转衔、小初转衔活动的开展、内容、形式、活动满意度等</td><td>领导篇、教师篇、家长篇</td></tr>
<tr><td>学校管理工作</td><td>随班就读管理制度、工作完成情况、IEP制定与实施、资源教室配置、康复训练的开展</td><td>领导篇、教师篇、家长篇</td></tr>
<tr><td>儿童听能管理</td><td>听辅设备的配置、使用、维护等</td><td>教师篇、家长篇</td></tr>
<tr><td>校内人际交往</td><td>学生交友状况、与老师同学的沟通交流和日常相处</td><td>学生篇、同伴篇、教师篇、家长篇</td></tr>
<tr><td>家庭教育开展</td><td>主要养护人、教育期望值、亲子互动、专业需求</td><td>家长篇</td></tr>
<tr><td>（空）</td><td></td><td></td></tr>
<tr><td rowspan="2">宏观</td><td>政策宣传普及</td><td>家校对于随班就读政策的了解程度与途径</td><td>领导篇、教师篇、家长篇</td></tr>
<tr><td>所需区域支持</td><td>学校开展融合教育需要的支持、学生随班就读需要的帮助</td><td>领导篇、教师篇、家长篇</td></tr>
</table>

（二）访谈研究法

访谈内容根据访谈对象有所区别，分别从学校层面（随班就读相关政策的落实情况以及学校所需支持）、教师层面（教学中针对听障儿童的个性化教学策略的实施情况及相关专业性知识的指导）和儿童层面（进入普通学校后与同学、老师间的沟通交流以及日常学习情况），通过实地走访、一对一面谈，全面了解随班就读听障儿童在普通幼儿园或中小学的实际学习、生活等情况。

三、调查结果与分析

为了解闵行区 3—15 岁听障儿童的教育学习情况，2017 年我们在全区范围内幼儿园、中小学进行了摸底调查，结果显示，闵行区共有112名学生在普通幼儿园、中小学就读，其中学前听障儿童现有61名，52名幼儿在聋健合一的幼儿园就读，占比85%，其余9名均在普通幼儿园就读；而进入学龄阶段，选择普校就读的听障学生大多是听力障碍程度较低或者康复效果较好的，共计51名，男女比例为1.7∶1，其中，申请随班就读的学生仅有9人（小学5人，初中4人）。区域内随班就读的资源配备也极为稀缺：全区有7个特教班点，仅2个学校设有资源教室，并配备相应的资源教师。

下面分别从儿童学校适应、学校管理教学以及区域专业支持情况三个方面对质量调研问卷结果进行汇总和分析。

（一）听障儿童随班就读学校适应情况

1. 听能补偿与辅助设备到位，但设备后期维护困难、日常使用率低

听能管理，即对听障学生的听觉状况、助听效果及其所处的声学环境进行动态观察和主动评估，通过有效的听力服务，使其听觉处于最佳状态。持续、系统、科学的听能管理应当贯穿于听障学生康复教育的整个过程。随班就读儿童虽从小佩戴助听设备，但是对其维护要点缺乏了解，比如如何防潮、如何更换电池等。6—15岁听障儿童中，68.8%的学生在进入小学后才学会自己更换电池，9.4%的学生现阶段仍没有学会更换电池，这其中很大部分原因是由于学前家长包办导致。

表2-1-2显示，目前44.2%的学前儿童、12.9%的学龄儿童配置并使用Roger（络+）设备，由于缺乏对络+或无线调频设施的了解，导致教师主动佩戴无线调频设施的意愿消极，10.5%的老师在上课时经常会忘记佩戴络+笔，学生没有主动提醒的习惯，间接导致学生课堂听课效率低下，影响其学习质量。

表2-1-2　3—15岁听障随班生及任课教师听辅设备的使用情况

<table>
<tr><td colspan="2"></td><td>学前儿童 n（%）</td><td>学龄儿童 n（%）</td></tr>
<tr><td rowspan="2">听辅设备的
学生使用情况</td><td>有</td><td>19(44.2)</td><td>4(12.9)</td></tr>
<tr><td>无</td><td>24(55.8)</td><td>27(87.1)</td></tr>
<tr><td colspan="2"></td><td>学前教师 n（%）</td><td>学龄教师 n（%）</td></tr>
<tr><td>听辅设备的
教师使用情况</td><td>上课
主动佩戴</td><td>11(47.8)</td><td>6(16.7)</td></tr>
</table>

2. 学业成绩等综合评价尚可，但偏科现象严重、语言学科学习困难

调查显示，随班就读听障儿童的学业成绩评价尚可，大多处于中等及以上水平，但个别学科的学习存在一些问题（见图2－1－1、图2－1－2）：他们最不擅长的科目是英语（40.6%），其次则是语文（15.6%）、数学（18.8%）。其中，59.4%的学生反映在学习时遇到的困难主要是因为听力障碍，包括周围环境有杂音、教师声音小听不清、英语发音听不准、听得清但不能理解，等等。开放式的教室，加上普校人数较多，听障学生常常置身于嘈杂的环境中，他们无法听清课堂中老师讲解的内容或者关键问题，甚至无法听到同学或老师的说话声。

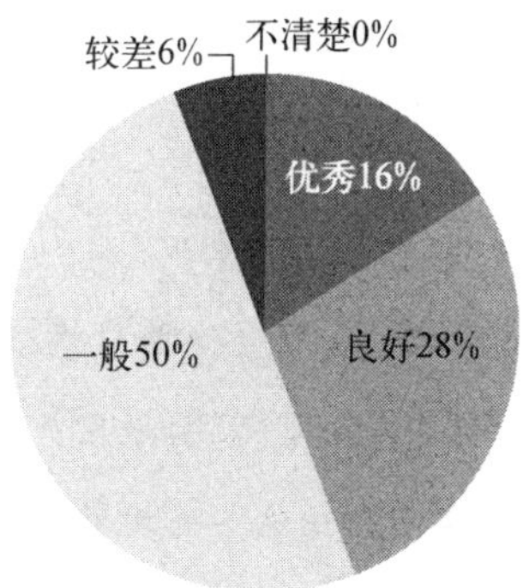

图2－1－1　儿童自评

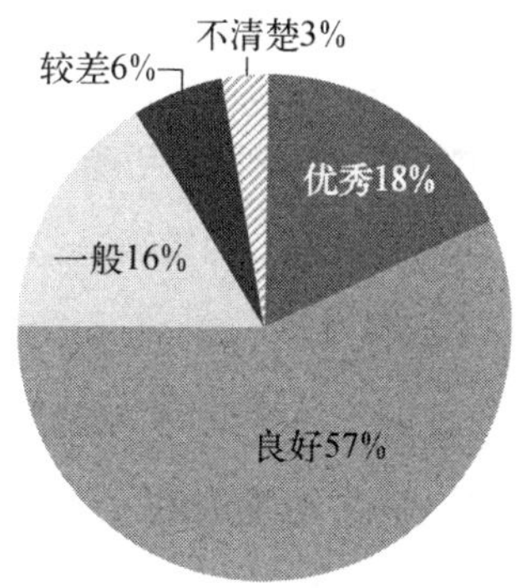

图2－1－2　同伴他评

3. 同伴人际氛围相对融洽，但社交能力普遍不高、交往主动性不足

包容和谐的学校氛围可以帮助孩子迅速融入新的环境，但是想要在学校大环境中结交朋友、与同学和睦相处，听障学生必须具备一定的社交能力。调查结果显示：听障儿童所处的班级氛围大多和谐、友好，82.4%的同学都能正常看待他们的听力障碍，并保持友善的态度（75.8%），超过9成的学生能够和其他同学正常交流，但是43%的听障儿童只有几个朋友，交友范围狭窄，交友能力略有不足（见图2－1－3）：同学们会主动给予听障儿童帮助（73.6%），邀请其一起参加活动、聚会（53.9%）等，但仅有50%的听障生会主动邀请同学参加活动或聚会，他们与同伴之间的主动性互动频率较低，原因可能是多方面的：一是听力障碍导致的多疑、敏感和自卑心理，害怕与人交往产生的恐惧障碍，二是缺乏必要的人际交往技能，不善与人对话、处理人际关系，社交能力较弱。

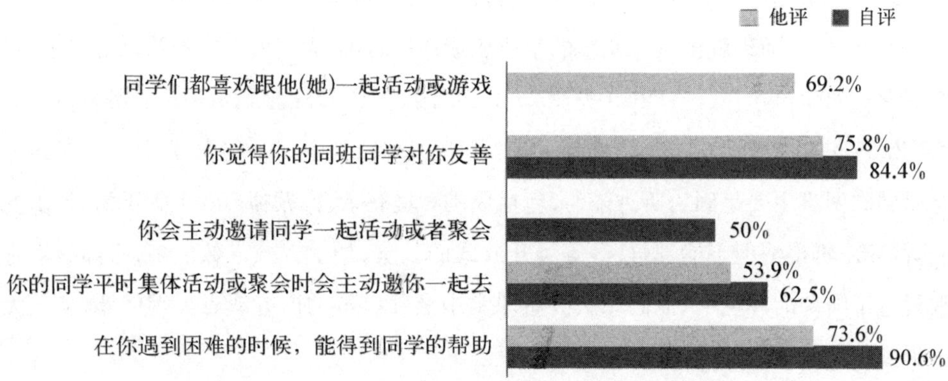

图 2－1－3　6—15 岁听障儿童与同伴日常相处情况

（二）学校随班就读管理与教学情况

1. 融合教育理念认同度较高，但校园融合文化的环境氛围尚未形成

71.4%的分管领导、80.2%的教师都愿意接收听障学生入园（校）随班就读，大家对于融合教育的理念是认同的，对特殊儿童随班就读的接纳度较高，但是接纳学生入学只是融合教育的基础，校园的融合氛围却不如人意，分管领导认为随班就读会增加各部门工作压力（76.2%），教师担心随班就读儿童无法融入班级中，会受到其他同伴的欺负，容易发生意外情况，学前老师也担心随班就读儿童会扰乱课堂，影响上课秩序（见图 2－1－4）。这些消极因素会妨碍学校融合文化的创建，环境氛围的排斥会让特殊学生缺乏自信心、归属感，内向敏感、同伴相处不睦。

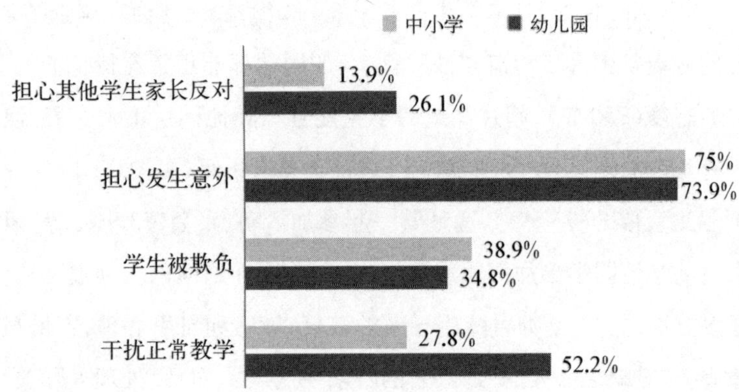

图 2－1－4　3—15 岁听障儿童随班就读愿意接受率的影响因素

2. 教学策略的运用比较普遍，但大多流于形式且课堂实施频率较低

80.6%的老师对于随班就读生的教学策略或多或少都有些了解，将其运用于实际的课堂教学，但是在实际应用中仍局限在同伴互助(89.8%)、合作学习(72.9%)、差异教学(71.2%)中，分层教学的运用明显偏少(37.3%)。除此之外，受到教学进度压力的影响，很多老师在课堂中没有注意到针对听障儿童调整声音或语速、对于他们的关注和表扬也比较少。只有34.4%的听障儿童反映，课堂中的疑惑或者问题会在课后得到老师一对一的辅导，但辅导次数不多，频率不高(61%)，经常对学生进行个别辅导的教师只有37.3%(见图2－1－5)。

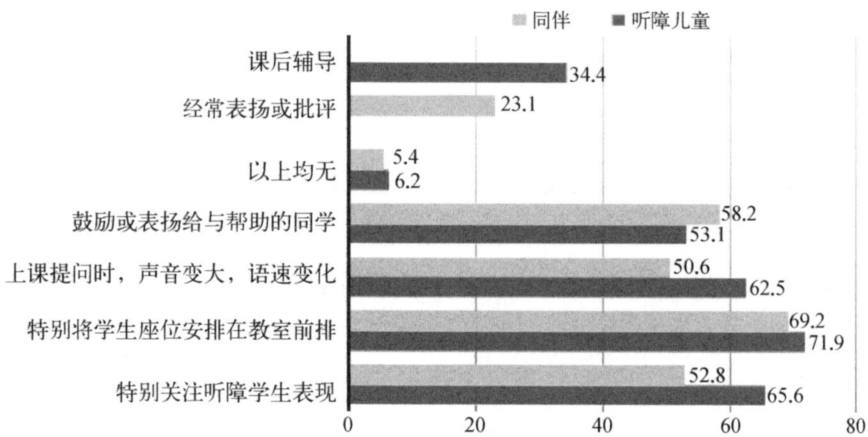

图2－1－5　3—15岁听障儿童教师课堂表现学生反馈情况

3. 个别化教育计划基本完成，但与实然情况不符、康复训练供不应求

学校随班就读工作完成情况总体较好(见图2－1－6)，90%的幼儿园、53.1%的中小学都能保质保量完成任务，其中69%的学校领导认可个别化教育计划制定的必要性，计划制定过程中家长的参与情况如下：由学校和家长口头交流后制定的占46%，与家长一起研讨、精心制定个别化教育计划的达到36.5%。

实地调研中，我们发现除特教班点外，大部分学校尚未设立资源教室，学校对于随班就读政策不了解、对随班就读工作不重视、政府资金支持的缺乏、区域层面的监督和指导不力等，这几方面因素都不容忽视。听障学生经常在资源教室接受教师的个别化辅导(65.9%)，93.1%的家长希望资源教室能够提供专业康复训练。随着随班就读学生数量的增加，学校资源教室的建设以及资源教师的配备必须落实，这对于促进特殊

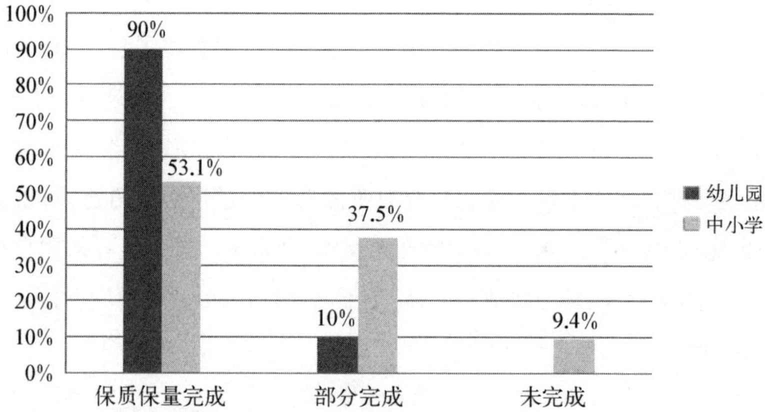

图 2-1-6　幼儿园、中小学听障儿童随班就读工作完成情况

儿童的全面发展是不可或缺的。

4. 各学段转衔服务略有成效，但活动形式略显单一、家校参与度不高

目前区域内学段转衔服务处于实践探索阶段，从活动反馈结果来看，家长对中心组织的转衔活动比较认可，满意率达到 81.9%，但是部分家长、教师对转衔教育的重视度不够，转衔活动的参与度不高，尤其学科教师的参与率只有 35.8%，大多是学校分管领导(43.9%)以及学生家长(63.1%)，可能会导致新班级的老师对学生情况了解不足，学生对新环境适应缓慢。项目初期的活动形式也不够丰富，主要包括组织学生家长参观新校园(49.3%)、课堂展示与参与(25.9%)、开展专题讲座(36.4%)，等等。家长希望能够参与更多形式的转衔活动，全面了解学生入学准备、康复技能、家校沟通等方面的知识；老师则希望能针对学生情况加强校际交流，做好学段衔接工作，了解并掌握听障儿童的社交技能、教学策略等专业技术。

5. 家庭的教育素养明显提升，但父母缺乏专业技能、亲子关系不佳

听障儿童的养护人学历程度整体越来越高(见图 2-1-7)：学前儿童家长学历水平整体高于学龄儿童，高学历(本科、硕士、博士)家长达到 81.3%。伴随的是家长教育理念的改变，对于孩子的入学意向选择越来越明智：幼儿园家长随班就读意愿达到 95.4%，明显高于中小学(77.4%)。家长能正视孩子的特殊，保持积极的心态，他们希望孩子身体健康(96.9%)，能够开心地学习生活(93.8%)、友好地与他人相处(87.5%)，而希望孩子成绩优秀的家长占比相对较少(78.1%)。

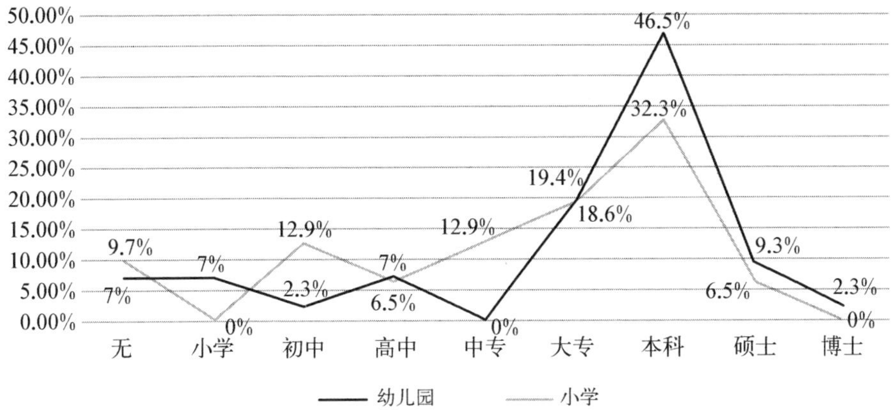

图 2－1－7 3—15 岁听障儿童主要养护人学历情况

受家长自身文化水平、家庭教育观念等的影响，部分随班就读听障儿童与家长之间互动交流不多，活动形式单一，家长不愿意或者没有能力与孩子进行日常的亲子沟通。家长普遍缺乏听觉言语康复技能（90.7%），当随班就读听障儿童在沟通交往中出现问题时，他们无法给予及时的指导与帮助（78.4%）。绝大多数家长希望得到家庭教育策略方面的指导，如行为养成等（71%）。

（三）区域随班就读的多元支持情况

1. 随班就读政策普及率较高，但政策宣传活动较少、家长、教师对政策了解不多

仅有 40.5%的听障儿童家长、32.7%的学校教师了解随班就读相关政策，很多家长（31.08%）、教师（58.3%）虽然听说过随班就读，但对于具体的政策内容并不了解。可见，“随班就读”这一政策的普及度比较高，但是区域开展的随班就读政策宣传活动比较少，且宣传范围不广，仅有 18.7%的教师参与过政策宣讲活动，相关政策文件并没有下发到各学校，62.3%的老师都是通过咨询相关人员获取政策信息，内容了解比较片面（见图 2－1－8）。区域缺少专门的随班就读教育网站或平台，梳理归纳随班就读相关政策，为教师、家长提供权威、专业的咨询服务。

2. 地区普适性政策基本落实，但区域辅助性支持政策亟需完善

近年来，上海市制定的特殊儿童随班就读政策逐步完善，内容涉及特殊学生入学、补助津贴以及学校资源教室人力配备、资源配置，等等。闵行区在落实地区普适性政策方面基本达标，但也仅限于此，调查结果显示：不论是学校，还是家长，对于政策支

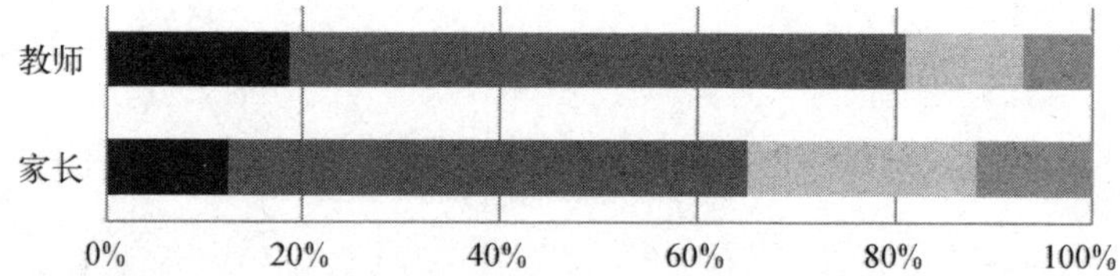

	家长	教师
■宣讲活动	12.50%	18.70%
■中心咨询	52.60%	62.30%
■网上查阅	23.10%	11.90%
■其他	11.80%	7.10%

图 2-1-8　家长、教师随班就读相关政策了解途径情况

持的需求远高于其他支持(幼儿园达到 80%,中小学 71.88%,幼儿园家长达 81.4%、中小学家长达到 83.9%),家校希望区域能够制定更多辅助支持性政策,从学校文化创建指导、资源教室运行机制、随班就读学生课程实施建议、教师专业培训与教研等方面入手,为随班就读学生提供更有效的教育。

教育部、市教委关于随班就读工作指导意见中提出要重视科学评估、坚持尊重差异、因材施教、课程教学调适等,实现融合教育有质量的发展。区域需要充分解读指导意见,制定全面、系统、精细化的支持性政策,为构建随班就读支持系统、提升随班就读质量提供政策和制度保障。

3. 区域各方面支持仍有不足,家校层面迫切需要专业支持

区域提供的随班就读支持与当前家校所需的多元支持严重不平衡,呈现出供不应求的状态(见图 2-1-9):学校领导希望得到专业、资金、政策以及家长和社会支持,教师想要接受专业知识的培训、专业人员的指导以及来自家长和学校领导的支持,家长则需要来自国家政策的支持、老师的特别关注、家校定期沟通以及专业人员的指导,占比均超过五成,部分甚至达到了九成。

综合看来,不论是学校领导、教师,还是家长,均对专业层面的支持表现出迫切的需求(见图 2-1-10):学校领导需要专业人员指导推进随班就读工作开展(90.5%),教师希望通过配备专业设备、接受专业培训与指导等提高自身专业素养,以便更好地开展教育教学(71.2%);家长对家庭教育的意识有所增强,但是专业教育知识的匮乏

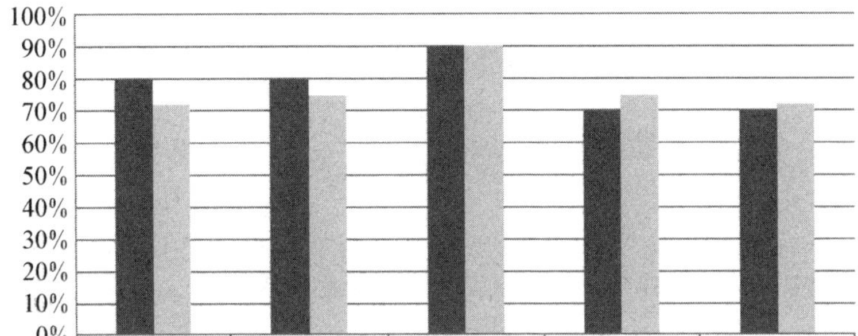

	政策支持	资金支持	专业支持	家长支持	社会支持
■幼儿园	80%	80%	90%	70%	70%
■中小学	71.88%	75%	90.63%	75%	71.88%

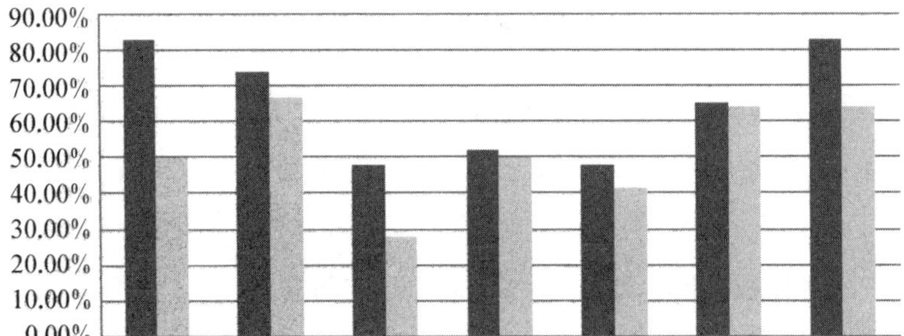

	领导支持	专业培训	增加人力	课时保障	增加专业设备	家长支持	专业人员指导
■幼儿园	82.61%	73.91%	47.83%	52.17%	47.83%	65.22%	82.61%
■中小学	50%	66.67%	27.78%	50%	41.67%	63.89%	63.89%

图 2-1-9　3—15 岁听障儿童随班就读学校领导、教师所需支持情况

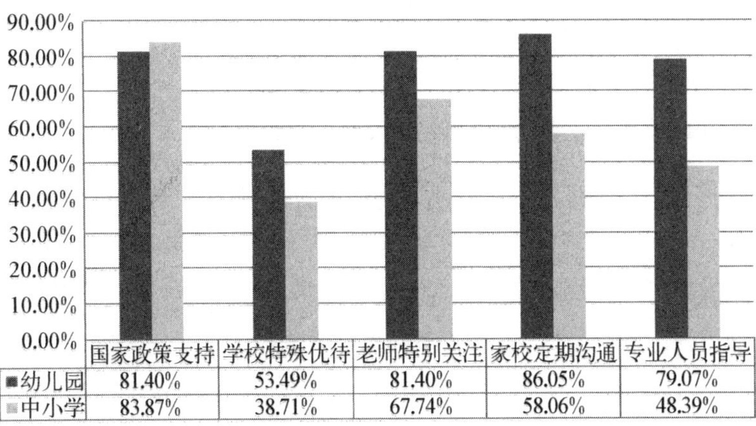

	国家政策支持	学校特殊优待	老师特别关注	家校定期沟通	专业人员指导
■幼儿园	81.40%	53.49%	81.40%	86.05%	79.07%
■中小学	83.87%	38.71%	67.74%	58.06%	48.39%

图 2-1-10　3—15 岁听障儿童随班就读家长所需支持情况

依然是他们的短板(66.2%),其中学前阶段家长希望学习康复技能方面的专业知识(90.7%),学龄阶段家长则更重视儿童行为习惯的养成(71%)。

四、调查结论与建议

(一)增加多元主体参与,构建全方位的区域支持系统

《特殊教育需要纲领》中规定:"实现对特殊教育需要儿童进行成功教育这一目标不仅仅是教育行政部门和学校系统的任务,它还需要家庭合作、社区与志愿者组织的参与以及广大公众的支持。"因此,父母、教师、同伴、专业人员应该加强团队的交流合作,共同参与并支持特殊儿童的融合教育。通过多元主体的参与,为特殊儿童提供情感、信息、物质、工具、评估等方面的支持,构成一个密切合作、相互支撑、自主灵活的区域融合教育支持系统。系统的有效运作有利于增加特殊儿童的自信心和抗压能力,减少学生的孤独、自卑、不安全感,形成健康的心理状态,实现与社会的真正融合。

(二)形成学校融合理念,助推融合文化与环境的创设

接纳不等于融合,它只是融合教育理念的一块"敲门砖",马斯洛的"需求层次理论"指出只有满足了爱和归属的需求才能实现一个人的成长和自我实现。因此,听障儿童想要在融合教育中实现自我全面发展,需要学校为其营造一个拥有归属感的校园文化。研究表明,开展丰富多彩的活动,建立良好的师生关系,发展良好的同伴关系和发挥班级文化的凝聚力,是培育和增强学生学校归属感的有效途径。[1]而有意义的学校参与是以无障碍环境的建设为前提的,通过提供有效的视觉听觉提示以及恰当的辅具设备等,保证学生真正参与到学校的课程与活动中去。

(三)立足学生差异发展,完善随班就读课程顶层设计

听障儿童虽然可以进入普通学校就读,但是他们与正常儿童的差异是客观存在的,学校应该正视其能力差异,为特殊学生的发展提供差异化的教学:基于学生的各项功能评估结果,参照国家或市教委课程架构体系,兼顾听障学生个性与共性的发展,从顶层设计出发制定恰当的、灵活的随班就读课程教学计划——以基本型课程为主体,同时设置个性化课程,集体课程与个训课程相互配合,补足学生的短板,发掘学生

---

1 徐坤英,郑涌.中学生学校归属感的培育途径探讨[J].教育探索,2008(1):119-120.

的潜能，为特殊学生的全面发展提供支持与帮助。

（四）整合片区教育资源，提供系统化的教育转衔服务

由于生理障碍造成的功能缺陷与心理伤害，听障儿童进入新的教育阶段，往往面临着比一般人更多、更难的挑战，单靠个人的力量很难克服，需要外部提供协作与辅助帮助他们适应学习环境的转变。国内特殊教育转衔服务尚处于初期探索阶段，区域层面可以将学段转衔教育纳入随班就读儿童个别化教育计划，基于学生需求，整合各片区教育资源，借助专业团队的支持，探索从学前到小学、初中，乃至高中、大学的教育转衔机制，为他们提供持续、全面的转衔服务。

第二节　听障儿童随班就读的融合文化创建

融合文化是以学生为主体、学习活动为主要内容、校园班级为主要空间、精神价值为底蕴的物质文明和精神文明总和，它既包括建筑、景观、绿化等物化形态的内容，也包括教育环境内生活方式和精神价值呈现。在现代教育背景下，听障儿童随班就读的融合文化创建势在必行。下面将从听障儿童随班就读的融合文化创建的现实问题、构建实施、实践启示三个方面进行阐述。

一、现实问题

聚焦现状，闵行区在普校就读的听障学生 183 人，已申报随班就读的 12 人。区域内设立了"上海第二听障教育指导中心"和"闵行区特殊教育指导中心"，在幼儿园特设学前听障儿童康复部，为有需求的幼儿提供专业指导。

听障儿童融合文化方面，区域、学校、班级各层面都处于积极探索与创建的阶段，目前已初有成效。但听障儿童作为一个少数群体，关注度和研究面相对比较窄小，对于融合文化的系统化、科学化构建还缺乏整体性思考，如何在普特共生中实现智慧的融合？如何在文化浸润中助力每个孩子的健康成长？这些都是值得探索的教育话题，也是亟需解决的现实问题。

二、构建实施

鉴于听障儿童随班就读的融合文化创建的全面性与多样性，伴随着助听辅具和康复技术的发展，越来越多的听障儿童进入普通学校随班就读，区域、学校、班级层面的融合文化也悄然而生,如“大爱无痕、大音希声”“启爱”“蒙正”“一体两翼”融合文化等在实践的沉淀中百花齐放,教育也颇有成效。

(一) 区域层面: 于大爱无声中打造优质的教育

从区域层面上,优化“聆听环境”,构建积极健康、阳光向上的融合文化,在教育的硬环境和软环境上打造优质的教育,来充分保障听障儿童随班就读的特殊教育,有着极其重要的意义及价值。

1. 区域融合文化的内涵

区域融合文化处于不断探索与深化的过程。致力于要让每一个学生能在“大爱无痕、大音希声”融合文化中健康成长: 大爱无痕,最伟大的爱是无迹可寻的;“大音希声”,最美的音乐是无声之乐。旨在让每一位听障儿童在普通学校的学习、生活中能够以“普通”学生身份存在,学校的校园文化、融合文化、课程文化等都为满足学生的特殊需求,为特殊学生在各方面“增能”,带动所有孩子的健康成长,让融合更自然,让关爱无痕,在无形无声中让学生绽放生命的精彩。

2. 区域融合文化创建的策略与方法

面对教育新形势与新要求,区域层面将融合教育内涵提升摆在优先位置,力求通过融合文化创建,呈现出听障儿童随班就读教育的“教师专业化、教学课程化、支持多元化”教育新样态。

(1) 优化资源布局,让“大爱无痕、大音希声”落地

根据不同特殊儿童入学的实际需求,落实听障儿童随班教育的资源保障。区域里持续推进班(点)布局,实现“教育资源全覆盖”,整个区域的义务教育阶段特教布局,几乎贯穿整个区,分布较为均衡,让每一个听障儿童都能拥有良好的教育环境及资源。

(2) 加强保障机制,为“大爱无痕、大音希声”保驾

硬件环境方面,区域投入物力和财力,设立特殊教育设施,为听障儿童打造良好的听感环境;软件方面,在区教育局行政领导下,区教育学院、区特殊教育指导中心紧密联系,协同合作,积极打造核心专业教师团队,提供师资保障,开展听障儿童个性化特设课程建设,为提高随班就读工作品质、实现特殊教育因材施教目标提供专业支持。

案例 2-2-1　“遇见爱，遇见更好的自己”区域融合教育主题活动

为丰富全区包括听障儿童在内的随班就读学生的课余生活，引导健康生活理念，增强随班就读学生的身体素质，区域特教指导中心联合学校开展“遇见爱，遇见更好的自己”快乐健康跑活动融合教育主题活动。

遵循“普特共生”教育理念，组织区域内听障儿童随班就读学生和普通同学代表们共同参与本次活动。在 20 米“六人七足”项目中，各队运动员面对终点线成一列横队并肩站立，相邻两位运动员左右腿捆绑一起，运动员将双手放置相邻运动员腰部，最终以 20 米跑步的冲刺时间决胜。通过此次活动，激发听障儿童在内的随班就读学生对运动的兴趣，增强自我认知与肯定，促进随班就读学生人际交往和社会适应能力的发展，同时增强普通儿童和特殊儿童团结协作的意识，形成良好的区域融合教育样态。

(3) 开展宣传表彰，为“大爱无痕、大音希声”护航

区域教育行政部门联合区教育基金会，持续开展两年一次的特殊教育先进个人和先进集体表彰活动。从区域层面，积极推出特殊教育表现突出教师，树典型立标杆。这既是对特教教师个人工作的肯定，更是对区域特教工作的正向导引。

（二）学校层面：普特共生中彰显智慧的融合

普通学校里，听障儿童随班就读的特殊教育校本化实施，智慧融合学校特殊教育和普通教育，实现不同个体的融合共生和适异成长，绽放生命的精彩。

1. 学校融合文化的内涵

从内涵本质来说，听障学生随班就读的融合文化要注重“以爱为育、适异而育”，加强听障儿童及青少年义务教育阶段随班就读工作，坚持科学评估、应随尽随，坚持尊重差异、因材施教，坚持普特融合、提升质量，实现特殊教育公平而有质量发展，促进听障儿童健康成长，打造健康向上的融合教育新格局。

案例 2-2-2　“明儿童立场、强专业特需”融合文化内涵

MQ 小学基于学校“审美超越”核心理念以及“两明两强”校训，确立听障儿童随班就读的融合文化内涵为“明儿童立场、强专业特需”，明晰以儿童的健康成长为本的教育立场，积极探寻融合文化的内涵特质（见表 2-2-1）：

表 2-2-1　融合文化内涵特质的实践例举

内涵特质	解　读	例　举
文化融合	形成学生成长和学校文化的融合	“审美超越”定位在“审成长之美，超昨日之越”，“两明两强”定位在特殊孩子对学校文化的理解及融合视角中教育需求。
自觉融合	全面性促进融合，实现自觉性融合	在学校层面进行“全员·全程·全域”的融合性教育的举措和尝试，促进师生发展自觉生成。
双向融合	实现听障儿童和普通学生的双向融合	改变听障儿童随班就读生的单向性，学校教育中的融合举措应该是立足于成就每一个孩子的健康成长。

2. 学校融合文化创建的策略与方法

（1）重视硬件投入，营造“人文关怀”的物质文化

改善聆听环境是关键。听障儿童佩戴助听器对周围环境有着较高的要求，安静的环境可以让听障儿童情绪平稳、注意力集中。那么，如何根据儿童成长需求营造安静的校园环境呢？在硬件上加强听感环境的建设，推进特教设施改建，增建专业的资源教室，全面提供保障听障儿童学习生活的设施，在学生座位等日常学习生活安排上做人文化、细致化的调整与优化。

案例 2-2-3　“资源环境多样，多方协同有效切入”融合文化创建

QBSY 小学从教育场域的建设入手，对学校资源充分开发利用，使“寓教于美·教育立美”体现在听障儿童教育教学活动中，让校园成为听障儿童欣

赏艺术、学会技能的殿堂，愉悦心灵、提高美的感受、感受快乐（见表2-2-2）。

表2-2-2 融合文化中资源环境的创建与实施

资源环境	教育功能	实　　施
聆听环境	改善听感	依托FM设备，设立融合教室，改善听障听障儿童的聆听环境，有针对性地进行听力训练。
感统教室	平衡协调	专业老师和体育老师们带着听障儿童开展各种感统训练的游戏，在有针对性的活动中，感受着参与的快乐。
快乐部落	学会技能	班主任和小伙伴们创设生活技能的环境，让听障儿童在特别的真实生活场景中学会各种简单技能，给予树立自信的快乐。
心理咨询	关爱温暖	温馨友爱的环境下，心理老师与听障儿童真情地交流与沟通，语言中的点滴给予了他们一份关爱、一份温暖。

（2）重视制度保障，构建“一体两翼”的制度文化

为听障孩子提供充分、和谐、健康、快乐发展的教育机会与条件，多途径多举措促进听障与普通儿童共融，优化资源布局、加强机制保障。

从学校层面来说，以“一体两翼”为制度保障来构建听障儿童随班就读的融合文化。一体是指学校作为主体，两翼是家庭与社会。具体来说，学校是融合教育第一责任人的主体，学校要建构一个完善的制度来保障融合教育有效执行，这是基础；家庭是融合教育的对象的法定监护第一责任人主体，理性正视是融合教育有效发生的基础；社会是融合教育的学生生存适应的环境主体，主动包容是融合教育持续生效的基础。不断建立和完善“制度化、规范化、人性化”的工作机制，在“一体两翼”基础上完善听障儿童随班就读的交流制度、评估制度、家校合作研讨制度、教师培训制度和课题交流制度等。

基于对“一体两翼”的理解，在学校内还可以概括为“四优先制度”，具体如下：一是校长负责优先，在特殊教育与普通教育发生“碰撞”之时，学校一定是把特殊教育放

在优先对待的地位；二是专职专管优先，学校建立从特教直接分管心理专职教师这样一支专职教师团队来进行专业管理；三是师资分配优先，面对听障儿童的师资配置有优先机制，安排有经验、专业的老师来进行教育；四是考核奖励优先，从专项考核和特色奖励上激发教师工作热情、肯定教师工作成效，优先考虑融合教育师资队伍建设。

（3）重视精神风貌，创生“和谐友爱”的精神文化

学校融合文化的核心是精神文化，精神文化是人的精神食粮。根据听障儿童随班就读学生的身心特点，基于校训校风，构建和谐友爱、双向融合的教育环境。精神文化的融合，不仅仅是指听障儿童随班就读生，也指普通学生。从特殊学生角度来说，就是要做到不自卑学会自信、不退缩学会自立，不断理性认识自我，超越其缺陷，提升自我意识，激发个体生命潜能，最终实现人格的健全与生命的充盈；从普通学生角度来说，就是要做到不歧视学会善待、不轻视学会理解、不漠视学会友爱。这样双向融合，会让听障儿童随班就读融合文化呈现健康积极向上的状态，会让学生更好地融入到学校日常教育教学活动中来。

案例 2-2-4　依托教育戏剧创建“蒙正养爱”的精神文化

SY 小学融合文化创建过程中，借助教育戏剧的方法创建融合文化。围绕“爱”这个字，学校层面开展主题课《“小耳朵”的烦恼》，活动过程如下：

◇ 情景剧：通过情境表演呈现出“小耳朵”在学校生活中遇到的难题。

◇ 金点子：围绕“‘小耳朵’的难题”展开讨论，提出帮助听障同学解决难题的“金点子”。在讨论交流中，学生意识到听障儿童需要一个安静的环境，最终形成了一条“说话要小声、走路要轻声”的“爱的公约”。

◇ 爱的行动：从此以后，当校园中杂音过高时，同学们用手势互相进行“爱的提醒”，爱的味道浸润在校园每个角落里。

（4）重视教育成效，形成“双向融合”的行为文化

听障儿童随班就读的学校行为文化，是指学校教师及学生在教育实践中产生的活动文化。学校以“为了每一个孩子健康成长”为目标，关注孩子的个性发展，运用因材

施教的教育策略来助力每个孩子的全面发展，积极开展多样化活动，加强学校特殊和普通教育的双向融合，实现“普适共生”的教育样态。

具体实施中，根据现状发现，虽然随着康复技术手段发展和随班就读工作的推广，部分听障学生经过语言康复可以进入普通学校随班就读，但是他们的语言发展与普通同学相比仍会有差距，与老师同学交流互动仍或多或少存在困难，因此会表现出性格孤僻、自卑、不愿意与他人交往的问题。

面对现实问题，如何让听障生尽快适应普通学校生活，找到适合自己的位置，关系到他们将来能否适应社会、融入社会。在此，活动是一大重要载体。学校依托活动给听障随班就读学生搭建个性展示的舞台，丰富学生的学习生活，在活动中帮助听障儿童更好融入集体生活，有效创建双向融合的行为文化。

（三）班级层面：文化浸润中绽放生命的精彩

德国社会心理学家勒温说过：孩子所处的环境、社会氛围与孩子所呼吸的空气一样重要。听障儿童随班就读，班级是他们在学校里最主要的活动场所，这是个体间不断传递着的信息流（认知流、情感流、道德流等）的最有效时空。班级文化的浸润，能促进听障儿童以及普通儿童健康成长、绽放生命的精彩。

1. 班级融合文化的内涵

内涵特质来说，应在班级生活中树立一种以“平等·参与·共享”为核心的新特殊儿童观。平等、尊重地看待特殊学生，科学评价他们的发展程度，倾听他们内心的声音，积极吸收优秀文化，共同营造班级融合文化环境。根据实际，班级融合文化可以分为班级理念文化、班级活动文化两大维度，指向情感上的融合与交往上的融合。其中要关注融合几大关键词，即全员融合中“接纳”、多元融合中“包容”、鼓励式的正向融合中“鼓励”以及双向融合中“归属”。

2. 班级融合文化创建的策略与方法

（1）班级理念文化浸润，促进情感的融合

班级文化建设首先是创建一个平等的环境。当听障儿童进入班级那刻起，他是不是一个容易被关注的对象？老师和学生是否都认为这是一个特殊儿童需要特殊照顾？这些概念在学校的实践理解来看都是错误的，越是特别对待，越容易引起听障儿童的焦虑。把听障儿童纳入普通教育体系的融合教育模式，就是把这类特殊儿童普通化，让他们浸润到普通学生的学习环境、沟通方式、生活模式，简单地说就是一致对待。

在平等的班级文化建设中首先要改变师生的认知。可以采用认知行为班级矫正的方法。认知行为治疗(cognitive behavior therapy)是由贝克(A. T. Beck)在20世纪60年代发展出的一种有结构、短程、认知取向的心理治疗方法,主要针对抑郁症、焦虑症等心理疾病和不合理认知导致的心理问题。它的主要着眼点,放在患者不合理的认知问题上,通过改变患者对己、对人或对事的看法与态度来改变心理问题。主要对教师、学生以及听障儿童三个人群进行认知概念的矫正:他们都是普通人,只是因材施教,方式方法不同而已。

案例2-2-5　"小眼睛和小耳朵"班会课

SY小学某班级开展了《小眼睛和小耳朵》的班会课,过程如下:

◇ 提出问题:老师以小眼睛和小耳朵的生动比喻,通过身边戴眼镜的学生和戴助听器的学生的对比,结合爱眼日、爱耳日等活动组织大家讨论,为了让小眼睛和小耳朵更好地学习和生活,我们应该怎么做?

◇ 心灵交流:以小眼睛为参照对象的教育方式让听障儿童重新定位自己,不再认为自己是一个残疾儿童,而是一个戴着助听器的正常儿童,和戴着眼镜的小朋友是一样的。

◇ 教育成效:听障儿童驱逐其内心的自卑以及破除其"我是残疾儿童"的沉重的精神枷锁,其他同学重新定位听障儿童,能给予更多关爱。共同认知,形成了听障儿童入驻普通教室的精神支柱。

班级文化建设其次是打造一个包容的团队。大环境的包容友善,相互照应相互关心,才能潜移默化地影响每一个孩子的包容心。在班级建设中引导学生相互尊重,相互影响,相互欣赏,有选择地吸取他人之长处,从而实现在多元开发的文化中促进相互的互补共进,同时面对同学不足的同时也能释怀。加强温馨班级的建设,在"今天我当家""班级点币激励""小岗位合作"等班级活动和措施的落实中产生真、善、美的道德情感共鸣,形成正确的道德认同,在关注道德品质形成的过程才能实现德育目标的真正达成,班级理念文化的浸润,能有效促进班集体情感上的融合。

(2) 班级活动文化浸润,促进交往的融合

听障儿童进入普通班级学习最大的一个问题是社交障碍。往往表现出交际过程中交往恐惧、交往焦虑和不擅长交往等表现。其实在普通班级随班就读反而给听障儿童提供了一个更大的交际场,自然地交往伙伴,同伴支持是治疗交往心理障碍的最好方法。对听障儿童的社交能力,可以先做谈话式的调查问卷,分析学生社交能力存在的真实问题。然后有针对性地开展班级活动,有效地促进交往融合。在班级活动参与中提高听障儿童的被接纳度、克服听障儿童的短板、激发听障儿童的潜能,同时要关注班级里每一个儿童的成长。

案例 2-2-6　和同学一起参加比赛

SY 学校要组织队风纪比赛了,班级"小喇叭"在讨论小 Q 要不要参加?

◇ 担忧:在队伍里助听器受到很大干扰,听不清声音,整个一个乱!

◇ 帮助:小 Q 几次提出想放弃了,但同学不断地鼓励着他,还提出了好的建议,让他做旗手,听不见的情况下和场外的老师对口型。

◇ 努力:一次次、一遍遍反复练,在大家的齐心协力下,小 Q 和全班同学精神饱满地参加了比赛,同伴们鼓励激励着他克服重重困难,他的努力和坚持得到了同伴们的认可。

◇ 收获:孩子们的心连得更紧了,不仅学会了队风纪的知识和礼仪,还学会了互助、包容、努力、坚持和团结!

听障儿童的教育不是封闭式的,需要在交往中促进孩子的成长。因为担心他受伤而将他隔离于集体之外,那才是真正的伤害,阻碍了听障儿童的社会化发展,延缓了听障儿童的心理发展进程。由此可见交往的融合对听障儿童的成长至关重要。交往中的专业性、互动性、持续性、真实性都是听障儿童走向交往融合的保障。

对于听障儿童而言,班级就像是另一个温暖的"家",需要把这个家建设得更好、更温暖,当然,应在班级文化建设的基础上开展更多学校层面的融合文化建设项目,从"小家"到"大家",为听障儿童提供温暖的港湾!

三、实践启示

实践表明，区域、学校、班级各层面的听障儿童融合文化创建，需要从物质、制度、精神、行为文化入手，关注硬件投入、制度保障、精神风貌、教育成效，从而打造健康、积极向上的融合教育环境。

（一）文化创建需要机制创新

面向未来，听障儿童随班就读的融合文化创建处于不断探索阶段，需要在加强特教各类制度建设、管理机制完善的基础上创新发展，强化机制的督导评估，及时反馈改进，全面提升普通学校融合教育内涵品质，深化联动，从而推进特教多元发展，实现教育的公平优质。

（二）文化落地需要协同共育

孩子的成长，需要"家・校・社"三位一体合力共育。多方力量融合，在各领域积极创设让听障儿童能够被接纳的良性聆听环境，让他们能在关爱、支持的文化熏陶中学习与感悟，在丰富多元的学校、家庭、社会生活体验中学习与人交往的态度与技能。只有这样，随班就读听障儿童才能全身心融入其中，获得真正的安全感和信任感，形成自尊、自信、合作、谦让的良好品质，逐步形成健全的人格，才能更健康快乐地成长。

本节案例提供者：1. 闵行区七宝镇明强小学　姚　凤
2. 闵行区实验小学　李　娜　徐　亚
3. 上海市七宝实验小学　吴晶莹

第三节　听障儿童随班就读的课程体系建构

融合教育课程是普通学校为满足所有学生不同学习需求、学习风格以及文化背景等多方面的差异而设计的弹性的（Flexible）、相关的（Relevant）和可调整的（Adjustable）的综合课程体系。[1]如何通过课程设计和调整，尽可能满足随班就读安置形式下听障儿童的个性化学习成长需求，是区域长期思考和研究的一大课题。随班就读课程建设是一项复杂的系统工程，需要团队合作。在此之前，需要对区域所有听障儿童、课程资源、师资专业性等开展严谨的综合性评估与调查，只有了解了这些儿童各方面的差异，才能根据儿童的实际情况，盘活区域资源，有针对性地开展课程体系建构。下面将从区域随班就读课程体系构建面临的现实问题、构建实施、实践启示三个方面进行阐述。

一、现实问题

前期调查和评估结果显示，区域听障儿童随班就读中普遍存在以下四大问题：**一是听觉言语语言能力不足**。无论学前或学龄阶段听障随班就读儿童，都普遍存在听觉言语语言能力不足的问题，对康复训练有较大需求，但是学龄阶段基本无法满足，学前也是只能部分满足。**二是缺乏同伴交往技能**。部分听障儿童因为缺乏交往技能而导致同伴交往困难，严重阻碍了学校适应，迫切需要相关支持，但目前基本无法满足。**三是学科学习存在困难**。随班就读儿童普遍反映在英语学习中困难较大。大部分随班就读听障儿童反映，课堂中的疑惑或者问题，虽然会在课后得到老师一对一的辅导，但

1　韩文娟，邓猛.融合教育课程调整的内涵及实施研究［J］.残疾人研究，2019（2）：71.

辅导次数不多,频率不高。**四是学段衔接存在困难**。由于活动形式单一,家长及一线教师参与度不高,缺乏系统课程设计,且活动流于形式,家长对于转衔服务满意度不高,没有达到预期的转衔目标。此外,调查还显示,有少部分听障儿童同时存在感统失调、认知发展滞后等问题。

二、构建实施

鉴于随班就读课程体系构建的复杂性、专业性,区域成立了专门的融合教育课程工作团队,包括听障教育指导中心负责人、巡回指导教师、影子教师,以及基地校随班就读负责人、资源教师和听障学生所在班级的班主任及任课教师,以保障整个课程体系构建与实施的顺利推进。

(一)课程体系框架

区域内随班就读课程分为两大类:第一类为学校课程,包括主体课程和特设课程;第二类为区域共享课程,主要是基于区域听障儿童的共性和个性需求设计和开发的课程,包括听障中心自主研发的共享课程,以及中心与区域内随班就读学校共建的优质共享课程(见图 2-3-1)。

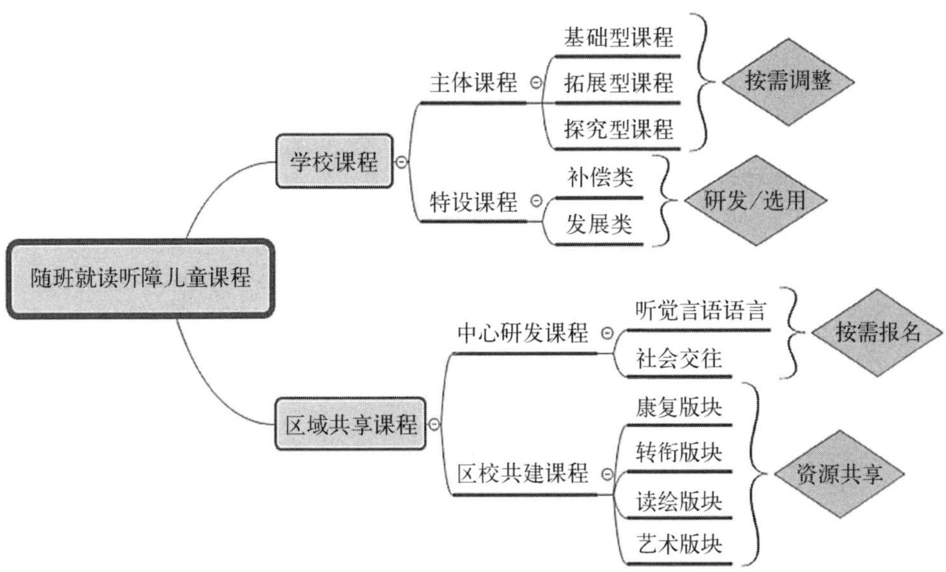

图 2-3-1 听障儿童随班就读课程体系框架

如图 2-3-1 所示，随班就读听障儿童的主体课程与普通学生大体一致，课程实施中会根据学生个别化需求进行删减、替代、个别辅导等调整处理，部分校本特色课程在开发之初就会考虑到课程的“通达性”，预先将听障儿童考虑在内，以尽量减少课程实施中教师针对随班就读学生个人调整的幅度。此外，听障中心还基于前期调研结果，就听障儿童普遍需求开发了两门功能康复课程：其中言语语言康复课程授课老师为中心老师或普校优秀资源教师，形式为一对一，中心老师按需为资源教师提供手把手指导；社交课程授课老师为区域外聘影子教师或者中心教师，授课形式为团体式。同时，在区域行政主管部门的领导下还推进了“区校共建课程”落地，这些优质课程资源，在一定程度上缓解了“区域不少随班就读学校都在积极开发随班就读特设课程，但总体而言实效不够明显，依然存在课程目标模糊且没有针对性、形式单一”等问题。

（二）区域共享课程构建与实施

基于区域各随班就读学校听障儿童调查分析，听障中心在上级行政主管部门的支持下，努力盘活特教资源、引入社会资源，自主研发了两门区域共享课程。同时，中心基于学校特设课程摸底调查和区域共建课程建议调查结果分析，确定了区域共建课程的领域和方向，引导区域内“基地校”积极参与区域四大版块课程共建，搭建共享平台，努力推进区域共享课程资源库的建设。为了让区域课程高效落地，区域成立了专门的融合团队，构建了区域支持网络，同时引导基地校培养了一批共享课程“兼职培训讲师”，指导薄弱校对选用的区域共享课程资源进行校本化处理。

1. 课程构建

（1）盘活特校资源，自主研发听觉言语语言课程

在中心人数不足的情况下，充分盘活和依托特校资源，基于随班就读听障儿童的评估和分类，访谈普校语文、数学学科教师建议，调整特校听觉言语语言课程目标、内容，探索实施形式和策略（见表 2-3-1）。

表 2-3-1　低年段随班就读听障儿童听觉言语语言康复目标例举

内　容	康　复　目　标
听　觉 能　力	• 能够分辨有意义音节的时长、强度、高低和快慢； • 认真听别人说话，记住主要意思，唤其名能快速作出反应。

续 表

内 容	康 复 目 标
言 语 能 力	• 说话的气流充足，能说适当短句，注意词语和句子的停顿； • 说话的音调和大小适度，达到正常的言语交谈声，不怪声怪调，不过大或过小； • 说话的口、鼻部共鸣自然，能自然正确说出鼻音和非鼻音。
语 言 能 力	• 掌握单韵母、复韵母和鼻韵母的发音部位和发音方式，通过口型模仿正确发音，自觉地区分鼻韵母与非鼻韵母、前鼻韵母和后鼻韵母； • 掌握21个声母的发音部位和发音方式，能正确发音含有以上声母的字、词、句； • 用普通话发言，能将所学的内容应用于日常交谈中。
综 合 运 用	• 积极参与课堂发言，主动表达参与各种活动，能够勇于自我表达； • 有参与各项活动的热情，努力寻找各种机会练习听说。

(2) 引入社会资源，自主研发社交课程

为了破解专业资源不足的困境，区域通过“购买服务”的方式，引入了专业的社会资源，由听障中心负责人牵头成立了课程研发小组，经过多轮访谈、调整，确定了社交课程的目标、内容、实施场地、组织形式。

社交课程旨在通过团体社交游戏干预法，教授社交小策略，促进“共同注意、社交互动 、规则理解、情绪、语言表达”的发展，提高个案的“社交技能”。具体由负责校外干预实施的第三机构老师进行课程设计和实施，每一节的课程均围绕“共同注意、社交互动、规则理解、情绪、语言表达”五个子领域中的几个或者全部设计游戏，游戏活动为2—3个。干预场所分为室内干预和室外干预两种。

内容示例如下：

◇ 热身活动——找朋友

• 一人作为寻找者，其他人四散开。寻找者边唱边“找朋友”，当“找到”一个好朋友时，唱“请问你叫什么名”，对方需回答“我叫×××”。

◇ 牡丹花开开几朵

• 老师说出指令：“牡丹花开开三朵”，三个同学抱在一起；

• 数字不断变化，尽快找到正确数量开花的人存活，没有找到队伍开花的人淘汰。

◇ **眼疾手快**

教具：德国心脏病卡牌(抢答铃、水果卡片、动物卡片)

- 最后谁有最多的卡牌谁就赢了；
- 依次按顺序出牌，顺时针/逆时针；
- 看到动物就可以按铃，按到铃的人将桌面上所有的牌都收起来，再出牌；
- 如果桌面上的同类水果总和达到5就可以按铃。

(3) 发挥基地校优势，构建四大版块区校共建课程

中心引导区域内基地校，积极参与区域四大版块课程共建，培养共享课程"兼职培训讲师"。除了必须的"转衔版块"和"读绘版块"，还针对部分听障多重障碍的需求，共建了"康复版块"的课程。与此同时，充分发挥听障学生"在外周注意、视觉工作记忆广度、视觉图象识别敏度等方面都优于正常学生特别是当视觉任务需要复杂加工时，听障学生未损伤通道中会有更高的加工效率"等优势，共建了相应的"艺术版块"课程来增强他们的自信(见表2-3-2)。

表2-3-2 区域共建课程资源菜单

课程板块	课程名称	课程资源	来源
转衔版块	能量加油站	服务项目、兼职培训师	基地校中心
	温暖的"读心"伙伴	手册、视频资料	
读绘版块	"绘"阅读课程	课程方案、实施案例	
	棋盘世界课程	课程方案、实施案例	
	"蒙正教育"戏剧课程	课程方案、实施案例	
康复版块	学前听障幼儿言语矫治课程	课程方案、PPT、兼职培训师	
	认知康复课程	课程方案、ppt、兼职培训师	
	"582"听障多重障碍儿童助星课程	课程方案、实施案例	
艺术版块	版画藏书票课程	课程方案、实施案例	

2. 课程实施

（1）依托融合团队，协调推进课程实施

为了保证课程顺利实施，区域以学生为圆心，成立了专门的“个案融合团队”，为每名学生配置了一名个案管理协调人（中心教师）。协调人负责组建包括家长、第三机构专业服务人员（影子教师等）、普校教师在内的服务团队，整体协调和通知课程实施，开展过程性评价，及时组织协商、讨论、调整课程内容和实施策略。下面以个性化课程实施安排为例说明团队如何分工推进课程实施（见表2－3－3）。

表2－3－3　个性化课程实施安排表例举

私人定制课程（周六社交团课为主）	
班主任&心理老师	1. 每月围绕学生社交领域和学校适应情况完成1篇500字以上的叙事。
听障中心	1. 定期整理普校教师的叙事，并进行指导和分类整理。 定期整理普校个性化课程实施资料。 2. 组织开展周六的团体社交课，记录指导和访谈资料，归纳整理社交团课资料。 3. 定期联系家长，提醒家长记录个案的点滴变化，并进行整理。 4. 对个案的整个干预过程进行记录、反思、协调、调整、整理。
家　长	1. 配合项目组干预，及时记录个案成长的点滴故事和视频。 2. 落实项目组的家庭干预建议。
第三机构	1. YY机构老师，每周六提供1.5小时（4—6人组成）的小组社交课。 2. YY机构老师，每周上课结束后，为家长提供指导。

目前，区域不少随班就读学校都在积极开发随班就读特设课程，但总体而言实效不够明显，依然存在课程目标模糊且没有针对性、形式单一等问题。通过发挥优质基地校资源辐射功能，共享共建“转衔、艺术、读绘、康复”四大版块课程资源，可以在一定程度上解决上述难题。

（2）构建区校支持网络，按需选取调整课程资源

共建课程从选取到学校校本化处理，非一己之力可成，而是需要相关课程供给领域专家、协调人、课程接受方各司其职，通力合作，才能用最少投入换取最大的收益。为此，在区域主管部门的协调下构建了专门的支持网络，确定了具体的规章制度，由听障中心具体负责推进落实。下面以“版画藏书票”为例说明。

首先,共享相关资料;接下来,就特设课程开展相关"进校听课学习";第三步,团队合作进行校本化处理,就内容、实施场所、形式、策略等进行讨论;第四步,开展过程指导。培训中需要着力说明课程背后的目标和功能,培训内容例举见图2-3-2。

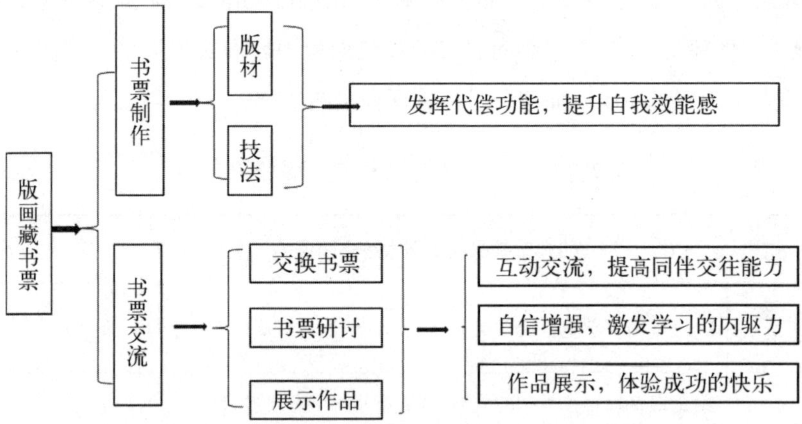

图2-3-2 "《版画藏书票》课程校本化"培训内容例举

(三)学校课程实施

课程调整是基于普通教育课程而做出的个性化改变,其目的是促进学生参与课程,实现学生在班级中的有效融合。[1]为了让课程调整更有针对性,学校首先需要在跨专业团队的支持下,为听障儿童制订个别化课程计划,然后协同落实个别化课程计划,推进课程调整和特设课程实施。

1. 以生为本制订个别化课程计划

每学期初,学校基于学生综合评估和教师情况分析,从课程目标、课程结构、课程实施、课程评价、课程保障几个方面制订个别化课程计划,中心巡回指导教师按需组织跨专业人员参与计划制定与研讨。如,H校目前有两位听障学生就读于二年级,在区听障中心的牵头下,学校组织随班就读分管、资源教师、任课教师、学生家长等,以生为本,根据其对普通学校的课程与教学适应程度的不同,以普通学校义务教育课程方案、

1 Horn E, Banerjee R.Understanding curriculum modifi-cations and embedded learning opportunities in the context ofsupporting all children's success[J]. Language Speech and Hearing Services in Schools, 2009, 40(4): 406.

课程标准和教材为主要依据，充分考虑到他们与普通学生的差异，对学校基础型课程、拓展型课程、探究型课程进行了相应的调整处理，制订了课程调整安排表，以其中一个学生为例说明（见表2－3－4）。

表2－3－4　听障儿童个别化课程调整安排例举

学生	领域/课程		安置方式	每周课时	上课地点	执教教师
小黄	基础课程	语文	集体教学	8节	二(5)班	语文教师
		数学	集体教学	4节	二(5)班	数学教师
		英语	集体教学	2节	二(5)班	英语教师
	特设课程	沟通交往	小组学习	1节	专用教室	中心巡回指导教师
		言语训练	小组学习	1节	专用教室	中心巡回指导教师
		绘本教学	集体教学	1节	二(5)班	自拓教师
		棋盘世界	集体教学	1节	二(5)班	自拓教师

2. 围绕课程要素开展课程调整

学校在听障指导中心的指导下，基于学期初制订的个别化教育计划，主体课程围绕课程目标、课程实施、课程评价三大课程要素，进行课程调整。学科任课老师要全面掌握随班就读学生的相应课程的基础和水平，根据评估结果结合日常教学观察，以及学生的实际情况，细致分析课程标准要求和内容，找准学生学习起点和最近发展区，确定学期与单元教学目标，不随意拔高或降低要求，采用简化、减量、替代、删除等方法调整随班就读学生的学习目标、内容，实施分层教学、分层作业，使其适合学生的认知水平。

如下表所示，下面以JL学校小X英语学科教学为例说明（见表2－3－5）：学校根据随班就读学生的实际能力，设计他们有能力参加的实践活动和环节，让他们真正得到参与和实实在在的进步。课程评价按需进行了调整，在发展性评价理念指引下，对学生成长过程中的每一阶段表现进行评价。如，英语学科从“学习兴趣”“学习习惯”“学业成果”三个维度设计分层评价内容和观察点。

表 2－3－5　基础学科课程教学调整实践例举

姓名	学习基础	课程目标	课　程　实　施	课程评价
小 X	中上水平，听力部分欠缺	英语：减少听力部分的学习内容，同时降低难度，其他方面同普通同学	1. 座位进行调整：第二排位置，可以正面看到老师说话时的口型。 2. 更多地使用文字、图片等直观的方式。 3. 创设平等交往的氛围，帮助其树立自信心。 4. 和社会性发展较好的同学结对，提高她的开口意愿。 5.“延迟法”，在阅读大段文字时可允许听力障碍学生不跟读，相关阅读任务将延迟到课后读给教师或教师指定的小伙伴听。	1. 学习兴趣。 2. 特别对听力有要求的练习可适当降低要求或免做。 2. 布置作业时也视具体情况进行分层。

3. 区校联动推动特设课程实施

基于区内随班就读学校发展的差异性，听障指导中心提供不同的特设课程支持，鼓励基地校和有能力的学校自主研发特设课程，同时指导部分能力不足的学校报名参加中心自主研发的课程，引进区共享课程资源并指导其进行校本化处理。

（1）自主研发类课程实施

自主研发类课程实施以学校为实施主体，听障中心按需及时提供指导。比如，HZ小学就学校两名听障儿童小王、小薛手部精细操作有所欠缺、与人的沟通交往比较困难、有美术特长等特点，结合学校教师资源特长开发了《叶脉作品的制作》社团活动，在实施中，教师根据学生的情况及时在中心的指导下，进行课程内容和策略的调整。

以小王为例，该儿童平时学习活动中与人沟通比较少，手部精细化操作能力较差，因此在《叶脉作品的制作》中，穿插了学生喜欢的串珠活动，同时定期邀请该儿童班级内典型发展儿童加入活动，进行结对学习，以提升其手部精细动作能力、提高沟通能力。

（2）选用类课程实施

选用类课程实施起初以中心为主，随着学校教师能力的提升，部分课程可以慢慢放手。如，JL 学校按需为两名听障儿童报名参加了中心自主研发的补偿类课程，由听障中心对两位听障儿童定期进校提供《听觉言语言语训练》和《社会交往》教学支持。同时，学校还引入了区域读绘版块的课程，由区域共享培训师对学校老师进行手把手指导，选择适宜的绘本，给予有效的语言输入刺激，让随班就读孩子的语言及表达能力逐步提高。

三、实践启示

实践证实，课程调整不是靠一己之力就可以完成的，而是需要跨专业团队的通力协作，也需要职责清晰；区域共享课程的构建可以在一定程度上缓解不少随班就读学校特设课程总体而言实效不够明显、课程目标模糊且没有针对性、形式单一等问题，课程调整的落地需要区校支持网络的保障。

（一）课程调整需要跨专业团队协作

对随班就读学校教师来说，课程如何兼顾共性和个性需求，采用最经济的方式调整是一件特别困难的事，到底该调整什么，该怎么调是需要跨专业团队合作才能完成的专业任务。多西（Dorsey，2000）认为融合教育成功的四大因素为：教师的态度、教师可利用的资源、相关的训练、团队合作（例如：合作式跨专业）。团队合作至关重要，尤其是协调人、同时懂特教和普教的专业人员配备非常重要。

（二）课程落地需要区校支持网络保障

有研究者指出："我国融合教育课程及课程调整理论和实践的发展，要求研究者、学校领导者、融合教育教师各司其职、各尽其责，更要求我国能够逐步建立起相关的支持系统。"[1]实践也证实，要实现主体课程调整有的放矢、个性化课程有针对性，首先需要区域支持网络的保障，其中学校和家庭是核心人员，外围专业人员的支持和介入则可以在极大程度上破解技术层面面临的种种难题。

本节案例提供者：1. 上海市闵行区君莲学校　朱美红

2. 闵行区虹桥中心小学　丁剑飞

3. 上海市闵行区七宝第二中学　谭玲令

1　韩文娟，邓猛.融合教育课程调整的内涵及实施研究[J].残疾人研究，2019（2）：76

第四节 听障儿童随班就读的多向转衔服务

听障儿童在融合教育中的转衔是多向的，主要指听障儿童从一个熟悉的随班就读环境进入到一个全新环境，从低学段进入到高学段的过渡，包括从早期干预到学前教育、从学前阶段到学龄期各阶段以及从学校到成人生活等阶段，同时也指听障儿童从普通学校随班就读转入特殊学校就读，再从特殊学校转入普通学校的过渡，是一个动态、连贯、完整的终身特殊教育体系。在转衔过程中，听障儿童会因功能缺陷及社会交往技能不足等原因，在学业、环境适应等方面遇到各种挑战。转衔不当不仅会增加听障随班就读儿童行为问题产生的概率，加重障碍，延缓发展，还会严重影响正常的教学秩序[1]，因此为听障儿童提供转衔服务尤为重要。本节将从区域听障儿童在各学段间转衔时面临的现实问题、构建实施和实践启示三个方面进行阐述。

一、现实问题

前期调研显示：听障随班就读儿童的转衔主要存在以下四个问题：**一是学段间的教育环境和要求差异大。**听障儿童从家庭走向幼儿园、从幼儿园走向普通小学、从康复机构进入普通学校，前后两个不同的教育环境对听障儿童能力的要求是不同的。无论是“特普转衔”“幼小转衔”“小初转衔”，不同学段的学习方式、学习目标、学习要求有本质区别，学段之间存在着巨大差异，给听障儿童的融合之路带来了巨大挑战。**二是不同学段间缺乏有效沟通机制。**各学段之间彼此独立，前后学段之间无法有效对接，造成后学段学校对新入学听障儿童的前期情况一无所知，给后续教学带来了诸多

1 徐玉珍.特殊学生转衔服务项目的实践研究[J].现代特殊教育，2016(3)：15.

困惑。区内听障儿童转衔工作参差不齐，只有少部分学校会针对听障儿童转衔开展一些校内探索，听障儿童的转衔质量无法得到有效保障。**三是家校对听障儿童转衔所需技能准备明显不足**。调研发现，现有的转衔更多关注听障儿童如何在不同学段之间流转，参观、了解不同学段的学校，而对听障儿童应具备的转衔技巧重视不够，听障儿童的自我管理能力、语言能力、认知能力、交往能力、学习习惯、心理调适等没得到针对性的引导和培养，导致听障儿童没有足够的能力和技巧去应对新环境，在过渡中困难重重，有些甚至衍生出各类行为问题。**四是普校和特校之间缺少双向转衔机制**。近年来，聋校经常会转介、安置一些由于种种原因被迫从普通学校回流的听障儿童。在接受聋校一段时间的针对性教育、康复支持后，有些听觉补偿佳、口语表达能力佳、聋校学业表现优秀，又缺乏口语沟通环境的听障儿童，继续留在聋校，显然无法满足其教育发展需求。能否重新进入普通学校以"部分时间随班就读"的形式接受融合教育？谁能或愿意接收这些曾经的"回流生"？接收之后又该如何提供合适的教育？区内没有类似的反向融合先例，也缺少相应的双向转衔机制和操作流程。

二、构建实施

鉴于听障儿童在随班就读转衔过程中出现的各种凸显问题，首要考虑的是进一步完善听障儿童转衔机制，组建一支转衔工作团队，以保障听障儿童在不同学段、不同学校之间顺利完成转衔。

（一）搭建转衔架构，建立互通机制

在区主管部门的主导下，搭建了区听障儿童转衔架构，将与听障儿童相关的机构或学校纳入其中（见图 2-4-1），包括听障教育指导中心、听障儿童目前所处的幼儿园/小学，即将进入的小学/初中，以及区内听障特殊教育学校，四者各司其职、相互配合，形成区内听障儿童转衔工作的一个闭环。

同时，结合各单位、机构的不同功能，建立了区听障儿童"名册追踪—个性评估—学段（校）对接—资料转接—转衔支持"的转衔机制，明确了各单位的主要任务和职责（见表 2-4-1）。

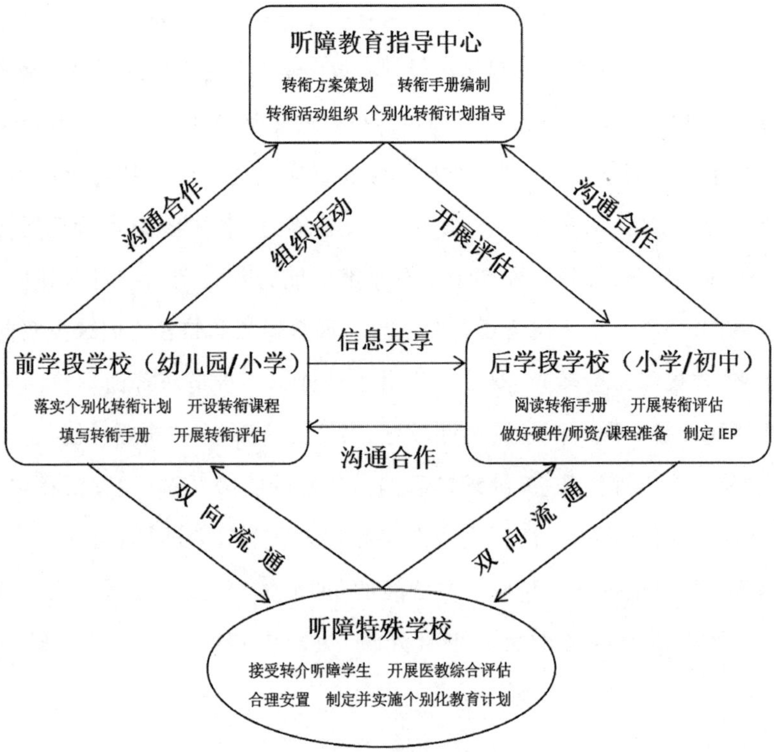

图 2-4-1 听障儿童转衔组织架构图

表 2-4-1 区听障儿童转衔机制汇总表

转衔时段	转衔机制	服 务 内 容	合 作 机 构
1月底	名册追踪机制	1. 从市特教通报系统中追踪转衔学生名册 2. 各校整理、汇总学生信息并报中心	听障指导中心 现就读学校
2月	个性评估机制	1. 组织专家对转衔儿童开展功能评估 2. 按需对转衔儿童开展适应能力评估 3. 对转衔儿童开展学业能力测试	转衔专家团队 听障指导中心 现就读学校
3月上旬	学段(学校)对接机制	1. 现读校提供转衔对接下学段的学校信息 2. 与下学段(校)进行一对一对接	现就读学校 听障指导中心
3月中旬~6月上旬	转衔支持机制	1. 汇总评估信息,确定有转衔需求学生名单 2. 制定区域转衔方案、活动方案等 3. 研发或共建转衔课程并实施 4. 制定个别转衔教育计划 5. 编制不同学段《听障儿童转衔指导手册》	听障指导中心

续 表

转衔时段	转衔机制	服务内容	合作机构
3月中旬～6月上旬	转衔支持机制	1. 配合中心开展各项转衔活动 2. 配合中心制定个别化转衔计划并实施 3. 指导家长填写《听障儿童转衔指导手册》	不同学段学校 普通学校 现就读学校
6月中旬	资料转接机制	1. 完成功能评估、学业测试等资料的转接 2. 进行个别转衔计划和转衔课程的转接 3. 完成《听障儿童转衔指导手册》的转接	不同学段(学校)
7月～9月	转衔支持机制	1. 完成转衔课程,提升听障儿童相关技能 2. 开展转衔后评估 3. 制定个别化教育计划	听障指导中心 后学段(学校)

大量研究认为,团队间的有效沟通能够提高转衔效率。[1] 5年来,区听障儿童转衔机制越来越完善,转衔工作团队成员各司其职,相互配合,共同参与,使得听障儿童的转衔工作质量逐年得到提升。

(二) 探索双向流通机制,满足不同转衔需求

为了满足优秀“回流生”的回归愿望,也为了让每个听障儿童得到更适切的教育。在区域行政主管部门牵头、干预下,听障指导中心统筹、协调聋校、普校、听障儿童家长等多方力量,以项目研究的方式对3名双向融合听障儿童(2名为回流生,1名为聋校学生,目前均就读于聋校)开展了为期一年的双向融合实践探索,初步形成了双向流通机制(见图2－4－2)。

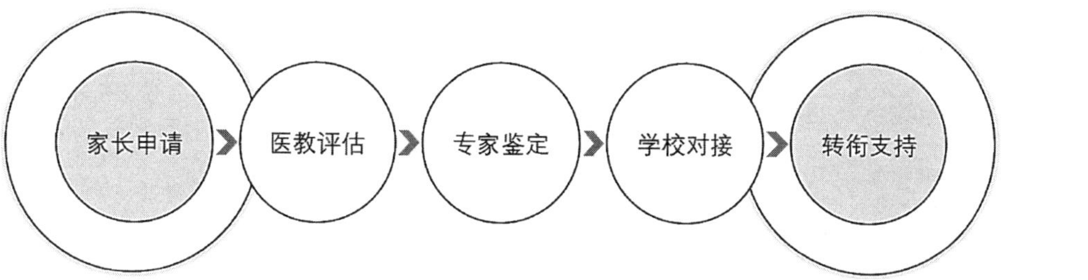

图2－4－2 听障儿童转衔组织架构图

由家长提出申请、填写《上海市闵行区特教学校(班)与普通学校(班)流转审批

1 李雅蓉,刘春玲,王和平.美国特殊儿童幼小转衔服务研究[J].现代特殊教育,2018(11):22－26.

表》,并提供相关评估资料或由听障中心组织开展医学、教育评估,由入学鉴定委员会进行鉴定,最后报主管部门审核,保障了听障儿童双向流通之路畅通无阻。同时,通过购买专业服务机制——由第三方服务机构专业人员承担,为双向融合听障儿童提供影子教师支持、听障指导中心提供转衔课程支持、医生提供医教评估以及巡回指导教师协助个别化转衔计划制定与开展,都保障了听障儿童的顺利融合。通过阶段动态化评估机制,即时监控双向融合质量,及时调整支持策略,检验融合成效,有效保障了融合质量。

在整个过程中,区域行政部门政策机制是双向融合的保障,转衔团队的专业支持是双向融合的核心,而"评估与课程"的动态衔接螺旋上升是双向融合质量提升的关键。[1]

(三) 开展转衔服务活动,助力儿童顺利转衔

1. 组织专家开展评估,了解儿童现有能力

为听障儿童和家长提供有效的转衔支持,评估是基础。每年2、3月听障指导中心都会组织专家对适龄听障儿童开展转衔评估,评估内容主要是听障儿童在下一阶段的学习中所需要的能力,包括认知能力、语言能力、交往能力及学习能力等。不同阶段的转衔,评估内容也有侧重(见表2-4-2)。

表2-4-2 听障儿童各类转衔评估项目

转衔阶段	评估项目	测评人员
幼小转衔	认知能力、听觉言语、交往能力、学习能力、生活功能等	市定点机构医生 听障中心 康复师 各学段学科教师
小初转衔	交往能力、学习能力、学业水平、适应行为、同伴关系等	
普特转衔	听觉言语、学习能力、学业水平、感知运动能力、注意力等	
特普转衔	听觉言语、学习能力、交往能力、适应行为、注意力等	

通过评估,我们可以帮助听障儿童找到教育、康复的起始依据,也可以为听障儿童制定个别化转衔计划提供参考。

---

1 严淑琼,牛丽君,成旭星.区校联动支持听障回流生复归普校的个案研究[J].中国听力语言康复科学杂志,2021(5):368-370.

2. 开展游学参观活动,加速心理适应过程

面对转衔,听障儿童和家长或多或少都会担忧,能否适应新的环境和课堂? 能否被新老师和新同学接纳? 能否跟上集体学习的步伐? 为了缓解家长的焦虑、听障儿童的不安,听障教育指导中心积极联络对接学段学校,邀请听障儿童和家长一起参观学校、参与学校活动;带领听障儿童走进课堂,一起聆听一节课,做一回小学(初中)生。通过直接体验,让听障儿童对新环境、新学校、新老师、新同学充满期许。如:幼小转衔时,就会带启英幼儿园的听障儿童去明强小学参观,并和哥哥姐姐一起学习,良好的课堂互动和积极参与,激发了他们早日成为小学生的兴致,缓解了对新环境的不安和焦虑。

3. 共建共享转衔课程,着力培养必要技能

几年来,听障指导中心联合随班就读示范校一起研发转衔课,并实行区内共享,帮助听障儿童掌握未来发展所需能力,为顺利融入新的学校作好准备。如:针对听障儿童社交能力弱这一凸显问题,中心组织力量研发了《听障儿童社会交往能力》团建课程,利用每个周六,对听障儿童进行社会交往技能的训练。又如:启英幼儿园的“能量加油站”课程、七宝二中的“温暖的‘读心’伙伴”都是为不同年龄段的听障儿童开设的、提升沟通技能的转衔课程。通过这些课程的学习和实践,有效帮助听障儿童提升了社交能力,消除了病耻感,形成了积极的自我认同。

4. 开设转衔专题讲座,助力家长理性应对

听障儿童的家长对孩子的教育期望值普遍较高,希望孩子能像健听儿童一样,享有高质量的公平教育,所以普通学校是家长们的首选。但同时他们又隐隐担心——孩子会不会受到排挤? 暗暗纠结——要不要把孩子的残障告诉老师? 针对这些担忧,听障教育指导中心在实践中慢慢积累经验,逐渐形成了转衔系列讲座,帮助家长学会用平常心、理性面对现实。如:《入学在即,你和孩子都准备好了吗》——听障指导中心从“入学可能会出现哪些状况? 该如何帮助孩子适应学校生活? 如何协助老师了解孩子状况? 孩子的状况是否让班内同学及家长了解? 如何和老师有效沟通?”五个角度,指导家长要做好充分的心理和思想准备;《随班就读政策》——邀请专家对家长进行政策宣讲和解读,鼓励家长充分享受政策福利;《聆听老师的声音》——邀请普校老师介绍学校融合教育理念和教学举措,帮助家长建立切适的期望目标;《成长的足迹》——邀请有转衔经历的听障儿童家长、具备多年融合经验的普校班主任分享听障

儿童适应过程中的对策和做法,开展心理疏导,产生了良好效应。

5. 重视教师策略指导,提高教师转衔素养

教师的教育观念和行为变化直接影响衔接工作的最后结果,关系儿童发展水平的提高,[1]所以听障指导中心十分重视教师培训。通过《新生入学的支持策略》《如何制定个别化转衔计划》《关注听障儿童,提高融合质量》《听障儿童与同伴的沟通策略》等理论与策略指导,为转衔工作提供有力支持。同时,也鼓励前后学段的学校,积极开展校内自培,共同提高教师的转衔素养。如:七宝实验小学以片区为单位定期举办教师培训,让前后学段的老师通过沟通和交流,相互了解各自专业的特点及教学方式,保证了幼小衔接的连贯性和一致性,保障听障儿童顺利度过幼小衔接过程。

6. 编制听障转衔手册,发挥转衔指导功能

为了让各学段教师和家长协助听障儿童顺利转衔到下一个教育阶段,听障教育指导中心组织特教教研员、中心巡回教师、特教一线教师、普教资源教师等共同研讨,编写了《听障儿童转衔指导手册》,以指导学校、教师、家长共同做好听障儿童的转衔工作。《听障儿童转衔指导手册》分为认识篇、指导篇和操作篇,分别对转衔学校、教师和听障儿童家长提供指导,以利听障儿童顺利完成不同学段、不同学校间的转衔。

认识篇 主要是让随班就读老师能快速了解听力损失可能会给听障儿童校园生活带来哪些困扰;初步了解听辅设备的功能与使用意义,能配合使用;更希望通过对听障儿童的特征描述,让教师对听障儿童在日常学习、活动中可能会出现的一些行为,给予理解与宽容,并快速找到解决问题的办法。

指导篇 主要是让新学校教师更全面了解听障儿童个体的听损程度、康复经历、听觉、言语、社交能力及学业水平,以及前学段老师的一些有效教学经验和做法,给后学段教师提供一些教学启示,帮助后学段学校、教师提前做好迎接听障儿童入学准备。同时提醒家长要做好听障儿童入学前的各种准备、良好学习习惯的培养,要重视听障儿童的社会交往能力,学会和他人友好相处,能合理解决各种问题,减少矛盾产生,和听障儿童一起顺利度过转衔期。

操作篇 主要是告诉家长不管是哪个阶段、哪类转衔,都可按照现有转衔流程(见图 2-4-3,图 2-4-4)进行操作,会有一支专业的转衔团队为其提供服务。

---

1 刘春玲,杜晓新,姚健.普通小学教师对特殊儿童接纳态度的研究[J].中国特殊教育,2000(3):34-36.

图 2-4-3　听障儿童前后学段转衔流程图

图 2-4-4　听障儿童普、特转衔流程图

《听障儿童转衔指导手册》是听障儿童顺利转衔的重要支持。不仅发挥了学段间信息共享、为家长和教师提供了教、养经验和策略等功能，更是清晰地呈现了听障儿童每个转衔阶段的主要任务及具体流程，方便家长和教师参考、借鉴，为听障儿童的转衔提供有力支持。

三、实践启示

实践表明，各学段之间的转衔，包括特校与普校之间的转衔，都需要区域行政主管部门的干预与支持，需要一支跨专业的转衔团队分工合作，职责分明。有效的转衔服务不仅能提升听障儿童对新环境、新学校的适应能力，保障听障儿童学段之间平稳过渡，更能实现听障儿童的可持续发展。

（一）通畅的互动机制提升了听障儿童的转衔质量

在行政主管的统筹、支持下，在听障教育指导中心的组织、带领下，区听障儿童转衔团队充分发挥专业特长，指导听障儿童及家庭及早做好转衔准备，减少了因转衔不适带来的各种问题；指导新学段学校提前做好环境、人员、资源等部署和准备，能从容应对听障儿童；指导不同学段、不同学校建立互通信息、定期交流、分享经验的互动机制，极大提升了随班就读的质量。对学前段 32 名进入小学的听障儿童进行随访，数据显示，一年级上学期结束时学习成绩达 A、B 占比 95.9%，社会适应良好占比 95.9%，真实显示了听障儿童顺利适应新学段，转衔项目取得实效。

（二）特殊儿童转的衔服务需要不断发展和完善

从转衔难点角度，如何不断提升个别化转衔计划的质量，推动其从无到有，从有到优，真正关注听障儿童的发展实际和现实需求，不断提高转衔团队的专业能力。从转衔对象角度，如何将区域推进义务阶段随班就读听障儿童转衔的经验辐射到其他特殊需要的儿童，如：学习困难儿童或智力障碍儿童。从转衔跨度角度，如何从“生涯发展、终身发展”的视角，建立“康复—学前—小学—初中—职后/高校”无缝衔接的转衔服务，为其提供连续、系统的转衔服务和支持。这些都需在后续实践中不断思考，持之努力。

第三章

区域随班就读质量的标准研制

在呼吁随班就读质量的今天，支持系统建设研究不足成为影响随班就读质量不容乐观的主要原因。构建3—15岁各学段特殊儿童随班就读质量的关键性指标，并建立以随班就读质量关键性指标为导向的区域性支持系统，将极大提升特殊儿童随班就读的质量。本章节通过政策文本的分析和实践经验的提炼，寻找随班就读质量关键性指标研制的依据；分析国外和中国香港地区、台湾地区成熟的融合教育质量评估量表框架，解析国内随班就读评估量表的建构设想，为区域随班就读质量框架和指标构建奠定基础；根据布朗芬布伦纳发展生态学理论，从微观、中观和宏观三个层面构建随班就读质量关键指标，诠释指标内涵。

第一节　随班就读质量关键性指标研制的依据

提高随班就读的质量，离不开关键性指标的研制，依据什么来研制随班就读质量关键性指标呢？本章节首先分析随班就读的政策文本，从文本中提炼随班就读质量的关键性指标；其次通过提炼随班就读实践中的优秀经验，从经验中提炼能体现随班就读质量的关键性指标。

一、基于随班就读政策文本的分析

（一）政策文本的类型和来源

以新中国成立以来我国及上海市随班就读相关政策文本为研究对象，以“随班就读”“融合教育”“特殊教育”“残疾人”等作为关键词在国务院、教育部等网站进行检索，同时参考陈一飞、曾米岚2021年发表的《政策工具视角下我国随班就读相关政策文本量化分析》[1]，并通过百度网站进行补充。为使样本更具准确性与全面性，主要依据以下原则进行筛选：一是仅选取国家层面、上海层面的政策文本；二是政策内容与随班就读密切相关，如政策标题、条款明确提及随班就读；三是政策类型为“法律”“规划”“纲要”“意见”“通知”“办法”“方案”等，不包括讲话、会议记录等。通过梳理，最终筛选出国家政策样本31份、上海市政策样本9份。

（二）随班就读政策的萌芽期和开端期（1987—2000年）

我国随班就读的政策始于20世纪80年代中后期，1987年在《关于印发〈全日

1　陈一飞，曾米岚.政策工具视角下我国随班就读相关政策文本量化分析[J].中国特殊教育，2021(09)：10－18.

制弱智学校(班)教学计划〉(征求意见稿)的通知》首次出现“随班就读”一词;并在1991年《中国残疾人事业“八五”计划纲要(1991年—1995年)》,提出“建立以特殊教育学校为骨干、普通学校附设特殊教育班和随普通班就读为主体的特殊教育格局”。

1994年,国家出台第一个随班就读工作专项文件《关于开展残疾儿童少年随班就读工作的试行办法》后,在1994—2000年间,先后出台3个国家文件和1个上海地区文件,标志随班就读工作是发展和普及残疾儿童少年义务教育的一个主要办学形式,成为开展随班就读工作的遵循和依据,普及了残疾儿童义务教育,提高了入学率。

在随班就读的开端期,文件中开始出现了随班就读的相关质量指标,指标提及:检测和鉴定、经费投入、部门的协调、指导中心、辅导室、师资培训、专职或兼职特教教研、科研人员、个别教学计划、学生档案、教材使用和教学内容,但这些指标上前多用“应当”两词,笼统宽泛,质量指标处在初步探索阶段。

(三)随班就读政策的发展期(2001—2009年)

在2001—2009年期间,随班就读政策进入了发展期。2001年《关于“十五”期间进一步推进特殊教育改革和发展的意见》中,第一次用比较长的篇幅来谈加强随班就读和特教班工作的指导与教学质量提升问题。2003年《关于开展建立随班就读工作支持保障体系实验县(区)工作的通知》,第一次提出了支持保障体系的重要及建设要求,大力推进了随班就读的开展,并呼吁随班就读质量的提升。发展期的8份主要文件,旨在大力推进随班就读,呼吁随班就读质量的提升,重点推进支持保障体系的建立和完善。

这时期的政策出现了较多的随班就读的质量指标,在表3-1-1中提取了文件涉及的相关质量指标,和初期的指标相比,此阶段指标重视区域管理体系和布局,第一次提出形成学段间的相互衔接,继续加强人、财、物的配备,明确了特教指导中的作用,重视课程与教学的改革与调整,在学校层面提出要建设支持性环境等。不同文件中多用“形成”“要建立”“要加强”等词,如“加强对随班就读工作的管理、过程性指导和技术支持,开展考题研究,加强资源库建设”“尽快建立教学管理制度”“构建网络化的管理体系”等,说明质量提升尚处在呼吁阶段,有待进一步细化。

表 3-1-1 随班就读政策发展期的相关质量指标

时 期	主 要 政 策	相关质量指标及评价
随班就读政策的发展期（2001—2009）	国家： 《关于“十五”期间进一步推进特殊教育改革和发展的意见》 《中国残疾人事业“十五”计划纲要（2001 年—2005 年）》 《关于开展建立随班就读工作支持保障体系实验县（区）工作的通知》 《中国残疾人事业“十一五”发展纲要（2006 年—2010 年）》 《中华人民共和国义务教育法》（2006 修订） 《关于进一步加快特殊教育事业发展的意见》	国家： 【区域管理】 县（区）要形成两个网络；构建网络化的管理体系； 逐步形成学前教育、义务教育、高级中等教育、高等教育相互衔接的特殊教育体系。 加大资金投入，完善经费保障；改善办学条件，提供专业书刊、教学具和专用设备；加强指导、监控；支持建立资源教室，配备教师，进行巡回指导；要加强其他部门的配合与支持；重点推进支持保障体系的建立和完善。 要建立健全组织管理机构；要做好规划工作；有专兼职人员负责管理；加强督导评估。 出台各项工作职责，加强教师的培养、培训工作。
	上海市： 《上海市特殊教育事业“十五”规划》	【特教指导中心】 建立工作规范和制度，加强对随班就读工作的管理、过程性指导和技术支持，开展专题研究，加强资源库建设。 【课程与教学】 加强课题研究，逐步研究出三类随班就读的各种模式；积极改革课程与教学，调整课程结构；加强德育、体育和美育工作；加强劳动技能和职业教育。
	《关于加强随班就读工作管理若干意见》	【学校管理】 尽快建立教学管理制度，降低辍学率；提供优质教育；创设支持性环境。

（四）随班就读政策的逐渐成熟期（2010—2020 年）

2010 年《国家中长期教育改革和发展规划纲要（2010—2020 年）》，第一次把提高质量作为教育改革发展的核心任务。这个时期随班就读政策大量涌现，尤其是国家的两个《特殊教育提升计划》和上海市的两个《特殊教育三年行动计划》，把随班就读的教育质量提到了前所未有的高度，并开始出现质量综合督政指标。这一系列文件的出台，细化完善了随班就读质量提升的各项内容，全面加强支持保障体系建设，加快加强了随班就读工作，向着高质量的融合教育不断努力。

此阶段的指标（表3-1-2）为了全面加强支持保障体系建设，完善资源支持体系，指标涉及区域管理、区域业务引领、学校层面三个主要方面，指标范围更广、要求更细致，文件中多用“完善”“全面”“建立”等词，语气肯定，说明随班就读政策逐渐走向成熟。相比于上一阶段，区域层面在人、财、物的配备上都有非常明晰的要求，如经费的具体数额，资源教室和资源教师的配备标准等；为了便于运行，产生了很多工作运行机制，如：特殊教育工作联席会议制度以及发挥专家咨询委员会、入学鉴定委员会等。进一步加强区县特教康复指导中心建设，重视中心的专业引领，开展医教结合，开展深化课程改革，提高随班就读的有效性。学校层面，包括从管理、文化及技术支持三方面，对学校如何支持随班就读学生的发展有了更明确的要求。

表3-1-2　随班就读政策逐渐成熟期的相关质量指标

时　期	主　要　政　策	相关质量指标及评价
随班就读 政策的 逐渐 成熟期 （2010— 2020年）	国家： 《关于加快推进残疾人社会保障体系和服务体系建设的指导意见》 《国家中长期教育改革和发展规划纲要（2010—2020年）》 《残疾人随班就读工作管理办法》 《中国儿童发展纲要（2011—2020年）》 《残疾人教育条例》（2011修订） 《关于加强特殊教育教师队伍建设的意见》 《关于深入推进义务教育均衡发展的意见》 《国家教育事业发展第十二个五年规划》 《特殊教育提升计划（2014—2016年）》 《特殊教育教师专业标准（试行）》 《关于加强困境儿童保障工作的意见》 《普通学校特殊教育资源教室建设指南》 《残疾人教育条例》（2017修订） 《第二期特殊教育提升计划（2017—2020年）》 《国家教育事业发展“十三五”规划》	国家： 【区域管理】 建立从学前到高等教育的比较完善的特殊教育新体系；全面加强支持保障体系建设；完善资源支持体系。 加大经费投入，出台金额标准；加强基础能力建设；改善资源教室或学习支持中心的条件，配备必需的设施设备；增强保障能力（上海对资源教室、资源教师的配备有更明晰的要求）； 健全教师编制动态调整机制和待遇保障机制；全员培训；绩效考核；奖励和补贴；评优评先职称评审优先；研究岗位条件；规定专业标准。 【区域运行机制】 完善从幼儿园到大学的随班就读制度；强化政府的公共服务职能；建设特殊教育公共服务平台；建立研究中心和资源中心，开展综合研究，提供咨询和服务；创新教育教学与管理模式；科学评估认定机制；评估验收，专项督导检查。 跨部门共建共享残疾儿童、学生信息平台；完善特殊教育工作联席会议制

续 表

时　期	主　要　政　策	相关质量指标及评价
随班就读政策的逐渐成熟期（2010—2020年）	《中华人民共和国义务教育法》 《特殊教育补助资金管理办法》 《关于加强残疾儿童少年义务教育阶段随班就读工作的指导意见》 上海市： 《上海市中长期教育改革和发展规划纲要（2010—2020年）》 《上海市特殊教育三年行动计划（2014—2016年）》 《上海市普通学校特殊教育资源教室装备配备指南（试行）》 《上海市特殊教育三年行动计划（2018—2020年）》 《上海市推进区域教育现代化综合督政指标》 《关于加强特殊教育师资和经费装备的意见》	度以及发挥专家咨询委员会、入学鉴定委员会的作用。 【特教指导中心】 加强区县特教康复指导中心建设；加强对随班就读工作的管理、专业服务与指导；对象与安置；学籍管理。 【课程与教学】 开展“医教结合”实验，探索教育与康复相结合的模式；完善质量监测制度，探索考试评价体系；深化课程改革，提高随班就读教学的有效性。 【学校层面】 纳入学校整体工作日程；创新随班就读教育教学与管理模式。 创建尊重、友爱和宽容的校园环境和氛围。 完善无障碍设施；实施个别化教育；大力推进课程教学改革；调整教学内容及要求；设置特需课程；强化家校共育。

随班就读的发展，我们可以看到从萌芽期的肯定随班就读这种办学形式——→开端期的开展随班就读工作、解决残疾儿童上学的问题——→发展期的推进随班就读，呼吁随班就读质量的提升及重点推进支持保障体系的建立——→逐渐成熟期的加快加强随班就读、细化完善随班就读质量提升的各项内容、全面加强保障体系建设。从整个政策发展上升的历程来看，随班就读的质量发展与内涵提升越来越重视。国家及上海市政策的制定从“没有”到“有”再到“具体化”“提升化”的渐进过程，随班就读工作也逐渐走向成熟，越来越凸显区域——特殊教育指导中心——学校三位一体的支持系统的重要性，为后续区域随班就读质量标准的研制提供了依据。

二、基于随班就读实践经验的提炼

（一）优秀实践经验的来源

2015年1月，教育部公布了37个市（州）、县（区）为国家特殊教育改革实验区。

针对特殊教育改革中的重点、难点问题，开展送教上门、随班就读、医教结合等实验，进一步探索特殊教育改革的相关配套政策，建立健全保障机制和工作机制，为全国其他地区提供经验，发挥示范带头作用。其中随班就读实验主要围绕创新教育理念、改革教学教法、加强师资建设等内容，探索普通教育学校接纳残疾儿童的政策配套、经费投入、资源配置等机制，不断扩大随班就读规模，提高随班就读教育质量。自实施以来，国家特殊教育改革实验区随班就读区实验取得显著成就。[1]

本部分内容主要以2015年以来我国国家特殊教育改革试验区为研究对象，为使提炼的样本更具准确性与全面性，主要依据以下原则进行筛选：一是仅选取教育部、掌握现代特教微信公众号2020—2021年发布的"各地特殊教育工作案例"以及中国知网比较权威的期刊上的文章；二是选取各地区内容与随班就读密切相关的，如标题、条款明确提及随班就读。通过研读，筛选出北京、上海、深圳、江苏、浙江、四川、山东、江西等地方实践样本8份，主要从区域随班就读质量提升的主要做法来梳理（见表3-1-3）。

表3-1-3　全国主要地区随班就读的优秀实践经验

主要地区	主　要　做　法
北京[2]	一、统筹规划普特教育，建立协同发展长效机制 建立融合教育推行委员会制度。建立特教优先保障机制。建立资源教室—市级示范性学区融合资源中心—区级特教中心—市级特教研机构的四级专业支持体系。 二、统筹推动各学段入学工作平衡发展，完善学生接受基础教育的保障体系 统筹完善入学政策以及推进一贯制特教学校建设。 三、统筹优化内涵建设，动态调整优质教育资源布局 统筹特教资源分布。建立市级示范基地。建立区域特教联盟。 统筹特教教研改革。形成四大教研支持体系，三大教研专网。 统筹五类师资队伍。以特殊教育学校教师为骨干，以资源教师、随班就读教师为主体，以巡回指导教师、送教上门教师为补充。
上海市[3]	一、完善特教体系，促进各学段协调发展有新举措 实施16年免费教育，拓宽和完善残疾人终身学习通道。

1　方俊明.随班就读支持保障体系的构建与完善[J].现代特殊教育，2017(03)：31-33.

2　掌握现代特教.【特别关注】教育部最新发布"各地特殊教育工作案例"[EB/OL].(2020-04-29)[2022-06-08].https://mp.weixin.qq.com/s/1m3Aj3l3VdMigVOklZ9-kg.

3　掌握现代特教.【特别关注】教育部最新发布"各地特殊教育工作案例"(七)[EB/OL].(2020-12-02)[2022-06-08]. https://mp.weixin.qq.com/s/BT4s6EcVqmWnLelQS4WSGg.

续 表

主要地区	主 要 做 法
上海市	二、深化医教结合，提升特教专业服务能力有新突破 医教结合贯穿于政策制订、制度设计、课程教学、工作措施等各方面。 三、加强课程改革，全面提高特殊教育质量有新成果 实施《上海市学前特殊教育课程实施指南》，颁布《上海市特殊中等职业学校(班)课程方案》。开展“随班就读教学有效性研究”，启动“随班就读课程整体规划”项目研究。 四、强化保障机制，各类政策扶持平台支撑有新面貌 系统协同支持特殊教育发展。联席工作会议制度，各部门联动与合作，市特殊教育信息通报系统建立。构建特殊教育专业支持体系。建立市特教资源中心，教育评估中心等。组建区特教专家委员会和入学鉴定委员会，设立区特教指导中心。推动师资队伍专业水平提升。委托华东师范大学分类开设 1 年的系统培训。
深圳[1]	一、加强普通学校随班就读管理 完善工作机制和支持保障体系，建立考核制度，增加考评指标。 二、落实经费保障政策，加强资源中心/教室建设 普校生均公用经费标准的 10 倍拨付。招收残疾学生 5 人以上的普通中小学，有条件的幼儿园、中等职业学校，学前教育阶段建资源教室，配特教教师。 三、加强特殊教育教科研工作和课程改革 配备专兼职教研员。成立市特殊教育智库。特殊教育指导中心督导，资源中心合理调整教学内容，资源教师科学转换教学方式，开展个别辅导、心理咨询、康复训练等。 四、完善特殊儿童家庭教育专业指导机制，建立家校服务机制，强化家校共育。
江苏省南京市[2]	一、强化政府主导责任 建立分管副市长牵头的随班就读联席会议制度。建立随班就读专项视导制度。 二、优化融合教育资源配置 建立全市残障儿童少年随班就读资源中心，各区成立区级随班就读资源中心。 实现所有街(镇)融合教育资源中心全覆盖。建立巡回指导教师队伍。 三、全面落实“一人一案”教育安置 教育安置全覆盖，动态安置、跟踪评估、多方参与，提供适合学生的教育。 四、协同推进随班就读工作 市、区教育行政部门与多部门密切协作，齐抓共管。成立学术指导委员会，引进台湾地区融合教育专家资源。推动普特交流合作，注重家校共育。 五、营造融合教育发展良好氛围 每年五月定为“特殊教育宣传月”，形成全市支持融合教育工作的社会生态。

1 掌握现代特教.【特别关注】深圳市人民政府办公厅印发《深圳市促进特殊教育公平融合发展行动方案》[EB/OL].(2021－08－13)[2022－06－08]. https://mp.weixin.qq.com/s/I5-XDWLOzOEghrBnefSkfA.

2 掌握现代特教.【特别关注】教育部最新发布“各地特殊教育工作案例”[EB/OL].(2020－04－29)[2022－06－08].https://mp.weixin.qq.com/s/1m3Aj3l3VdMigVOklZ9-kg.

续 表

<table>
<tr><th>主要地区</th><th>主 要 做 法</th></tr>
<tr><td>浙江省嘉兴市[1]</td><td>一、加强顶层设计,夯实建设基础
建立健全保障机制,建立联席会议制度,成立专家委员会;协调财政、残联、卫生、民政等部门。构建层级服务体系。成立市、县(市、区)两级特殊教育指导中心和市级特殊教育指导学前分中心,建立两级专兼职特殊教育教研员队伍。
二、分类有序推进,打造发展新样态
"三个+"深化医教结合。以"学校+医院""教育+康复""教师+医生"的形式,实施链条式工作流程。"三个学段"推进随班就读。以卫星班或特教班的方式满足智力残疾学生接受高中段教育需求,无智力障碍残疾学生在普通高中或中等职业学校接受高中段教育,开办融合幼儿园"阳光乐园"。
三、深化教学改革,引领高质量发展
加大课程开发力度。开发校本课程、选修课程和康复课程。开展课堂教学研究。基于课标、基于学情、基于主题,学为中心。</td></tr>
<tr><td>四川省成都市双流区[2]</td><td>一、建好用好各层级资源教室
建立以区特教资源中心作为一级资源教室,中心学校建成二级资源教室,开展随班就读工作的普通学校建成三级资源教室的网络布局,并进行逐层督导。
二、开发"学科+特需"的融合教育课程
从普特课标中提取符合融合学生学情的学科教学目标,调整内容,形成方案,动态评估,不断优化;实施以学科补救、潜能开发、康复训练为核心的特需课程。
三、构建区域融合教育常态研训模式
围绕"精准服务随读生,提高资源教室运作效能",推出系统培训课程模块。
聚焦个案,形成"1+1+1"师生结对服务模式。1个区级资源中心巡回指导教师和1个融合学校教师共同跟踪1个融合学生个案。</td></tr>
<tr><td>山东省平度市[3]</td><td>一、六大保障助推融合教育全面实施
经费保障;场所保障;教研和培训保障;高考便利政策保障,按生所需申请高考便利;无障碍社会环境保障,推进融合文化宣传;考核保障。
二、五项探索使融合教育向"发展型"转变
探索使用随班就读教材。教材筛选和改编,开发个别化辅导教材。
探索推行心理沙盘游戏和心理绘画在随班就读中的应用。
探索运动与康复,个别化教师中配体育教师,增加"运动与康复"公开课。
探索融合就业。职教中心开设多个专业,联系爱心企业,提供就业岗位。
探索建立融合教育质量监测体系。建立评价标准,制定质量监测标准。</td></tr>
</table>

1 掌握现代特教.【特别关注】教育部最新发布"各地特殊教育工作案例"[EB/OL].(2020-04-29)[2022-06-08].https://mp.weixin.qq.com/s/1m3Aj3l3VdMigVOklZ9-kg.

2 掌握现代特教.【特别关注】教育部最新发布"各地特殊教育工作案例"[EB/OL].(2020-04-29)[2022-06-08].https://mp.weixin.qq.com/s/1m3Aj3l3VdMigVOklZ9-kg.

3 掌握现代特教.【特别关注】教育部最新发布"各地特殊教育工作案例"(四)[EB/OL].(2020-07-10)[2022-06-08].https://mp.weixin.qq.com/s/chCH4iOt57mozFWkd2IkjQ.

续 表

主要地区	主 要 做 法
江西省南昌市西湖区[1]	一、队伍建设有力度 严格随班就读教师配备；与高校合作；制定《中小学教师特殊教育培训方案》；严格随班就读教师准入标准及聘任、考核、退出机制。 二、教学研究见深度 深入推进"六个一"教研和课程改革：重点资源教室定时接受一次片区巡回指导、一次区级巡回指导和承担一次区级观摩活动；普通资源教室定时接受一次片区巡回指导教师点评、一次区级巡回指导教研和一次区级专项督导评估。 三、专家指导多维度 "专家+巡回指导"的指导模式，选派优秀教师组成巡回指导团队。 四、家校合作显温度 面向家长开展培训；挑选助学伙伴；每周一次个别化辅导；每月一次融合活动等。

（二）各地区随班就读优秀实践经验的分析与提炼

虽然各地有不同的做法，但是为了提升随班就读质量，每个地区都强调支持保障体系的重要性，并采取了切实可行的方法、措施来建构与完善随班就读的支持保障体系：一是突出政府主体，完善地方随班就读网络布局与构建随班就读教育体系。二是完善并落实专家委员会制度、融合教育推行委员会制度、联席会议制度、入学鉴定委员会制度、医教结合制度等一系列制度，让管理机制更完善。三是大幅度地增加特教投入，制定经费保障、人员配备、设施配备等各项政策并落实。四是成立特殊教育资源或指导中心，建立随班就读申请、入学评估、转衔服务及日常巡访指导制度。五是构建有质量的资源教室全域覆盖网络，支持并开展随班就读工作。六是多措并举，加强师资和专业队伍培训、建设。七是在实践中不断创新工作模式，比如浙江的"卫星班"、江苏将原有的资源教室"提档升级"成融合教育资源中心。八是开展个别化教育，为随班就读学生增设特设课程，开展随班就读教育教学和质量评价研究，提高教学的有效性。九是融合文化的创建及最少限制环境的创设。十是加强家校合作，对随班就读儿童家长进行咨询、指导服务。十一是强调对随班就读工作的督导检查。认真学习各地的主要做法，为我们研制并形成随班就读质量的关键性指标，提供更加有力的依据。

1 掌握现代特教.【特别关注】教育部最新发布"各地特殊教育工作案例"（二）[EB/OL].（2020－06－24）[2022－06－08].https：//mp.weixin.qq.com/s/DdHhLU10VFQL-ZUxMs6bBQ.

第二节 随班就读质量关键性指标的评估框架

在上一节中，通过对现有政策和各地实践经验的总结，获得了若干能体现随班就读质量的指标，这些指标有的反映区域管理层面，有的落在学校建设层面，也有的聚焦在课程层面。随班就读的质量关键指标构建必定在一定的评估框架基础上，本节对随班就读质量再反思，分析国内香港地区、台湾地区和国外成熟的融合教育质量评估量表框架，解析国内随班就读评估量表的建构设想，为区域随班就读质量框架和指标构建奠定基础。

一、随班就读质量的再反思

对于随班就读质量的根本认识，将直接影响到随班就读质量框架的认识和定位。学术界将教育质量定义为"以教育目的和学校培养目标为衡量标准的教育水平的高低和优劣的程度"。《教育大辞典》中提到，从宏观角度，教育质量就是整个教育体系的质量，从微观角度，教育质量"最终体现在教育对象的质量上"[1]。在此基础上，随班就读质量可以被定义为"以实现随班就读理念和学校发展随班就读目标为衡量标准的随班就读水平的高低"。

因此，"随班就读水平"通常包括两方面：一是随班就读对象发展的水平和状态，他们发展的水平和状态直接体现了随班就读的质量；二是随班就读工作的水平和状态，工作水平的高低和支持系统是否完善，会直接影响随班就读学生的发展。因此，这两个方面的提高是随班就读质量的基本追求。

---

1 教育大辞典编纂委员会.教育大辞典[M].上海：上海教育出版社，1990：24.

（一）随班就读质量谋求教育对象水平的发展

对于学生而言，教育的最终目的是学生的全面发展。[1]对于随班就读而言，谋求的是随班就读学生水平的发展。对于随班就读学生，在教育过程中，既要关注以积累知识和学习成绩为基础的认知能力，同时也要关注社会交往、生活自理、情感态度和运动水平等多方面的非认知能力，促进其多元化的发展，从而拥有立足于社会的基本能力。

（二）随班就读质量谋求教育工作水平的提升

随班就读工作的水平和状态，会直接影响随班就读学生的发展。班级和学校是随班就读的主要实践场所，普通学校能否满足学生特殊需要、提供课程实施和管理及专业支持服务将直接影响随班就读学生的质量。但随班就读并不仅仅依靠普通教师、资源教师或普通学校的力量就能完成。普通学校总是位于一定的区域内，区域层面对随班就读的重视程度，对随班就读的系统性设计与统筹管理，以及系统的专业引领，将直接影响学校的整体效能。此外，区域内随班就读的建设，与当地政府、国家的支持有直接关系，政府、国家能否出台相关法律法规或政策，制定随班就读的相关政策，提供多维度保障，对各级教育系统进行监督管理，都会影响区域内随班就读的质量。

二、随班就读质量评估框架的述评

（一）国外及中国香港、台湾地区融合教育质量评估评析

随班就读是我国融合教育最主要的安置形式，国外以及中国香港地区、台湾地区对融合教育和随班就读质量评估已经有了较为丰富的经验，学习他们的成熟经验，有利于建构属于我们自己的评估框架。通过文献查阅，遴选出 10 个目前较为流行的以及世界各地具有特色的融合教育评估量表，涉及到美国、加拿大、英国、德国等国家，以及中国香港地区和台湾地区。表 3－2－1 对这些量表进行梳理，从其定位、指标内容及优缺点等方面进行解析。

1 杨希洁，韦小满.基于全面质量管理理论的融合教育质量构成要素研究[J].中国特殊教育，2017(3)：7－13.

表 3－2－1　融合教育和随班就读质量评估框架整合分析表

定位	量表名称	指标内容	解析
融合教育班级	融合经验质量评价量表(Quality of Inclusive Experiences Measure-Revised, QuIEM－R)[1]	1. 融合教育的理念与目标 2. 教师接受的支持与认知 3. 物理环境 4. 个别化教育计划 5. 特殊需求儿童投入、参与活动 6. 成人与儿童的互动 7. 同伴互动	重点关注融合教育课堂,致力于评估学前融合课堂的各个要素,全面评估特殊幼儿接受的各种教学支持,能针对性考察特殊幼儿所接受的融合教育质量。测试繁琐,不适合大范围使用;缺少信度和效度的研究数据。
	融合教室评定表(Inclusive Classroom Profile, ICP)[2]	1. 空间、材料和设备的适应性 2. 成人参与同伴互动 3. 成人指导儿童的自由选择活动和玩耍 4. 解决冲突的方案 5. 会员资格 6. 成人和儿童之间的关系 7. 支持沟通 8. 适应小组活动 9. 各活动之间的过渡 10. 反馈 11. 家庭和专业合作伙伴的关系 12. 监控儿童的学习情况	重点关注融合教育课堂,强调融合课堂环境的创设,包含软硬件的配备及对儿童课堂状况的种种关注。施测方便,信效度较高,评估结果对于教师更加具有建议性,具有跨文化适宜性。
融合教育学校	特殊幼儿融合实践和理念评定表(Specialink child care inclusion practices profile Principles Scale, SpeciaLink)[3]	1. 理念评定表:"零拒绝"原则;特殊儿童出勤时间不受限;招收特殊儿童情况属实;鼓励家长参与;特殊学生完全参与各项活动;领导提供高质量支持 2. 实践评定表: 物理环境;设施和材料;领导;对教师的支持服务;教师培训;专业的治疗方式;个人项目计划;同伴互动;特殊需要儿童的父母;董事会;入学准备	重点定位于融合教育学校,针对性考察特殊幼儿所接受的融合教育质量,为政策制定者和一线教师提供一定建议,信效度良好,能够评价融合教育的重要质量方面。从纲领性方面评估融合教育质量,不能真正反映出融合教育的实然状况。

1 Wolery. Quality of Inclusive Experiences Measure-Revised(QuIEM-R)[EB/OL]. (2005－4－5)[2022－6－8]. http://nceln. fpg. une. edu/sites/nceln. fpg. unc. edu/files/resources/Quality_of Inclusive_Experiences_Measure. pdf.

2 Soukakou E P. Measuring quality in inclusive preschool classrooms: Development and validation of the Inclusive Classroom Profile (ICP)[J]. Early Childhood Research Quarterly, 2012, 27(3): 478－488.

3 Lero D S, SpeciaLink. Assessing inclusion quality in early learning and child care in Canada with the SpeciaLink Child Care Inclusion Practices Profile and Principles Scale[J]. Measures, 2010, 12(2): 1－60.

续 表

定位	量表名称	指标内容	解析
融合教育学校	融合教育指南(Index for inclusion)[1]	三大维度,70个条目 1. 建立融合文化——建立融合社区;确立融合的价值观 2. 制定融合政策——建立一所适合所有人的融合学校;提供多样化支持,照顾学生个体差异 3. 发展融合实践——协调学生的学习活动;调动资源进行支持	致力于建立适合所有儿童发展的融合学校,评估框架全面细致,为幼儿园、护理机构、与父母和儿童中心等提供融合教育支持,为全球多地制定融合教育指南提供了参考。
	照顾学生个别差异—共融校园指南(Catering for Student Differences——Indicators for Inclusion)[2]	根据香港素质保证视学的四个范畴进行编制。 1. 管理与组织(10条指标) 2. 学与教(15条指标) 3. 校风及学生支援(18条指标) 4. 学生表现(6条指标)	主要参考了《融合教育指南》,重点关注融合教育学校层面,关注学校融合教育质量各方面的发展,同时关注到了学生发展状况。目的在于提高学校照顾学生个别差异的能力,使所有学生都能接受优质教育。
	融合学校指标:持续进行对话(Indicators of Inclusive Schools:Continuing the Conversation)[3]	五个方面: 1. 确立融合价值观和原则(17条指标) 2. 建立融合的学习环境(17条指标) 3. 为成功提供支持(16条指标) 4. 组织学习和指导(20条指标) 5. 家长和社区的参与(9条指标)	主要参考了《融合教育指南》,重点关注学校层面,提供了四种工具,学校领导可以用来对学校的融合教育情况进行评价,并找出不足之处进行改善;帮助学校员工开发策略和行动计划,加强融合教育。

1 Booth, T, Ainscow, M.(2016) IndexforInclusion: developing learning and participation in schools[EB/OL].(2006-12-06)[2022-06-08]. http://www.csie.org.uk/resources/inclusion-index-explained.shtml#translations.

2 香港特别行政区政府教育局.照顾学生个别差异-共融校园指南[EB/OL].(2008-08-01)[2022-06-08].https://sense.edb.gov.hk/uploads/page/integrated-education/guidelines/indicators-082008_tc.pdf.

3 Alberea Indusive Leaming Supports Center. Indicators of Inclusive Schools: Continuing the Conversation [EB/OL].(2013-12-02)[2022-06-08]. https://education.alberta.ca/media/482253/indicators_of_inclusive_schools.pdf.

续 表

定位	量表名称	指标内容	解　析
融合教育学校	有效的融合教育质量指标手册 (Quality indicators for effective inclusive education guidebook)[1]	1. 领导 2. 学校氛围 3. 特殊儿童的安排与参与 4. 课程、教学和评估 5. 项目规划和 IEP 发展 6. 项目实施和评估 7. 个别化支持 8. 家校关系 9. 合作规划与教学 10. 专业发展 11. 持续改进	重点关注融合教育学校层面，能较为全面地评估学校融合教育的水平；可以作为融合学校提供自评工具，也可以由当地教育主管部门用于教学工作的监督管理。 该指标缺少对学生学业和社会成就的关注。
	融合教育现场教师行动方案[2]	《融合教育实施现况调查表》内容包括： 1. 师生接纳关怀（8 项指标） 2. 课程教学调整（10 项指标） 3. 资源与支持系统（8 项指标） 4. 无障碍与辅助科技（6 项指标）	重点关注融合教育学校层面，通过"评估——调整——再评估"的流程，了解学校在融合文化、课程教学、资源支持和无障碍等方面融合教育实施的情况。
融合教育区域—学校—学生	PQMT 量表 (Program Quality Measurement Tool)[3]	1. 地方教育机构：3 个指标，考察地区融合教育的政策 2. 学校：18 个指标，学校的价值观（2 个项目）、校园融合（4 个项目）、学校的氛围（3 个项目）以及政策和支持（9 个项目） 3. 学生：23 个指标，评估、计划和监控（11 个项目）和最佳教学实践方式（12 个项目）	该量表突出了对学区支持融合教育力度的考察，将发展融合教育的责任由学校扩大到了教育系统，具备良好的信度与效度。 虽然评估指标中涵盖学生层面，但都聚焦于为学生提供评估、课程、参与及资源方面的支持；且区域层面的指标较为笼统、简单。

1 New Jesey Council on Developmental Disabilities. Qualityindicators for effective inclusive education guidebook[EB/OL]. (2020-09-05) [2022-06-08]. https://www.docin.com/p-552090794.html.

2 台湾"教育部"特殊教育行动小组.融合教育现场教师行动方案[EB/OL].(2012-07-08)[2022-06-08].https://wenku.baidu.com/view/a1da71e4bb1aa8114431b90d6c85ec3a87c28ba9.html.

3 Cushing L S, Carter E W, Clark N, et al. Evaluating Inclusive Educational Practices for Students With Severe Disabilities Using the Program Quality Measurement Tool[J]. Journal of Special Education, 2009, 42(4): 195-208.

续 表

定位	量表名称	指标内容	解析
融合教育区域—学校—学生	欧洲融合教育指标(Development of a Set of Indicators For Inclusive Education in Europe)[1]	立法：评估全纳教育和其他政策倡议之间的平衡和一致性(6点要求,30条指标) 参与：评估入学和选择政策以及课程问题、教育需求的识别和评估问题(4点要求,15条指标) 融资：评估与筹资机制有关的筹资和进程以及资源和支助分配方面的激励措施(4点要求,21条指标)	该指标构建了以微观层面的个人与教室、中观层面的学校、宏观层面的当地或国家政府为评估对象的融合教育质量评估框架,关注到了融合教育质量评估的不同应用领域,评估指标包括了区域、学校、学生发展,为构建各层面的融合教育评估框架提供了参考。

从表3-2-1可知,10个量表的定位可以主要分成三个层面：融合课堂、融合学校、区域及其他层面。其中以聚焦融合学校层面最多,以《Index for Inclusion》为代表共有6个量表;其次聚焦融合课堂,以《Inclusive Classroom Profile》为代表的2个量表;而后是聚焦区域—学校层面,以《Development of a Set of Indicators For Inclusive Education in Europe》为代表的2个量表。同时在这10个量表中,仅《Development of a Set of Indicators For Inclusive Education in Europe》、《照顾学生个别差异——共融校园指南》在区域建设、学校指标基础上,涉及到对学生学业发展和社会成就的关注。

80%的量表聚焦于课堂和学校,说明融合教育发展较为发达的国家和地区已经达成共识：融合课堂和学校作为学生接受融合教育的主要场所,对这两个场域进行有效的评价,能够更利于指导融合工作的实践开展,提升融合教育的实效。在融合学校层面,这些量表均关注到了融合教育理念,帮助学校了解特殊学生的需求,让所有学生都受到重视;关注到了学校的领导、师资力量、课程与教学管理,例如领导积极支持融合教育并为此制定发展规划、教师能获得培训的机会、为学生制定个别化教育计划和为家长提供专业的支持等。在融合课堂层面,在融合教育理念和重视学生的基础上,则更加关注师生、生生之间的互动,积极地参与及多样支持,最大限度发挥学习潜能。

虽然,课堂与学校是融合教育的主战场,但是融合教育实践必然还会受到所在地

1 Kyriazopoulou, M., Weber, H (Eds.). Development of a set of indicators For inclusive education in Europe. Odense(pp.13-14), Denmark: European Agency for Development in Special Needs Education [EB/OL]. (2020-09-21) [2022-06-08]. https://www.european-agency.org/resources/publications/development-set-indicators-inclusive-education-europe.

区政策、管理机制等要素的影响。推测由于西方融合教育的政策法规、运行机制发展较为成熟，因此研究区域层面的指标研究较少。《Development of a Set of Indicators For Inclusive Education in Europe》构建了以微观层面的个人与教室、中观层面的学校、宏观层面的当地或国家政府为评估对象的融合教育质量评估框架，关注到了融合教育质量评估的不同应用领域：课堂、学校和区域。微观与中观指标和融合课堂与学校建设指标较为相似，宏观层面从"立法、参与和融资"三个维度制定适合各国的融合教育指标，涉及到了招生、监督管理、教育需求评估和经费保障等在内的14条二级指标和66条三级指标。

学生的发展水平和状态最直接体现融合教育的质量，因此，在融合教育质量评价指标中体现学生发展水平的指标不可或缺。虽然，现有的成熟的量表中很多指标都服务于学生的发展，但缺乏能反映学生发展或进步的直接指标。在《照顾学生个别差异——共融校园指南》和《欧洲融合教育指标》关注到了学生的学习成绩、自信心、社交和获得的技能等多方面的发展，关注学生的课堂参与度以及与同伴和老师的互动情况。

总而言之，国外及我国国内发达地区成熟量表的框架包括：融合课堂、融合学校、区域、学生发展四个层面的要素。不同的量表依据其想要解决的重点问题，呈现单个、多个层面要素的不同组合。由于西方融合教育的政策法规、运行机制发展较为成熟，在区域层面的指标研究较少。量表更多重点关注融合课堂和融合学校建设，说明课堂和学校是融合教育和随班就读质量提升的关键，致力于解决学生在班级和学校融合教育中面临的现实问题，能极大提升融合教育和随班就读的质量。现有成熟的量表中虽然众多指标都服务于学生的发展，但能反映学生发展或进步的直接指标相对缺乏。这些都为我国随班就读质量评估框架和指标的制定提供了方向。

（二）国内大陆地区随班就读质量评估研究解析

国内的研究中，在知网以"随班就读质量评估"和"融合教育质量评估"为关键词进行搜索，经梳理，共筛选出5篇比较有影响力的文献（表3-2-2），均为融合教育质量评估的研究。不同于国外及发达地区的成熟量表，这些量表已经投入实践使用，并且大部分被验证具有较高的信效度和适宜性。国内融合教育事业起步晚，发展水平相对滞后，这5篇研究在本土理论探讨基础上，侧重在融合教育质量评估框架的理论探讨，整体而言，将评估框架应用于一线的实践还较为缺乏。

表 3-2-2 大陆地区融合教育质量评估框架

定 位	文献名	指标内容	解 析
学生发展	基于全面质量管理理论的融合教育质量构成要素研究 (杨希洁)[1]	1. 残疾学生发展：社会能力、自信、问题行为控制、学业成就等 4 个二级指标，每个二级指标由若干三级指标构成； 2. 普通学生发展：接纳残疾和学习成绩 2 个二级指标； 3. 教师发展：接纳态度、教学策略、教学效能 3 个二级指标。	立足于全面质量管理理论框架，强调融合教育质量要突显学生发展，通过分析、访谈以问卷调查，从"残疾学生发展、普通学生发展、教师发展"构建了融合教育质量构成要素体系。
融合教育课堂	融合幼儿班集体教学活动评价指标体系构建——基于德尔菲法的调查研究 (吴扬)[2]	教学过程：教学调整（目标、内容、方法形式、评价）、教学支持（人力、物理） 教学效果：学习效果（幼儿表现、目标达成）、课堂氛围（课堂文化、情感氛围）	基于德尔菲法，从评价对象和评价要素两个视角，建构融合幼儿班的集体教学活动评价指标体系，指引和监测学前融合教育，提升学前融合教育集体教学活动的针对性和有效性。
融合教育学校	基于"CIPP 模式"的融合教育质量评估研究 (张婷)[3]	背景：学生特征、学校特征和社会特征 输入：师资队伍、学校环境、经费保障和政策支持等方面来考察融合教育开展的可行性 过程：教学计划、教学实施和教学管理 输出：相关主体的发展程度，包括有特殊需要的学生、普通学生、教师以及学校的发展	针对国内融合教育质量评估主体单一、指标不全和标准模糊等问题，借鉴"CIPP 模式"，从背景、输入、过程和结果方面对学校融合教育的实施与开展情况进行评定。
	融合教育质量评估的理论探讨与框架建构 (颜廷睿)[4]	输入：支持与资源（发展的资源、成功的支持）、管理与领导（融合教育管理、专业领导） 过程：文化与环境（融合性价值观、融合性校园环境）、教与学（差异性教学、有意义学习） 输出：学生表现（认知发展、非认知发展）	在公平与效率为核心的质量观的基础上，结合 CIPP 模式，从输入、过程和结果全方位构建了学校层面的融合教育质量评估指标，以多主体参与、共同建构的教育质量评估范式为依托，建构融合教育质量的评估框架。

1 杨希洁，韦小满.基于全面质量管理理论的融合教育质量构成要素研究[J].中国特殊教育，2017(3)：7-13.

2 吴扬.融合幼儿班集体教学活动评价指标体系构建——基于德尔菲法的调查研究[J].中国特殊教育，2018(10)：18-25.

3 张婷，陈琴霞，杨柳.基于"CIPP 模式"的融合教育质量评估研究[J].现代特殊教育，2018(6)：36-40.

4 颜廷睿，关文军，邓猛.融合教育质量评估的理论探讨与框架建构[J].中国特殊教育，2016(9)：3-9.

续 表

定 位	文 献 名	指 标 内 容	解 析
融合教育区域及其他	教育现代化背景下融合教育质量评估框架与发展策略（陈慧星）[1]	微观（课堂）：教学目标、教学内容、教学方法与策略、学生评价与教室氛围 中观（学校）：入学与转衔、教育资源、师资队伍建设、校园文化与学校管理 宏观（教育系统）：融合教育体系的建设、融合教育管理体制的建立与完善、教育政策的执行	根据现代化背景下本土融合教育质量发展的要求，将教育体系各个层面的相关要素进行设计与组合，能覆盖全学段、多层次融合教育实践，构建微观——中观——宏观三位一体的本土融合教育质量评估框架，用于真实、全面地反映出我国融合教育质量的水平。

从表 3-2-2 可知，5 个研究定位可以主要分成四个层面：学生发展、融合课堂、融合教育学校、融合区域及其他。融合课堂和学校是学生接受融合教育的主要场所，3 篇研究涉及到聚焦融合课堂和融合学校建设。吴扬建构了融合幼儿班的集体教学活动评价指标体系，指标中将教学过程作为融合学前班集体教学活动评价的重点，教学效果中关注幼儿表现和情感氛围。张婷和颜廷睿借鉴了 CIPP 模式，从学生需求出发，将过程、结果相统一，从输入、过程和结果等全方位构建了学校层面的融合教育质量评估指标，兼顾了公平与效率相互协调。指标均包含相关资源与支持，如：学校环境、师资队伍、经费保障等；重视教与学，关注教学的全过程，关注差异化教学；重视学生的发展表现等。

相比西方发达国家，我国融合教育起步晚，受到所在地区政策、管理机制等要素的影响更大。陈慧星将教育体系各个层面的相关要素进行设计与组合，构建微观—中观—宏观三位一体的本土融合教育质量评估框架，兼顾到课堂、学校与教育系统融合教育实践的三大层面。在微观、中观层面与融合课堂、学校建设指标相似，在宏观层面，注重融合教育体系的建设，注重融合教育管理体制的建立与完善，监督和保障政策的执行。三个层面的指标彼此联系，互相支持。

相比于西方和发达地区融合教育质量量表的框架，国内学者普遍看中学生的发展，认为学生发展是融合教育质量最直接的体现。5 篇研究中，4 篇研究都有能反映学

1 陈慧星，邓猛.教育现代化背景下融合教育质量评估框架与发展策略[J].绥化学院学报，2021(1)：18-24.

生发展或进步的直接指标。如：关注随班就读学生的社会能力、自信、问题行为控制、学业成就等，认知或非认知层面的发展，关注普通学生对随班就读学生接纳的态度以及自身学业成绩的进步等。

总言之，国内对于融合教育质量评估的研究，更多停留在对融合教育质量评估框架的理论探讨。与西方和发达地区相比，国内学者融合教育质量评估框架也涉及到学生发展、融合课堂、融合学校、区域四个层面的要素。学者一致认为学生发展是融合教育质量最直接的体现，在评估框架中学生发展的指标不可或缺。课堂与学校是融合教育的主战场，是随班就读质量提升的关键，在评估框架中二者必须居于主体地位。在我国，由于融合教育起步晚，其受到所在地区政策、管理机制等要素的影响更大，更需要完善、有力的教育体系、管理体制和相关政策做支撑。从第一节政策文本和优秀经验中亦显示出区域层面对支持保障体系建设的重要性及巨大价值。因此，站在区域的视角，结合区域融合教育的实际环境，设计本土随班就读质量指标的框架尤为重要，并将指标积极与区域、学校随班就读的实践工作相结合，建立有效的评价反馈机制，促进随班就读质量的提升。

第三节　随班就读质量关键性指标及其内涵

在上一节中，通过解析国内外融合教育质量评估量表的框架，为区域随班就读质量框架和指标构建奠定了基础。本节通过布朗芬布伦纳的生态系统理论，从微观、中观和宏观三层面构建随班就读质量关键指标，形成《区域随班就读质量的关键性指标》和《学校随班就读质量的关键性指标》，诠释指标内涵。

一、随班就读质量关键性指标的框架构建

（一）布朗芬布伦纳的生态系统理论的启示

生态系统理论由美国心理学家布朗芬布伦纳提出，他认为个体是在一个复杂的系统中发展，这个系统受多层外界环境的影响，并将个体发展的生态环境分为微观系统、中观系统、外部系统和宏观系统四个子系统，各子系统间相互作用，直接或间接影响个体发展。[1]儿童的发展是人与环境相互关系的产物。因此，在生态系统理论视域下，随班就读就包括：随班就读的对象、同伴、家庭、教育者、学校、特教中心、区域政府、国家政策等，这些要素彼此相互作用、相互影响，形成了随班就读的生态体统，为特殊儿童享受高质量的融合教育提供重要的保障。

在第二节中提到，学生发展是融合教育质量最直接的体现，在评估框架中学生发展的指标不可或缺。课堂与学校，作为融合教育的主战场，它们是随班就读质量提升的关键，在评估框架中必须居于主体地位。普通学校总是位于一定的区域内，区域层面对随班就读的重视程度，对随班就读的系统性设计与统筹管理，以及系统的专业引

1　孙颖，王善峰，杜媛，等.基于生态系统理论构建的融合教育专业支持系统探究——以北京市为例[J].中国特殊教育，2020(7)：24－30.

领（如特教指导中心），将直接影响距离儿童最近的学校微观支持系统的整体效能，对区域随班就读的考察亦是非常重要。

（二）从微观、中观和宏观三层面构建指标框架

闵行作为人口导入大区，区域内随班就读学生数目众多，狭长的地理结构特点导致区域内随班就读学校发展极不均衡，一些学校具备较好的融合生态，积累了丰富的融合教育实践经验，而一些学校则融合教育实践起步较晚，对融合文化没有形成根本的认识，融合实践经验贫瘠，随班就读工作迷茫实效低。为了提升区域内随班就读的质量，随班就读质量关键指标的构建尤为迫切。

站在区域的视角，根据布朗芬布伦纳发展生态学理论，根据对随班就读教育质量的理解，结合幼儿园、中小学融合教育的实际环境，将随班就读相关要素进行设计与组合，设计本土随班就读质量指标的框架（见表 3－3－1），从微观、中观和宏观三个层面构建随班就读质量关键指标。微观层面的指标体现在随班就读学生的发展和随班就读学校的发展；中观层面体现区域视角，由特教中心和片区式资源中心对随班就读工作进行专业引领；宏观层面体现区域行政的管理体系和融合政策保障。为了便于操作和使用，将微观、中观和宏观层面的指标合并梳理，形成《区域随班就读质量的关键性指标》和《学校随班就读质量的关键性指标》。

表 3－3－1　随班就读质量关键指标的框架构建

层　面	微　　观	中　　观	宏　　观
定位	随班就读学生的发展 随班就读学校的建设	特教中心和片区资源中心对随班就读工作的专业引领	区域行政管理体系 区域层面政策保障
指标	《学校随班就读质量的关键性指标》	《区域随班就读质量的关键性指标》	
一级指标	学校建设 学生表现	专业引领	完善体系 融合政策 管理机制

二、区域随班就读质量的关键性指标及内涵

（一）区域宏观层面关键性指标及内涵

区域性关键指标主要体现了宏观层面和中观层面的指标。宏观层面主要由融合

教育体系的完善、融合政策的保障和落实、随班就读管理的工作和督导等三个一级指标构成(见表3-3-2)。每个一级指标下根据不同重点内容设有2—4个的二级指标，为了进一步明确二级指标的内涵，每个二级指标设有具体的观测点，便于指标的充分解读。每个指标都有指定的牵头部门和配合部门，责任明确，分工到位。

表3-3-2　区域随班就读质量的关键性指标

一级指标	二级指标	三级指标（观测点）	牵头部门	配合部门
完善体系	网络布局	制定区域特殊教育设点布局规划，形成区域特教指导中心+n个片区式资源中心+各学段特教班点+各学段随班就读布局。	教育局	教育学院
	学段衔接	实现片区式衔接网络，15年贯通衔接。	教育局	教育学院
融合政策	政策保障	制定特教经费政策、随班就读师资配备政策、设施设备配备细则。	教育局	后管中心 人保科
	政策落实	落实随班就读学生生均经费、特教津贴、专项经费； 落实区域专职巡回指导教师、多专业康复人员、专职资源教师、特教教研员的配备； 落实学校资源教室、社区共享资源、专用听辅设备、康复教辅具的配备。	教育局	人保科 计财科 后管中心
管理机制	工作运行	完善并落实联席会议制度、专家委员会制度、入学鉴定委员会制度、跨部门合作制度、融合教育联合教研制度、社区资源共享制度、评估与安置制度。	区办	各委办局
	督导评价	制定区域随班就读专项督导制度及相关指标； 定期组织开展随班就读专项督导。	区办	督导室
专业引领	评估转衔	完善区域入学评估制度，定期开展入学评估和阶段评估服务； 完善区域转衔评估制度，定期开展转衔评估和转衔服务。	特教中心	定点医院 市评估中心
	课程共享	研发适合随班就读学生的区域共享课程； 研发适合随班就读学生需求的区域共享资源。	特教中心	学院教研室

续 表

一级指标	二级指标	三级指标（观测点）	牵头部门	配合部门
专业引领	人员培训	制定区域“十四五”特殊教育师资发展规划； 定期开展普校校长融合教育沙龙活动； 定期开设巡回指导教师、资源教师、随班就读班主任分阶培训、见习教师规范化培训等培训课程。	教师发展中心	学院教研室 特教中心
	业务指导	完善特教巡回指导机制，定期开展随班就读巡回指导； 辐射融合教育示范校先进经验，整体提升区域随班就读质量； 完善区域特教教研共同体机制，定期开展区域普特融合教研。	特教中心 学院教研室	融合教育示范校

1. 完善体系

高质量的随班就读需要从区域层面做好对随班就读的系统设计，优化区域随班就读的发展路径，建设好区域内随班就读的网络布局。统筹区域内优质的特教资源，充分发挥区域内融合教育示范校的优势，形成“区域—特教中心—片区资源中心—特教班点/各学段学校”布局，为随班就读学生提供所需的教育康复服务。基于随班就读学生“全人生”的发展观，搭建特教学校与普通学校，不同学段普通学校之间的桥梁，从小学教育向学前教育、初中教育延伸，实现片区式衔接网络，15 年贯通衔接。

2. 融合政策

高质量的随班就读需要整个教育系统的变革，融合政策可以发挥强有力的指挥棒作用。政策保障通过前期的实证调研、政策咨询及建议，将融合教育的前沿理念，将对经费、人员、物质等要求列入区域政策，如：制定特教经费政策、特教人员配备政策、设施设备配备细则。政策制定后，政策的解读和落实显得尤为重要。经费层面体现区域对随班就读事业的经费投入和财政支持力度，落实随班就读学生生均经费、特教津贴、专项经费。专业人员的匮乏和不足是制约随班就读质量的重要影响因素，区域层面要落实专职巡回指导教师、多专业康复人员、专职资源教师、特教教研员的配备。设施设备方面落实政府对无障碍设施和设施设备是否到位，如：学校资源教室、社区共享资源、专用听辅设备、康复教辅具的配备。

3. 管理机制

高质量的随班就读有赖于管理机制的有效运行和督导。随班就读工作涉及区域层面不同的行政部门，涉及不同类型、不同学段的机构和学校，涉及跨学科、多专业的人员，涉及家庭和社区，如何让这些不同要素形成合力提升随班就读的质量，就需要制度，理顺工作路径，明确工作流程，固定相关做法。完善并落实联席会议制度，区域政府联合各部门协调解决全区随班工作发展中的重大问题，讨论确定年度重点工作并监督、落实，指导、考核和检查特殊教育各项工作。专家委员会制度、入学鉴定委员会制度、评估与安置制度都是围绕随班就读学生的评估与转衔，利用专家资源，明确评估与转衔流程，为学生提供专业的服务与指导。融合教育联合教研制度组建区域随班就读专题教研，围绕随班就读中的关键问题"个别化教学""差异化教学"等展开专题研讨。

随班就读各项工作运行中，需要督导评价对现行的随班就读进行跟踪和指导。根据本区随班就读工作的实际，制定区域随班就读专项督导制度及相关指标，督导指标可以来自《区域随班就读质量的关键性指标》（见表 3－3－2）、《学校随班就读质量的关键性指标》（见表 3－3－3）。定期组织开展随班就读专项督导，通过督导发现随班就读工作的主要问题，总结现有工作中的成绩和优秀经验，明确后续工作重点，提供所需的支持。

（二）区域中观层面关键性指标及内涵

区域中观层面的关键指标主要表现在专业引领，一共包含评估转衔、课程共享、人员培训和业务指导四个二级指标。受限于各个学校融合教育建设的不同能力，为了让区域内所有的随班就读学生都接受到高质量的随班就读。区域的特教指导中心和片区式资源中心的建设尤为重要，用以支持区域内随班就读学校和随班就读学生多样化、个性化发展的需求。

1. 评估转衔

高质量的随班就读要精准和科学地把握学生的能力和需求，完善区域入学评估制度，定期开展入学评估服务，为个别化教育计划和各类活动的开展提供重要依据，有助于监测和跟踪随班就读学生的发展变化。高质量的随班就读不仅要为特殊儿童提供公平的教育机会，还要承担和引导随班就读学生完成学段转衔的责任，搭建区域内不同学段、不同性质学校的沟通桥梁，定期开展转衔服务，拓展随班就读学生教育历程的长度和宽度。

2. 课程共享

高质量的随班就读要为区域内随班就读学生提供适宜的课程。利用特教中心的资源和师资力量,研发适合随班就读学生的区域共享课程,如:行规训练课程,运动康复训练、社交训练课程,言语语言康复训练等课程,造福普通学校和随班就读的学生。根据随班就读学生不同的需求,全面整合区域内的优质资源,如收集一些老牌融合教育学校的课程资源,通过再优化,共享辐射给区域内所有随班就读的学校和学生。

3. 人员培训

随班就读的师资队伍一直是制约随班就读质量发展的重要因素。普通学校校长融合教育的胜任力,学校师资队伍的数量、结构与专业水平、多样化的教师类型、教师的职前与职后专业培训情况等都是人员培训时需要纳入考量的范畴。通过制定区域"十四五"特殊教育师资发展规划,定期开展普校校长融合教育沙龙活动,定期开设巡回指导教师、资源教师、随班就读班主任分阶培训、见习教师规范化培训等培训课程提升区域内随班就读的师资水平。

4. 业务指导

针对普通学校随班就读发展不平衡现象,区域内须加强对普通学校随班就读工作的业务指导。完善区域特教巡回指导机制,定期对普通学校开展随班就读巡回指导,积极辐射融合教育示范校先进经验;根据每个学校的融合文化生态、专业技术水平的现状,提供针对性的指导;形成区域特教教研的共同体,围绕普通学校随班就读中的困惑和难点,定期开展区域普特融合教研;整体提升区域内普通学校的随班就读质量。

三、学校随班就读质量的关键性指标及内涵

与随班就读学生最紧密相关的就是他们所在的普通学校,是融合教育的主要实践场所,作为微观系统,普通学校能否满足学生特殊需要、提供课程实施和管理及专业支持服务将直接影响随班就读学生的质量。学校关键指标主要包括,随班就读学生的发展和随班就读学校的发展,因此《学校随班就读质量的关键性指标》主要包括"学校建设"和"学生表现"两个一级指标(见表3-3-3)。

表 3－3－3　学校随班就读质量的关键性指标

<table>
<tr><td rowspan="3">学校建设</td><td>领导与管理</td><td>学校随班就读组织管理机制健全；
学校各类随班就读管理制度及措施完善</td><td>随班就读学校</td><td>特教中心</td></tr>
<tr><td>融合文化</td><td>学校积极开展各类融合教育宣传活动；
培育积极、互助的师生关系和生生关系，形成平等、尊重、接纳和合作的融合氛围。</td><td>随班就读学校</td><td>特教中心</td></tr>
<tr><td>技术与支持</td><td>学校教室、图书馆等场所环境优化，满足随班就读学生无障碍需求；
学校资源教室、功能教室等专用室配有符合随班就读学生个性化需求的教学具及康复器材；
学校能根据随班就读学生的需求制定个别化教育计划，开展学业补偿、功能补偿、心理辅导、社会训练等个性化特设课程；
调整教学与课程，提供多样、有效的参与机会，充分考虑到随班就读学生的差异性，调整和改善教学目标和内容、方法和策略，提供多元评价。
学校能结合随班就读学生的发展能力提供转衔评估和相关服务；
学校能开展随班就读校本培训、校内研究共同体或者借助外部渠道，帮助教师解决随班就读过程中的难点与困惑，提升教师专业能力；
学校注重家庭合作，为家长提供咨询指导等服务。</td><td>随班就读学校</td><td>后管中心
特教中心
学院教研室
健康心理</td></tr>
<tr><td rowspan="3">学生表现</td><td>功能发展</td><td>言语能力、语言能力、知觉和运动能力有提升。</td><td>特教中心</td><td>随班就读学校</td></tr>
<tr><td>学业发展</td><td>学业成绩、知识和技能、学习参与有提升。</td><td>随班就读学校</td><td>特教中心</td></tr>
<tr><td>社会性发展</td><td>积极的自我形象；
同伴交往能力、师生交往能力和学校适应能力均有提升。</td><td>随班就读学校</td><td>特教中心</td></tr>
</table>

（一）微观层面关键性指标及内涵——学校建设

1. 领导与管理

随班就读学校的领导与管理是学校开展随班就读工作的有力支持。普通学校要形成健全的管理机制，成立专门的随班就读工作小组，校长总负责，专人领导分管，领导层认同融合教育理念。完善学校随班就读工作的制度，形成固定措施，如：经费及资源落实的各项制度，资源教师等各类工作岗位的职责和工作时间，各种激励机制，一生一档的管理体系与流程，应急与安全机制等，保障学校融合教育工作正常而有序地开展。

2. 融合文化

融合文化是学校开展随班就读的内动力，也是学校随班就读工作的方向指引。学校积极开展各类融合教育宣传活动，增进学生之间、师生之间、家长之间的理解，建立积极的师生关系和生生关系，营造出一所充满平等、尊重、接纳、合作氛围的学校。在学校中每一个人都受到重视，每一个学生都被寄予殷切希望，每个学生对学校和班级有归属感，产生身份认同。融合文化帮助学校形成融合教育的积极氛围，将这种文化传播至所有融合教育实践者、学生和父母，为随班就读顺利开展提供“软”支持。

3. 技术与支持

普通学校随班就读过程中的技术与支持包括三个层次，对资源的支持，对随班就读学生的支持，对教师和家庭的支持。

对资源的支持。资源是学校随班就读工作的基础，普通学校要通过各种途径获得随班就读所需的经费资源；对图书馆、学校教室进行环境优化，开展校园无障碍环境改造；为随班就读学生提供个别辅导和康复训练的专用场地（资源教室和功能教室等），提供随班就读学生所需的教学器材和康复器材。

对随班就读学生的支持方面，在特教指导中心的指导及部署下，学校定期为随班就读学生开展评估，制定个别化教育计划，根据随班就读学生的需要，开展学业补偿、功能补偿、心理辅导、社会训练等个性化特设课程。课堂是学校教育的主战场，随班就读学生与普通学生身在同一课堂，为随班就读提供有意义、高质量的教学尤为重要。调整教学与课程，为随班就读学生提供多样、有效的参与机会，充分考虑到他们与普通学生的差异性，为其提供多层次的教学目标，多样化的教学方式和多元化的评价方式，让随班就读学生能够产生有意义的学习，能够积极参与到课程和活动。学校还应在特教中心的指导下，和上下学段做好衔接，帮助随班就读学生转衔的评估，提供转衔的相关服务，助力随班就读学生学段间的顺利转衔。

对教师和家庭的支持面，教师和家庭作为学校随班就读中的重要要素，提升教师的专业水平，提升家庭的教养能力，能极大推动学校随班就读的质量。除了在领导与管理中，为参与随班就读的教师在工资待遇、优秀评选提供更多激励机制。学校还需定期开展随班就读校本培训，将有共同兴趣的教师形成校内研究共同体，或借助外部渠道，邀请专家，帮助教师解决随班就读过程中的难点与困惑，如：评估、个别化教育计划、教育教学等，提升教师的特教专业能力。在家长方面，学校要鼓励随班就读的家长参与家校合作，建立家校顺畅的沟通渠道，为家庭提供咨询指导等服务，提升家庭的教养能力。

（二）微观层面关键性指标及内涵——学生表现

随班就读学生的发展是随班就读质量最重要的关键指标。所有区域行政、区域特教中心、随班就读学校建设都是为随班就读学生的发展而服务，可以从功能发展、社会性发展、学业发展反映随班就读学生的表现。

1. 功能发展

通过一对一的个别化教育，通过个性化特设课程的实施及区域共享课程的支持，随班就读学生在言语清晰度，语言的理解与表达能力，知觉和运动能力等方面有提升。

2. 社会性发展

已有研究显示，融合教育环境能对不同类型特殊儿童的社会交往能力产生积极影响。[1]在学校平等、尊重、接纳和合作的融合氛围下，师生关系和生生关系积极融洽，随班就读学生积极参与学校各类活动，同伴交往能力、师生交往能力和学校适应能力等均有所提升，能树立积极的自我形象。

3. 学业发展

一些人群反对考察随班就读学生的学业成就。但当走出校园，走进社会，随班就读学生与普通儿童所面临同样的挑战，同样需要培养和具备一定程度的认知能力与问题解决能力来应对挑战。尽管随班就读学生可能无法企及普通学生的教育结果，但仍要追求最大程度发挥其潜力之后获得的教育结果。[2]通过多元的评价方式追踪随班就读学生学业的成绩、知识和技能获得的动态变化及学习的参与程度，谋求随班就读学生的学业发展。

---

1 杨希洁. 随班就读学校残疾学生发展状况研究[J]. 中国特殊教育，2010(7)：3－10.

2 褚宏启.教育公平与教育效率：教育改革与发展的双重目标[J].教育研究，2008(6)：7－13.

第四章

随班就读区域
支持系统的建构

随班就读支持系统，是为随班就读提供全方位支持、由各种要素构成的一个相对完整的系统，且这系统并非是一个静止的框架结构，而是动态的、彼此相互促进的有机整体。帮助普校有效接纳特殊儿童，全面提高区域随班就读的质量，促进特殊儿童的社会融合，需要全社会、全方位的有力支持，也是构建区域随班就读支持系统的最初想法和最终目标。要实现随班就读区域支持系统建构的顺利进行，需要理清思路，完善机制。本章节将以布朗芬布伦纳的生态系统理论为依据，从宏观、中观和微观三个层面建构随班就读区域支持系统，并从功能、内容、架构和运行等角度诠释各系统是如何运行的。

第一节　随班就读宏观系统的建构

随班就读宏观系统被看作是特殊儿童发展环境中最外层的系统，主要指影响特殊儿童发展的政策、法规、机制等保障性支持要素，其主要任务是规范、指导、监督、保障区域随班就读工作的顺利开展，它对中观系统和微观系统及其互动都有着相互叠加的影响（见图4－1－1）。从区域层面看，特殊儿童在学习与发展过程中所需的支持与服务，是由教育、残联、街镇等相关部门、学校、家庭、社区等多方主体构成的有机系统提供的。本章节将通过随班就读的网路布局、学段衔接、政策保障、政策落实、工作运行、督导评价等方面的建构来阐述区域随班就读宏观系统的功能定位、主要内容、组织架构和运行机制。

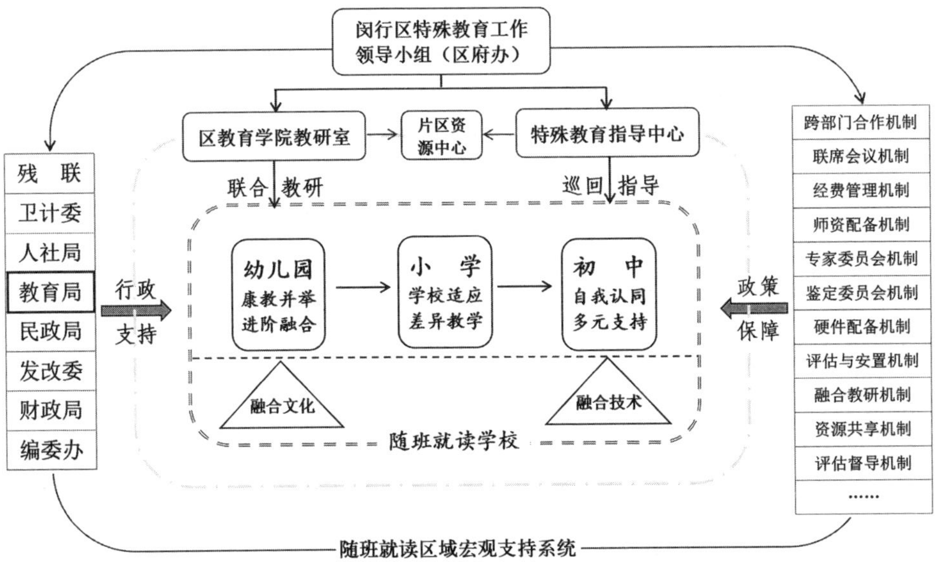

图4－1－1　随班就读区域宏观支持系统基本架构

一、功能与内容

特殊教育是衡量社会文明发展水平的重要标志，是教育系统实现优质均衡发展的重要组成部分，也是区域相关职能部门的共同使命和责任担当。“十三五”期间，为更好地贯彻党中央、国务院、上海市人民政府关于“办好特殊教育”的要求，区域将特殊教育的发展纳入教育事业发展的整体规划。

秉持“让每一个孩子健康、快乐成长”的教育理念，在《第二期特殊教育提升计划（2017—2020 年）》《残疾人教育条例》《闵行区特殊教育三年行动计划（2018—2020 年）》等文件精神的引领下，逐步建构完整的特殊教育网络布局，实现从学前到高中阶段特殊教育 16 年免费教育体系；实现区域特教经费政策、随班就读师资配备政策、随班就读融合政策、设施设备配备细则等政策的制定与完善；通过严谨的工作运行推进与完善各级各类制度，最终形成上下协同、学段贯通的随班就读支持系统管理机制。

二、架构与运行

（一）架构

区域目前已形成教育行政主管部门领导，相关委办局协助，教育学院、特殊教育指导中心指导，片区式资源中心、各学段特教班点、各学段随班就读学校共同发挥作用的网络布局（见图 4-1-2）。

区域特殊教育工作领导小组由区教育行政主管部门领衔成立，教育行政主管部门指区政府、区教育局，是国家及市级特殊教育方针、特殊教育规划落实的牵头部门，也是区域特殊教育政策、规划和指令的制定者，具体工作运行的引领者，残联、卫健委、民政局、人社局、发改委、财政局、编委办等是共同参与的组织者。

区教育学院、特殊教育指导中心作为教育行政主管部门下的两个重要业务部门，主要发挥特殊教育专业资源在区域工作中的管理、指导、研究、培训、服务五项功能，负责对全区从学前到中职的特殊儿童开展服务与管理；对随班就读和特教班点学校进行巡访与指导；对普特融合教育开展调查与研究；对普通学校师资开展特殊教育业务培

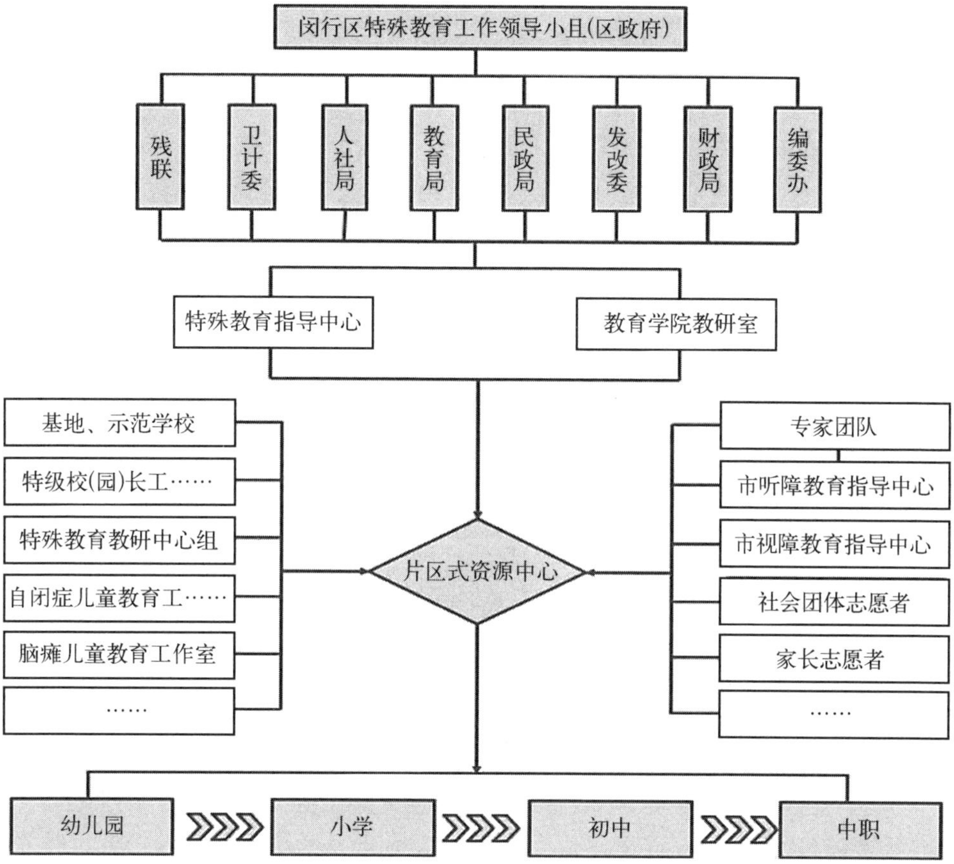

图 4－1－2　随班就读区域宏观支持系统组织架构

训与引领。

依托学区化、集团化办学优势，借助其优质、充足的资源按片区建立资源中心，包括融合教育示范学校、特级校（园）长工作室、特殊教育教科研中心组、特殊儿童（脑瘫、自闭症等）教育工作室等。资源中心是在融合教育示范学校内建立的开展教学、康复研究及示范、共享各类教学资源、教辅用具及康复器材、组织教师开展各类培训、提供专业咨询服务的场所，旨在整合特殊教育所有资源，辐射片区内随班就读学校、教师、特殊儿童及家长，以改善他们在日常教育康复中资源不足、教学手段缺乏等问题。

中重度特殊儿童入学安置的首选是特殊教育学校，但由于人口多、地域广、特殊教育需求量大的区情特点,区域内 2 所特殊教育学校无法满足所有此类儿童。为了解决中重度特殊儿童的入学问题,区域教育行政部门充分调研特殊儿童的家庭需求,考虑学段特点合理制定特殊教育设点布局规划,优化义务教育办学结构。制定《闵行区学前特教班点布局规划表》,在全区 14 个街镇建设 15 个学前特教点(14 个智障幼儿学前特教点、1 个听障幼儿学前特教点),完成学前特教点街镇全覆盖,对符合入班标准的特殊儿童实行"零拒绝""全接纳",满足区域内各类中重度障碍儿童接受早期教育和康复训练的需求。除此之外,在区域特殊教育需求量大的中部、偏远的东部及北部地区,于 6 所九年义务教育普通公办学校内开设 7 个义务教育阶段特教班,共享普通学校教育资源,配备专职特教教师和资源教室,为这些地区中重度障碍儿童就近、就好接受义务教育提供便利。区域还采用"合作办学"的方式,在中职校附设特教班,由特教学校提供部分基础性学科课程支持,中职校提供专业学科课程,为完成九年义务教育的特殊学生提供为期四年的职业教育。

随班就读是轻中度特殊儿童的主要安置形式,也是保障特殊儿童平等接受义务教育的重要途径。近年来,区域落实《教育部关于加强残疾儿童少年义务教育阶段随班就读工作的指导意见》《上海市教育委员会关于加强随班就读工作管理若干意见》《关于在本市普通幼儿园中开展随班就读工作的实施意见(实行)的通知》等相关文件要求,在普通幼儿园、九年义务制普通公办学校大力提倡融合教育,推进随班就读工作,科学评估、应随尽随,构建中小幼全学段随班就读体系,为各类轻中度特殊儿童接受有效的融合教育创造机会。随之制定《闵行区中小幼随班就读学籍管理制度》《闵行区随班就读医教结合康复训练工作指导手册》,医教结合、因材施教、普特融合,在随班就读学生规模逐年扩大的基础上,实现质量稳步提升。

(二) 运行

为了确保区域层面人、财、物的保障能够最终落实,区域在教育行政部门的领衔下,联合卫生、民政、残联等相关职能部门,形成了融合教育区域行政主管部门保障运行的若干机制,包括:跨部门合作机制、联席会议机制、文件印发机制、经费管理机制、师资配备机制、专家委员会机制、鉴定委员会机制、师资培训机制、硬件配备机制、融合教育联合教研机制、评估与安置机制、社区资源共享机制、评估督导机制等,细化各项工作机制的功能、落实、频次与责任部门(见表 4-1-1)。

表 4-1-1　随班就读区域宏观支持系统工作运行机制

机　制	功　　能	落　　实	频次	责任部门
跨部门合作机制	研究区域特殊教育发展方针，制定区域特殊教育三年行动计划。	由区政府牵头，组织八部委制定区域特殊教育发展政策。	半年一次	区政府、教育局、残联、卫计委、人社局、民政局、发改委、财政局、编委办
联席会议机制	协商特殊教育发展需求。	由区政府牵头，组织八部委联席会议，商议协调特殊教育财政、人员配备、设备保障等相关事宜。	半年一次	区政府、教育局、残联、卫计委、人社局、民政局、发改委、财政局、编委办
文件印发机制	宣传国家、市区两级特殊教育政策。	转发及解读国家、市区两级特殊教育相关文件。	根据实际情况	区府办、教育局
经费管理机制	规范经费申请与使用细则，建立专项经费审核制度，保障特殊教育顺利开展。	由教育局编制预算，制定专项经费申请条件，审核各项经费申请，落实经费发放。	每年一次	教育局、财政局
师资配备机制	保障区域巡回指导教师、随班就读学校资源教师、特教班点专职教师及保育员、多专业康复人员、特教教研员的配备。	由教育局根据市级文件精神，结合区域实际情况，制定师资配备要求，落实师资招录。	每年一次	教育局、人社局、编委办
专家委员会机制	在教学、康复、科研等领域给予指导，保障区域特殊教育高质量发展。	由教育局聘请三甲医院医学专家、高校特殊教育专家、外区高级及以上职称特教教师，分领域全方位指导区域特殊教育工作。	每年两次	教育局
鉴定委员会机制	开展医学评估、教育评估及综合评估，根据特殊儿童残疾类型与程度、行为表现、教育需求，提出合适的安置形式建议供家长参考，主要为特教学校、特教班、随班就读三类。	由教育局牵头，成立专家鉴定委员会，含医学专家、高校特殊教育专家、外区高级及以上职称特教教师、特教指导中心巡回指导教师，从医学及教育等角度全面评估特殊儿童，根据评估结果，联合会诊，最终提出合适的安置建议。	每年一次	教育局、特教中心

续 表

机 制	功 能	落 实	频次	责任部门
师资培训机制	对区域校级领导、资源教师、随班就读任课教师、青年教师等群体开展通识及专业培训,提升其特殊教育素养。	由教育局牵头,教育学院组织开展各级各类区域性特殊教育教师培训,纳入全区教师必学科目。	根据实际情况	教育局、教育学院、特教中心
硬件配备机制	明确普通中小幼学校无障碍设施、资源教室建设要求,规范资源教室设施设备、教学具和康复设备等的配备,为特殊儿童适应学校、实施个性化课程提供资源支持。	由区教育局排摸普通中小幼学校无障碍设施、资源教室建设情况及需求,各类特殊教育设施设备、教辅用具及康复设备配备情况及需求,通过专项经费拨付方式落实建设及配备。	根据实际情况	教育局
融合教育联合教研机制	通过定期开展区—校两级融合教育教师联合教研活动,形成区域融合教育的研究合力,有效提升区域融合教育教师的教育教学水平及区域融合教育课堂质量。	由教育局牵头,教育学院落实好,成立区—校两级融合教育联合教研教师队伍,就融合教育三类课程,即基础性课程、个别化课程、拓展型课程及融合教育中遇见的突出和典型问题开展区级、片区级、校级联合教研或研讨。	每两周一次	教育局、教育学院
评估与安置机制	通过医—教—综合评估,对特殊儿童做出全面评价,给予合理的安置,保障其得到合适的教育。对康复有成效、适应性良好、家长有需求的学生,采取双向流转,撤销特殊儿童学籍,保障其回归主流。	由教育局牵头,根据医学鉴定结果、鉴定委员会教育评估及综合评估结果,鉴定委员会安置建议,结合家长需求,对特殊儿童做出合理安置,并向学校发出《上海市特殊儿童安置意见表》,学校根据《安置意见表》接受学生,主要安置形式为:特殊学校、普通学校特教班、普通学校随班就读、撤销随班就读。	每年一次	教育局、特教中心

续 表

机 制	功 能	落 实	频次	责任部门
社区资源共享机制	打通学校与社区通道，活用各类学校和社区资源，为特殊儿童提供学习与康复的便利。	由教育局牵头，联合其他委办局、街镇、企事业、家长，共同关心和支持特殊儿童。整合单位与个人资源，发挥组织优势，提供有助于特殊儿童的服务，开展有利于特殊儿童成长的活动。	根据实际情况	教育局、其他委办局、街镇、企事业、家长志愿者
评估督导机制	从学校文化与管理、教师发展与支持、课程与教学、家校合作、特殊儿童发展等维度，评价学校融合教育各项工作开展情况，融合教育各类文件的落实情况，发现亮点，找出不足，为下阶段工作提供导向。	由教育局牵头，组织一支融合教育督导小组，主要由教育局相关科室、专家委员会、教育学院、特教指导中心人员组成。教育局督导室研制区域融合教育专项督导相关指标，融合教育督导小组根据督导指标，采用实地走访、观课、访谈、查阅材料等方式，全面检查学校融合教育各项工作开展情况。	每年一次	教育局

区域积极响应上级各类特殊教育（随班就读）文件和政策精神，在区政府、教育局及其他委办局等责任部门的领导和组织下，统筹区域特殊教育资源，保障区域随班就读宏观支持系统上下协同、学段贯通的各项具体工作机制良好运行，最终促进区域特殊教育和随班就读融合教育高质量发展！

第二节　随班就读中观系统的建构

中观系统是指个体所处的各个联系网络的总和，它是介于宏观系统和微观系统之间的一个环节，是宏观向微观的一个过渡。针对区内随班就读学校发展不均衡，水平层次不齐，校内融合文化和技术差异较大的现状，由区教育行政主管部门牵头，借助市、区特教指导中心、区教育学院教研室的专业力量，组建了由区特殊教育教研员、区随班就读巡回指导教师、特教教师、资源教师等专业人员构成的区随班就读中观支持系统（见图4－2－1），为区内各种障碍类型的随班就读学生、家长、教师和学校提供针对性的专业指导与服务。本章节将通过随班就读的评估转衔、课程共享、人员培训和业务指导等四个子系统的构建来阐述区域随班就读中观系统。

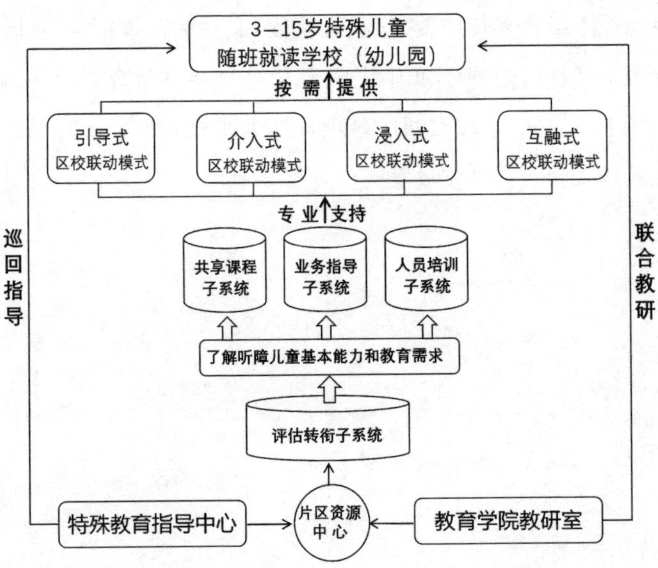

图4－2－1　随班就读区域中观支持系统基本架构

一、评估转衔子系统的构建

了解随班就读儿童的基本能力和教育需求，需要科学、精准的评估服务。拓展随班就读儿童教育历程的长度和宽度，更需要专业、有效的转衔服务。

（一）评估系统

1. 功能与内容

在融合教育情境中，一切行动都基于对随班就读儿童的评估。因此，进一步完善随班就读儿童入学评估机制，定期开展入学评估，帮助学校、教师正确判断随班就读儿童当下的能力、问题和需求，在个别化教育计划制定、课程设置、教学调整、师资配备等方面作好充分准备，以保障每一个随班就读儿童都能享有公平而有质量的教育。

不同障碍类型的随班就读儿童在不同阶段的教育需求各不相同，面对不同的随班就读儿童群体，评估的内容也各有侧重。因此根据他们的实际需求，区域对随班就读儿童提供的评估项目分为必测和选测两大类，大致涵盖以下内容（见表4-2-1）。

表4-2-1　区随班就读儿童评估汇总表

评估类别	评估内容	评　估　目　的
必测项目	健康检查	了解身心健康状况
	生理评估	评定生理构造对残障的影响
	残疾评估	评定残障程度及干预效果
	学业评估	了解学生主要学科的学业水平
	适应行为	了解在校班集体活动参与、同伴关系、班级融入情况等
	课堂表现	通过现场观察，了解学生课堂参与学习、活动情况
选测项目	语言与沟通能力	了解特殊儿童各项能力的发展水平，以制定切合实际需求的教育、康复目标
	社交交往能力	
	运动能力	
	感知能力	

续　表

评估类别	评估内容	评　估　目　的
选测项目	认知能力	了解学习能力的发展水平,为个别化计划的制定寻求依据
	智力测试	
	听觉功能	
	视觉功能	
	运动功能	
	注意力	判断是否存在明显注意力不良,及偏向于哪些行为特征
	学习能力	了解学生学习能力有否提升
	阅读能力	了解学生真实阅读理解能力和水平

必测项目是所有随班就读儿童都必须参加的基础性评估,而选测项目则是根据随班就读儿童的障碍类型和主要问题开展的,是满足个性化需求的评估。

2. 架构与运行

随班就读儿童的入学评估是一项政策性、业务性很强的工作,需要由区教育行政主管部门组织各类专家、医生、教师、康复师等组成评估小组,定期对随班就读儿童开展医学、教育、保健等综合性评估,并对后续教育、康复及安置提出合理意见和建议。

为了确保每年的入学评估能顺利开展,区教育主管部门将评估各阶段的主要任务都落实到了具体时间、具体部门和人员。

每年 5 月,区教育主管部门和特教指导中心进行信息对接,收集、汇总相关随班就读儿童的资料并进行审核。帮助提交材料不符合要求的儿童去指定的评测机构进行复测,同时邀请区特教鉴定委员会对特殊儿童的后续教育、安置提出意见和建议。

每年 9 月,由特教指导中心召集评估团队中的医生、特教专家、资源教师、学科教师等专业人员,对随班就读儿童开展功能性评估和学习能力、适应行为等综合性评估,全面了解随班就读儿童真实的能力、存在的困难和所需的帮助,为后续的教育支持提供参考。

每年 10 月,由随班就读学校组织召开随班就读儿童评估信息解读会,邀请特教专家、评估组全体成员及家长一起参加,帮助教师、家长充分了解儿童自身的优、劣势及教育需求，一起制定随班就读儿童个别化教育计划，确定长、短期教育目标，实施方案，课程内容形式和教学调整范畴等，为个别化教育计划的针对性、有效性提供科学保障。

（二）转衔系统

1. 功能定位

因升学或其他原因，随班就读儿童从已适应的环境进入到一个新环境，会遇到很多新挑战。高质量的转衔服务可以满足不同学段、不同障碍的随班就读儿童的个性需求，帮助他们更好地适应新学段或新学校的学习与生活。3—15 岁随班就读儿童一般会经历三次转衔，即学前升小学、小学升初中和初中升其他学校，特殊情况下也会有普通学校与特殊学校之间的转衔。根据随班就读学生的个性需求，区域对各学段随班就读学生提供的转衔服务大致涵盖以下内容（见表 4－2－2）。

表 4－2－2　区随班就读转衔服务汇总表

支持项目 / 支持内容 / 转衔学段	转衔评估	转衔活动	转衔课程	转衔会议
学前升小学	1. 大班儿童医教综合评估 2. 普校随班就读儿童入学评估	1. 幼小衔接项目活动 2. 普通学校参观、课堂体验	1. 个别化教育转衔计划 2. 区域共享转衔课程	1. 转衔会议 2. 小学随班就读学校教师培训 3.《幼小转衔指导手册》
小学升初中	1. 五年级儿童教育康复评估 2. 入学后的学业评估 3. 入学后部分儿童智力复测	1. 小初衔接项目活动 2. 对口初级中学走访、现场课程体验	1. 个别化教育转衔计划 2. 区域共享转衔课程	1. 初中随班就读学校教师培训 2. 家长专题培训 3.《小初转衔指导手册》
初中即将毕业	1. 初三随班就读儿童的社会适应能力评估	1. 初职校参观 2. 高级中学参观	1. 个别化教育转衔计划 2. 职业生涯教育	1. 家长培训 2.《初职转衔指导手册》
普特校转衔	1. 随班就读儿童学校适应能力评估 2. 转衔后学业评估	1. 特殊、普通学校参观，课堂体验	1. 特殊学校康复训练	

转衔评估 对各阶段随班就读儿童的转衔评估是在收集个人信息、了解其个人兴趣爱好的基础上，有所侧重地进行医学、教育、康复等评估，从而分析其需求、能力和优劣势，为其制定个别化转衔计划提供依据。

转衔活动 由特教指导中心牵头，联络不同学段（学校）共同制定衔接计划项目书，带领即将转衔的随班就读儿童参观新学校、了解新环境、认识新老师，增加彼此间的了解，帮助转衔儿童、家长提前做好转衔心理准备。

转衔课程 将特教指导中心研发或与融合示范校共建的转衔课程进行共享，指导各学段学校根据转衔儿童的个体需求和实际能力，选择与之匹配的课程实施教学，帮助他们做好转衔所需技能培养和心理准备，以更好地适应新环境的学习与生活。

转衔培训 转衔培训主要是针对转衔儿童家长及新学段、新学校相关教师，借助不同学段、不同障碍类型的《转衔指导手册》开展的。通过指导手册，让家长了解不同学段对孩子能力的不同要求，帮孩子提前做好新学段所需的技能准备及培养，同时积极参与个别化转衔计划的制定和实施；通过指导手册，帮助新学段教师更新融合教育理念，掌握更多有效的教学策略，帮助随班就读儿童顺利完成各类转衔，顺利融入新环境。

2. 架构与运行

在区主管部门的协调下，由特教指导中心召集不同学段、不同学校的特教分管、资源教师、学科教师、家长、专业人员等组成一个转衔团队，进行点（校）对点（校）衔接，帮助不同学段（学校）的转衔服务顺利开展，确保每个特殊儿童顺利完成转衔，融入新的环境，接受新学段（学校）教育（见图 4－2－2）。

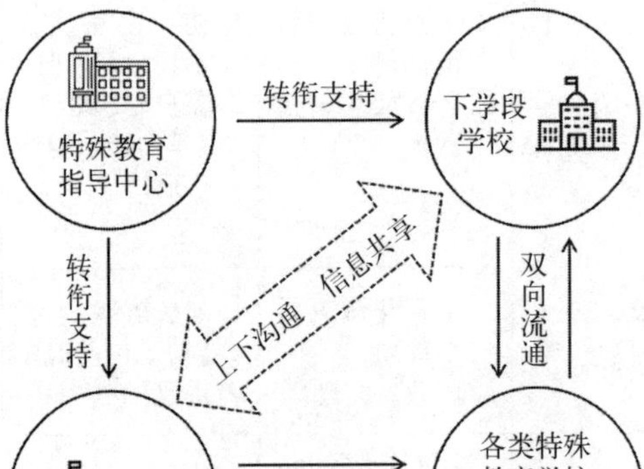

图 4－2－2 区随班就读转衔子系统组织架构

为了保障各学段（学校）之间的转衔工作顺利开展，我们将随班就读儿童的转衔工作分成了——筹备、活动和追踪三个阶段（见图 4－2－3），并对每个阶段的具体工作进行了细化。

制定转衔方案 每年 1 月起，区转衔团队会收集、汇总各学段转衔儿童的

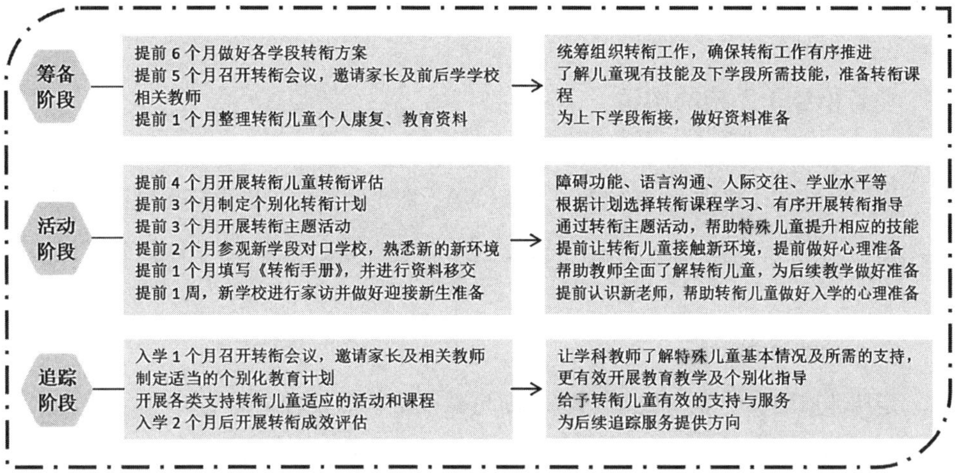

图 4-2-3　区随班就读转衔管理运行

个人信息和资料基础，并据此制定新一年各学段的转衔方案；并于 2 月初会召开转衔会议，召集转衔上、下学段学校教师及转衔儿童家长共同参与。由上学段老师、家长向下学段老师介绍转衔儿童的基本情况，包括障碍类型、兴趣爱好、学业能力、人际关系等，及一些有效的教学经验和做法，给下学段教师提供一些教学启示；同时，也让下学段教师对上学段老师、家长介绍下学段学习所需的技能，以便提前帮转衔儿童做好相应准备。

组织转衔活动　每年 3—6 月，特教指导中心组织专业人员对转衔儿童按需开展综合转衔评估，并据此制定个别化转衔计划；根据转衔方案，特殊教育指导中心组织开展各类转衔活动，为转衔儿童、家长、新学段学校提供个性化转衔支持。如：带领儿童参观转衔学校、提供相关转衔课程学习；邀请家长参观新学校，聆听转衔主题讲座，填写《转衔手册》，帮助儿童提前做好下阶段所需的身心和技能准备；组织新学段教师参与专题培训，完成转衔儿童各项资料转接，帮助教师为即将转衔而来的特殊儿童做好充分的心理准备，保障随班就读儿童能顺利完成转衔，尽快融入新环境。

开展转衔追踪　继续做好转衔儿童在新环境中的追踪服务，包括召开转接会议，邀请转衔儿童所在班的班主任、学科教师、学校资源教师、巡回指导教师和家长，共同协商、制定个别化教育计划，为转衔儿童提供相适应的课程和活动，帮助他们更好地适应、融合新环境；在入学 2 个月后对转衔儿童开展转衔成效评估，为后续的教学服务提供方向。

二、业务指导子系统的构建

闵行区教育体量庞大，基础教育总量位居上海市第二位。区内随班就读学校发展不均衡，水平层次不齐，各校急需“问诊式的”专业指导和引领，以整体提升区域随班就读质量。

（一）功能和内容

定期开展随班就读巡回指导，根据随班就读学校的融合文化生态、融合技术水平现状，提供个性化巡回指导；通过区域融合教研，共同探讨随班就读中的困惑与难点，分享融合教育示范校的先进经验，整体提升区内随班就读工作质量。区域随班就读业务指导大致涵盖以下内容（见表 4－2－3）。

表 4－2－3　区随班就读业务指导汇总表

<table>
<tr><th>业务指导项目</th><th colspan="2">业务指导内容</th><th>业务指导对象</th></tr>
<tr><td rowspan="10">巡回指导</td><td colspan="2">筛查与评估</td><td>随班就读儿童</td></tr>
<tr><td colspan="2">咨询与指导</td><td>随班就读家长、教师、分管领导</td></tr>
<tr><td colspan="2">课堂教学指导</td><td>随班就读教师、分管领导</td></tr>
<tr><td colspan="2">资源教室相关指导</td><td>随班就读资源教师</td></tr>
<tr><td colspan="2">主题培训与指导</td><td>全区随班就读教师、资源教师、分管领导</td></tr>
<tr><td colspan="2">政策宣教与经验分享</td><td>随班就读家长、教师、资源教师、分管领导</td></tr>
<tr><td rowspan="4">个性化
区校联动支持</td><td>引导式</td><td>区融合教育示范校</td></tr>
<tr><td>介入式</td><td>融合文化和技术较弱的普通学校</td></tr>
<tr><td>浸入式</td><td>融合文化和融合技弱的普通学校</td></tr>
<tr><td>互融式</td><td>随班就读回流生和聋校的听障儿童</td></tr>
<tr><td rowspan="2">区域联合教研</td><td colspan="2">区普、特融合教研</td><td>全区随班就读教师、资源教师、分管领导</td></tr>
<tr><td colspan="2">市、区随班就读联合教研</td><td>全市、区随班就读教师、资源教师、分管领导</td></tr>
</table>

其中“引导式、介入式、浸入式、互融式”四种个性化区校联动支持模式，是根据区内随班就读学校各自面临的主要问题，形成的配套支持措施与策略(具体见第五章)。实践证明，这种个性化的支持模式能有的放矢地支持并推动区域随班就读质量的整体提升。

(二) 架构和运行

随班就读学校的融合文化生态、融合技术水平各不相同，所需的指导也各有侧重，这要求区域业务主管部门的业务指导要具有针对性的。我区主要通过“巡回指导、区域联合教研”相结合的方式提供区域随班就读业务指导(见图 4－2－4)。

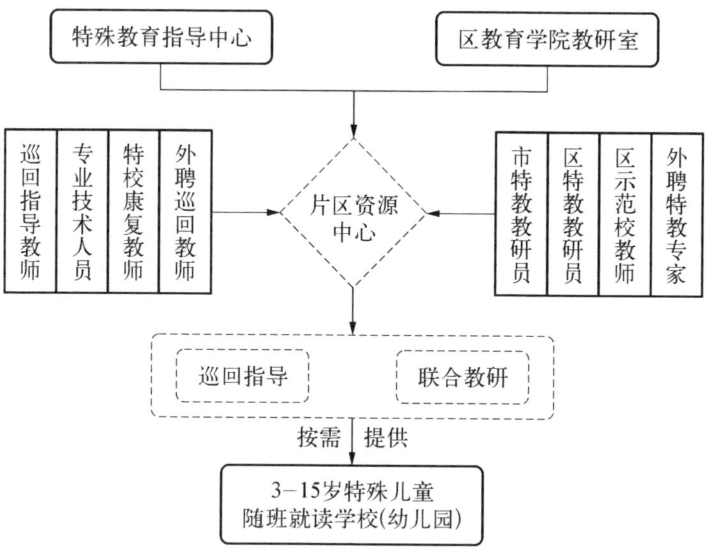

图 4－2－4　区随班就读业务子系统组织架构

巡回指导　特教指导中心每周安排一至两天开展全区随班就读学校巡回指导。巡回指导教师每学期初，为随班就读儿童进行综合评估并参与个别化教学计划制定；专业技术人员定期对随班就读学校教辅器具、设备进行功能检测和设备调试；特校康复教师每周按需送课上门，为随班就读儿童提供个别化康复训练；通过全方位的支持，帮助随班就读儿童更好地接受融合教育。每年，特教指导中心会借助专家资源、社会资源、普、特校资源，分“初、中、高”三阶对随班就读教师、资源教师、分管领导进行培训。通过理论务虚、实操演练及经验分享，提升教师的特教素养。同时，借助区融合教育基地校的经验和力量，共同对随班就读学校提供“引导式、介入式、浸入式、互融式”

四种个性化区校联动支持，帮助融合文化、融合技术参差不齐的随班就读学校，解决随班就读中的重难点问题，整体提升区域随班就读质量。

区域联合教研 由区特教教研员组织学校随班就读分管领导、资源教师、学科教师，定期开展区随班就读联合教研活动。如：近几年来，我区开展的“特色课程促进随班就读学生有效发展”“面向全体，关注差异”等区级教研，通过教学观摩、研讨、交流等多种形式，分享随班就读学生个性化课程的设置、差异化教学的实施、多样化评价的方法等，传播随班就读的成功经验，提升区随班就读的整体质量。同时，我区定期承办市级教学研讨活动，如：2019 年的“关注课程调整　优化融合教育课堂教学”、2020 年的“基于评估　结合生活　优化课程——随班就读课程调整”等，通过一次又一次地磨稿、一趟又一趟地试教、一遍又一遍地反思，促进了随班就读教师的快速成长、专业技能的迅速提升。

三、共享课程子系统的构建

（一）功能与内容

共享课程是市、区特殊教育指导中心基于区域特殊儿童的共性和个性需求，设计和开发的课程，以弥补随班就读学校内特殊教育课程资源不足的问题。共享课程实现了随班就读学校的特教资源共享，为开展差异化、个性化教育，满足每一位随班就读特殊学生的缺陷补偿和潜能开发提供了可能。

共享课程主要包括两大类：一类是由特教指导中心研发的课程，主要是以功能性补偿为主的康复系列课程，如言语康复训练、社会交往训练、运动康复、生活适应等；另一类是特教指导中心与区内融合教育示范校共建的优质课程，主要是以潜能开发为主，并结合示范校的地方习俗、办学特色及校内教师的个人特长开发的课程，如阅读课程、戏剧课程，版画、藏书票等。

（二）架构与运行

共享课程研发团队主体是市、区特殊教育指导中心和区融合教育示范校两大团队。参与市、区特殊教育指导中心团队的主要有特教康复教师、巡回指导教师和高校专家，融合教育示范校团队包括有特长的学科教师、资源教师和课程专家，两大研发团队共同研究、开发、共建了多元化的随班就读共享课程（见图 4－2－5）。

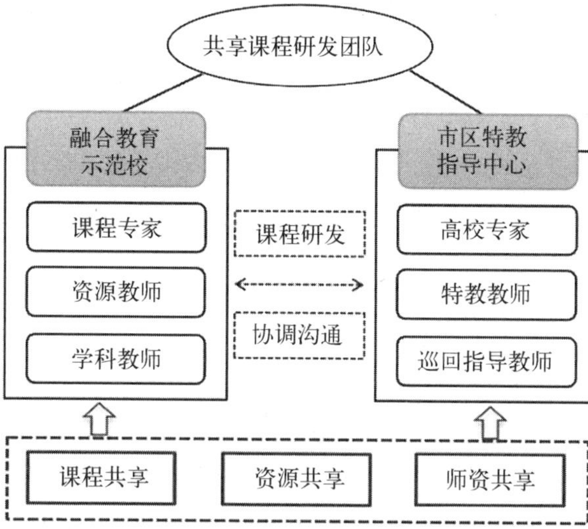

图4-2-5 区随班就读共享课程子系统组织架构

共享课程除了上面提到的功能性康复课程和潜能开发类课程的共享外，还包括了资源的共享和师资的共享。资源共享，指共享课程的教学设计、教学课件、教学录像等也进行共享；师资共享，则是指特教指导中心的巡回指导教师、康复教师和特教教师即可为有需求的随班就读儿童送课到校，也可组织随班就读儿童集中在资源中心接受相关课程训练；同时特教指导中心也可借助示范课对随班就读教师进行培训，指导教师开展共享课程教学，真正实现师资的共享。

在共享课程的实施过程中，专业的研发团队保证了课程的开发、管理与协调，以教代培、送课到校、送娃上课则实现了课程的运行与共享。

以教代培 由特教指导中心组织、课程研发者在资源中心进行教学、康复示范，普校资源教师教师、特教班点教师通过现场观摩，了解共享课程的理念、目标、功能和主要内容，指导教师学习与共享课程相关的教学方法及康复技能，从而能灵活运用到日常教学中，提高教学、康复效果。

送课到校 市、区特使教育指导中心根据随班就读学校及学生的需求，选派巡回指导教师、康复教师或特教教师到校，定期对那些障碍程度比较严重、有功能性康复训练需求的随班就读学生，开展一对一的康复训练；对于那些学校适应困难、并伴有其他行为、情绪问题、急需得到专业支持的随班就读学生，特教指导中心也会在人员充足的情况下(或由政府出资购买服务),为随班就读学生提供影子教师服务,满足他们个性化课程需求。

送娃上课 缺少专用设施设备、没有特殊教育资源、无法满足随班就读学生的个性化需求的学校,特教指导中心开设了相关的康复课程,安排了有经验的康复教师,为送到中心上课的特殊儿童提供课程指导和康复训练,帮助他们能更好地适应随班就读学校生活。

四、人员培训子系统的构建

学校和家庭是随班就读学生生活的两大主要环境,教师和家长共同承担着陪伴儿童成长的责任。在整个教育教学活动中,学校教育与家庭教育二者不可分割。因此,教师及家长都需要认识到孩子的特殊性,通过有效评估了解特殊儿童的实际能力水平,找到适切的教育教学方法,更好地引导特殊儿童成长。人员培训子系统的构建主要包括教师培训和家长指导两大系统。

(一) 教师培训系统

1. 功能和内容

随着随班就读工作的快速发展,随班就读学生的教育教学不仅仅是任课教师的事情,更是一项需要整所学校自上而下广泛关注与支持的工作。因此,随班就读的教师培训系统不能只单一面向任课教师,而是一个面向校级领导、教研组长及资源教师、随班就读任课教师等多层次、多专业人员组建而成的群体支持系统。

面对不同的教师群体,教师培训内容也有不同的侧重点。根据工作中的实际需求,区域随班就读教师培训系统大致涵盖以下内容(见表4-2-4)。

表4-2-4 区域随班就读教师培训汇总表

教师群体	培训目标	培 训 内 容
随班就读 校级领导	树立积极的随班就读理念,了解随班就读相关政策及法律法规知识,便于形成适宜开展融合教育的学校氛围,促进校内随班就读工作开展。	1. 特殊教育相关政策文件解读 2. 随班就读工作的日常管理 3. 随班就读学生的障碍类型及特点 ……

续 表

教师群体	培训目标	培 训 内 容
区巡回指导教师、普校随班就读教研组长及资源教师	掌握随班就读学生教育教学的基础知识与实操技能,面向学生开展个别化与小组化的教学,为随班就读任课教师及家长提供专业咨询及指导。	1. 随班就读学生的能力评估(言语交往、认知、运动、感知、社会适应等) 2. 随班就读学生的学业能力评估(语文、数学等) 3. 个别化教育计划的制定与实施 4. 特殊儿童缺陷矫正与补偿 5. 随班就读特殊需要课程计划制定与实施 6. 校级随班就读教研活动开展 7. 资源教室的建设与使用 ……
普校随班就读任课教师	掌握教学调整的技能,能够在日常教学中为随班就读学生开展分层教学,为随班就读学生及家长提供学科方面的支持。	1. 随班就读学生学业能力评估(根据学科) 2. 随班就读学生的课堂教学有效性(教学目标与教材的调整、教学支持策略、分层练习设计等) 3. 个别化教育计划的制定与实施 4. 特殊儿童行为矫正 5. 班级中的融合教育 ……

分类培训充分体现了"以人为本"的思想,聚焦普校不同教师的不同需求,帮助老师们根据自身角色,有针对性地提升随班就读教育教学技能。

2. 架构和运行

随班就读师资培训问题,直接关系到普校教育质量的提升与随班就读学生的健康成长,必须借助专业力量,加大融合教育通识培训的力度。我区采用"高校合作、学院指导、项目引领、以赛促训"等方式,不断提升全体教师的融合教育水平(见图 4-2-6)。

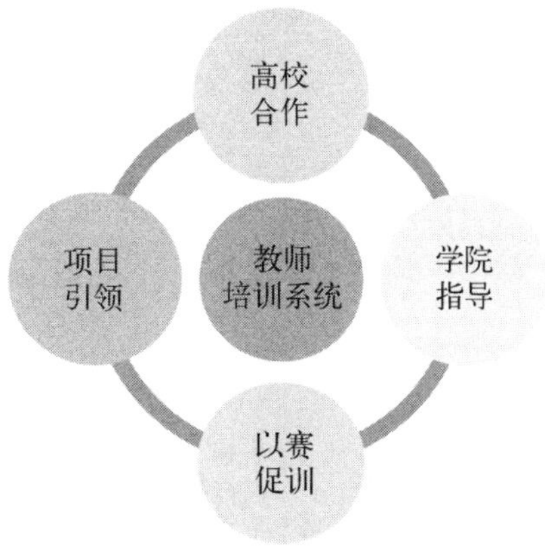

图 4-2-6 区随班就读师资培训组织架构

高校合作 在组织区内普校教师参加市"特殊教育上岗证"培训的同时,针对区内随班就读学生人数日益增多的现状,我区委托华东师大特教系成立了定向委培班,让更多教师通过培训、持证上岗。

学院指导 将随班就读主题培训纳入区教育学院年度培训计划,并赋区级学分。除了每年见习教师的"随班就读专题培训"外,教育学院教研部还根据不同教师角色，开展分类培训。每月定期开展区级随班就读教研活动，通过多种形式的交流、展示，提升区随班就读的整体质量，传播随班就读成功经验。

项目引领 近几年，我区随班就读立项课题的研究对象包括智力障碍、听力障碍、脑瘫、自闭症等多类特殊儿童，研究内容涉及融合支持、康复干预、安置转衔、课程设置、作业设计、案例追踪、教学研究等多个方面。以项目为抓手，深入探讨、解决随班就读工作中的重难点问题，并将研究过程转化为文本化的研究成果，为其他学校及教师提供参考。

以赛促训 积极组织随班就读教师参与上海市优秀教学资源评选、课堂教学展示评比、自制教具评选等多项活动，以及教育局、教育学院组织的本区级课堂教学案例评比、个别化教育计划撰写评比等多项评选活动。在一次次的比拼中，部分普校随班就读一线教师脱颖而出，成为优秀的资源教师，在学校乃至区域层面发挥着引领示范作用。

（二）家长指导系统

1. 功能和主要

对随班就读学生来说，家庭教育和家校合作质量直接影响其康复效果。因此，加强对随班就读家长的培训，以案例分享、经验分享等方式，指导家长快速借鉴同类问题的解决办法，帮助孩子顺利成长显得尤为重要。家长培训可遵循“聚焦问题、重视情境、自愿参与”的原则，培训内容涵盖不同障碍的康复方法、家校合作的策略等（见表4－2－5），家长可根据孩子的障碍类型自行选择。

表4－2－5 区域随班就读家长培训汇总表

培训类别	培训目标	培训内容
通识培训（面向所有随班就读学生家长）	通过专业知识传授与经验分享，掌握帮助孩子有效康复的教育方法。建立随班就读学生家长互动交流平台，互相鼓励、互相学习。	1. 本区随班就读相关政策与转衔升学指导 2. 本区残联相关政策及康复机构介绍 3. 正面管教的理念与方法 4. 家长心理调适 5. ……
分类培训（根据听障、自闭症等学生障碍类别，分别进行）	了解不同障碍类型儿童的典型特点与教育方法，将理论应用于日常实践，解决生活中碰到的困难与问题。	1. 自闭症儿童的社交能力培养 2. 如何培养孩子的独立生活能力 3. 助听器与人工耳蜗 4. 听障儿童的发音训练 5. ……

2. 架构和运行

随班就读学生的家庭情况各不相同，家长参与培训指导的需求、时间等也各不相同，这就决定了家长指导的开展方式必须是灵活的。我区采用“个别指导、集体培训、媒体传播”相结合的方式开展随班就读学生家长指导（见图4－2－7）。

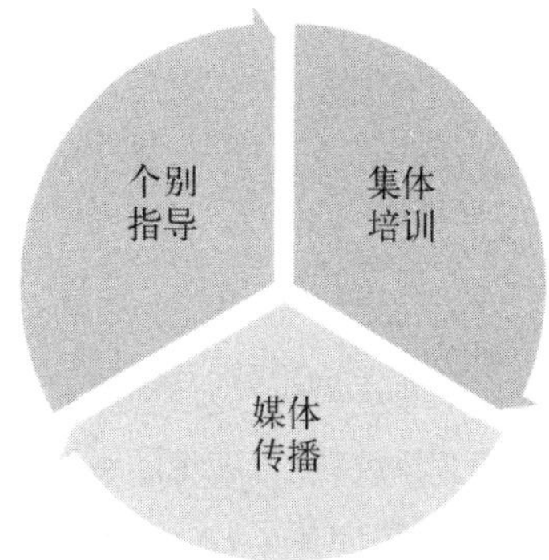

图4－2－7　随班就读家长培训组织架构

个别指导　通过家访、约谈、电话等方式，就某一学习生活中的问题，对随班就读学生家长进行一对一的指导，具有很强的针对性，能有效解决实际问题。个别指导广泛适用于日常教育教学之中，便于老师、家长相互深入了解、迅速达成一致的教育目标。

集体培训　通过专题讲座、家庭教育经验分享会、亲子活动、家长开放日等形式，帮助家长更新教育理念、学习先进经验，同时了解孩子在集体中的适应情况，建立良好的亲师、亲子关系。

媒体传播　家校沟通群、微信公众号推送等，近年来也成为家长了解学校、学习教育方法的重要阵地。教师可以通过网络形式向家长推荐文字及影像资料，以便家长利用碎片化的时间进行片段式的学习。这种方式不受时间、空间的限制，信息量大、沟通便捷，是个别指导与集体培训的有效补充。

中观系统集市、区两个特教指导中心及区教育学院的专业合力，对区内随班就读学校提供个性化的专业服务支持。通过评估转衔、课程共享、人员培训和业务指导等方式，有效促进了区域随班就读学校的均衡发展，提升了随班就读整体质量。

第三节　随班就读微观系统的建构

除了家庭以外，与随班就读学生发展最紧密相关的就是随班就读学校。普通学校作为微观系统，能否满足随班就读学生的特殊需求，学校的融合氛围、课程建设、教学活动、师生关系、同伴关系等都是直接影响随班就读学生融合质量的关键要素。在宏观系统的政策保障和中观系统的专业引领下，如何从物理、心理空间创建、优化校园融合环境，为学生、教师、家长提供专业的指导与支持，从而促进随班就读学生健康成长是微观系统要探究的（见图 4－3－1）。本章节将从全方位支持随班就读学生的成长角度出发，围绕领导与管理、融合文化、技术与支持三个子系统阐述随班就读微观系统的构建。

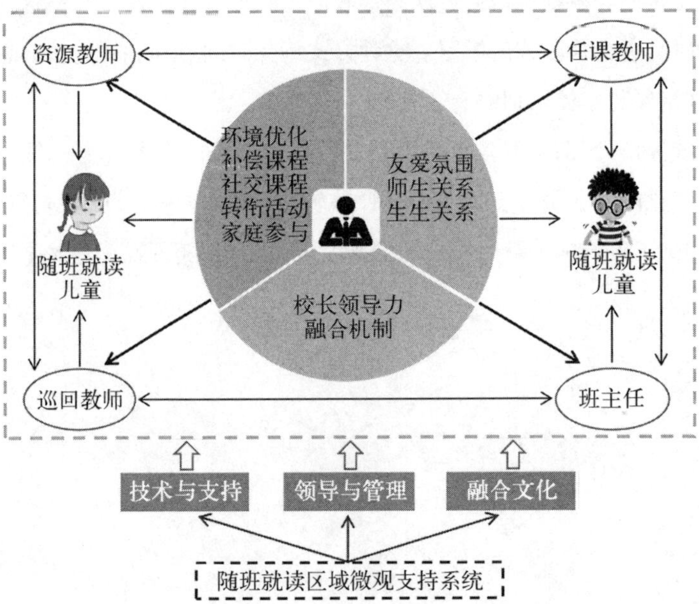

图 4－3－1　随班就读区域微观支持系统基本架构

一、领导与管理子系统的构建

（一）功能与内容

随班就读学校的领导与管理是学校融合教育高质量开展的有力支持与保障。学校通过成立随班就读工作领导小组、健全随班就读管理机制，完善学校随班就读工作各项制度、设立随班就读专项经费等举措，从制度、财物、师资三方面保障学校融合教育工作正常而有序地开展。

（二）架构与运行

在随班就读学校中成立随班就读领导小组（见图4－3－2），由校长领衔，专人分管，联合、协调学校各职能部门，统一融合教育理念，开展跨部门教育合作，保障学校融合教育、教学顺利实施。

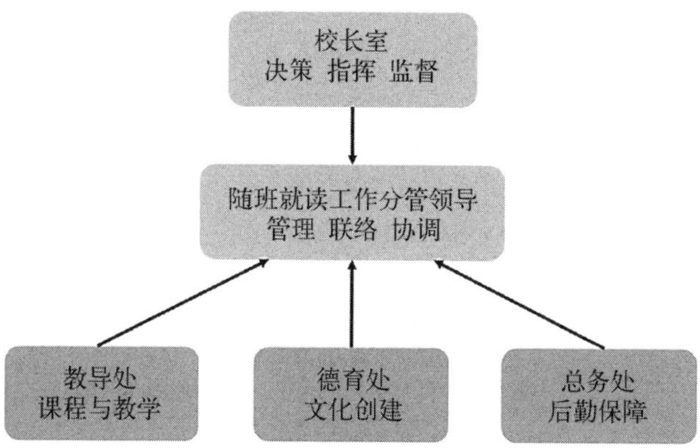

图4－3－2 领导与管理子系统组织架构

校长室 由校长或书记担任学校随班就读领导小组组长，将随班就读工作纳入学校整体工作中进行整体统筹、全面规划。学校在学期工作计划中，有对随班就读工作决策、指挥与监督的具体要求，为学校高质量的随班就读工作保驾护航。

分管领导 作为学校随班就读工作的主管，要及时传达上级主管部门的工作精神和要求，协调各个部门、各种资源开展随班就读工作；同时，也要和随班就读家长良性互动，对他们开展政策宣教、提供教学咨询、消除家长焦虑等。

教导处 充分考虑各类随班就读学生的特殊需求，重视学校随班就读课程计划的制定；组织相关人员共同商议、制定随班就读学生个别化教育计划，量身定制个性化课表；组织教师积极开展或参加各级、各类的随班就读教学研讨，学习先进的融合教育理念和有效的教学策略，满足各类随班就读学生多元化、差异性的教育教学需求。

德育处 从学校融合教育现状和需求出发，在接受区“引导式、介入式、浸入式、互融式”四种区校联动模式的专业支持和指导下，认真学习融合教育示范校的先进经验和做法，逐步构建学校正向的融合文化生态；组织开展各类融合宣传教育活动，建立良好的师生、生生关系，形成团结友爱的班级氛围。

总务处 定期对校园内无障碍设施、场地进行维护和保养，对资源教室及专用设备做好日常检查和更新，做好随班就读学生的校园生活与学习的后勤保障工作。

为确保领导与管理子系统的畅通运行，学校要进一步完善随班就读工作各项管理机制，充分调动校内人、财、物各项资源，形成校内联动协作机制，共同助力随班就读学生成长（见表 4－3－1）。

表 4－3－1　领导与管理子系统的运行机制

机　　制	功　　能	频　次	参与部门
随班就读领导小组 工作例会机制	整体规划学校随班就读工作 做好随班就读人、财、物配备	每月一次	校长室 教导处德育处 总务处
随班就读工作 学期考核机制	鼓励教师积极参与随班就读工作 提升学校随班就读工作质量	每学期一次	校长室 教导处德育处 总务处
随班就读课程与教学工作例会机制 随班就读教师校内培训、教研机制 随班就读教师校外培训、教研机制	提升随班就读教师的专业素养和能力	每月一次 每月各一次 每学期各一次	教导处
校园融合 主题活动机制 随班就读学生 心理辅导机制	构建正向的学校融合文化生态 营造良好的班级融合文化氛围	每学期一次 每月一～两次	教导处 德育处

续 表

机　　制	功　　能	频　次	参与部门
校园无障碍环境建设与保养机制 专用教室、设备检查与维护机制	确保专业设施、设备和专用教室的正常使用	每学期一次 每月一次	总务处

二、融合文化子系统的构建

国家教育部于2020年6月发布的《关于加强残疾儿童少年义务教育阶段随班就读工作的指导意见》(教基〔2020〕4号)中明确指出要加强随班就读学校校园文化建设,最大限度创设促进特殊学生与普通学生相互融合的校园文化环境。融合文化是推动学校融合教育发展的内驱力,也是学校随班就读工作的方向指引。

(一) 功能与内容

积极构建平等、尊重、接纳、合作的校园融合氛围,让每一个随班就读学生受到重视、被寄予希望、对学校和班级有归属感、产生身份认同;让普校老师、学生有机会了解特殊学生的特质,学会与之相处互动的技能,更好地接纳他们,真正实现"双向融合,共同成长"的教育愿景。创建友爱的校园融合氛围、营造平等的人文关怀环境、构建和谐的师生关系、友爱的生生关系、互信的家校关系,帮助随班就读学生顺利地适应普通学校的学习与生活。

(二) 架构与运行

除了学校随班就读工作管理到位,制度保障外,教师的培训与激励、家庭的宣传与指导、班级的活动与建设,也是学校融合氛围、班级融合文化建设的关键要素。学校可通过"开展融合宣传、组织融合活动、表彰融合先进"等方法,将学校融合文化传播至所有参与融合教育的实践者、学生和父母,形成平等、尊重、接纳、合作的校园融合文化(见图4-3-3)。

开展融合宣传　学校利用学校官方网页或微信公众号信息平台,定期推送学校融合办学理念、开展的融合教育活动、随班就读学生自强不息事迹、随班就读工作者优秀

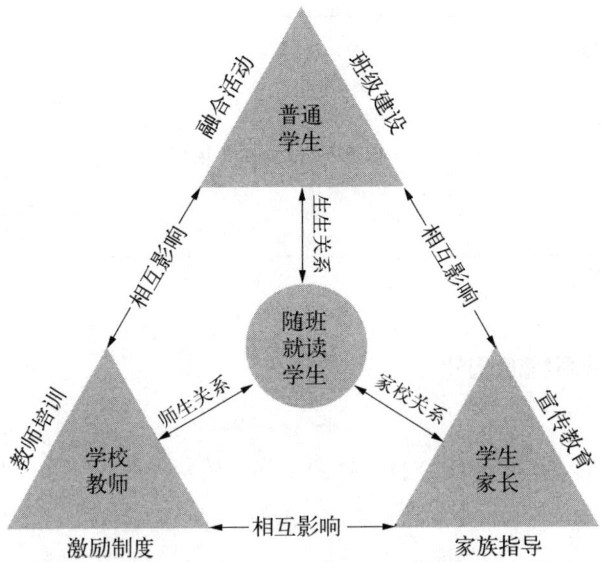

图 4－3－3　融合文化子系统组织架构

事迹、普通学生关爱帮扶事迹等相关文章，对普通学生、家长、教师、社会进行融合教育宣传，转变大众的教育观念，引起社会公众对特殊儿童的重视与关爱。

组织融合活动　1. 学生融合活动。学校德育处可抓住特殊时间节点，如儿童节、助残日等开展游园、结对等普特融合活动，增进普、特学生彼此了解，创建友爱的校园融合氛围。班主任可定期组织、召开融合主题班会，通过“一对一”结对、同伴互助、小老师等形式增强随班就读学生的归属感，促成普、特学生双向融合，培育良好的师生、生生关系。2. 教师融合活动。以校内自培、邀请专家、云上研讨等形式定期开展融合教育主题学习，提升全体教师对本校融合教育理念的理解与认同；组织随班就读领导小组成员，参观融合教育示范校，学习先进的融合教育管理经验；定期组织教师研修，由随班就读工作分管领导牵头，班主任、学科教师、资源教师共同参与，增进对随班就读学生的了解，统一融合理念，分享先进经验。3. 家长融合活动。邀请随班就读班级的家长共同参加学校融合活动，以家长课堂等形式与全体家长分享随班就读学生的康复经历、成长故事，聆听特殊学生家长的心声，分享家庭教育经验等，改变普通学生家长对特殊学生的偏见，对特殊学生更具包容，愿意让自己的孩子和特殊学生一起学习、共同成长；同时，也让随班就读学生、家长能珍惜和感念学校、愿意配合学校老师开展教育，使家校关系更和谐、更融洽。

表彰融合先进　学校充分利用校刊校报、官方网页或公众号等宣传随班就读教师优秀事迹，凸显榜样示范作用；学校每年评选优秀随班就读工作者，树立随班就读工作先进典型，并优先推荐参加市、区优秀特教先进个人的评选；学校在年度同级考核、职称晋升、各类评优评先活动中优先考虑随班就读工作者，使参与随班就读工作的教师能感到荣誉感和使命感。

三、技术与支持子系统的构建

成功的融合教育需要专业的技术与支持，所以建立技术与支持子系统对提升融合教育技术与水平具有十分重要的意义。

（一）功能与内容

普通学校是随班就读工作的实践主体，它既是技术与支持的“受体”，更是技术与支持的“主体”。在随班就读工作过程中的技术与支持包括对资源的支持、对随班就读学生、家庭和教师的支持，其中最核心的是对“随班就读学生”的支持，这直接关系到随班就读学生的健康成长与普校融合教育质量的高低。

不同维度的技术与支持，其支持的内容也各不相同。根据随班就读工作中的实际需求，学校技术与支持大致涵盖以下内容（见表4-3-2）。

表4-3-2　学校技术与支持内容汇总表

维　度	内　　容	功　　能
资源	优化校园环境，完善学校无障碍设施设备	满足随班就读学生无障碍需求
	建立资源教室，添置专用康复器材	保障特殊学生在校学习、康复需要
随班就读学生	开展综合评估，量身制定个别化教育计划	保证教学计划更具科学性、针对性
	按需调整课程，制定个性化课表	补偿缺陷，发掘潜能
	分层开展教学，提供一对一学业辅导	满足个体差异化教学需求
	开展转衔评估，提供转衔课程及相关服务	助力随班就读学生顺利转衔

续 表

维 度	内 容	功 能
随班	提供政策咨询,开展政策宣教	国、市、区各级相关文件精神解读
就读家庭	开设家庭教育指导培训	提升家庭的教养能力
	开设家长课堂,分享家庭教育经验	增进了解、学会相互理解、尊重
随班就读教师	组织随班就读教师开展分阶、分层培训	满足不同层次教师的培训需求
	开展随班就读教学探讨,组织教学竞赛	解决随班就读过程中的难点与困惑
	带领教师开展随班就读课程调整与研发	提升教师融合教育专业技能
	带领教师开展随班就读相关课题研究	提升教师融合教育科研能力

(二)架构与运行

融合技术与支持的专业性,直接影响普校融合教育的质量及随班就读学生、教师的成长,学校可邀请特殊教育专家、巡回指导老师、学校资源教师、学校总务主任等共同组成学校技术与支持组,通过定期检查、定期评估、定期指导和定期研训,为普校资源、随班就读学生、家庭和教师提供技术和支持,全面提升其融合教育的实施成效(见图4-3-4)。

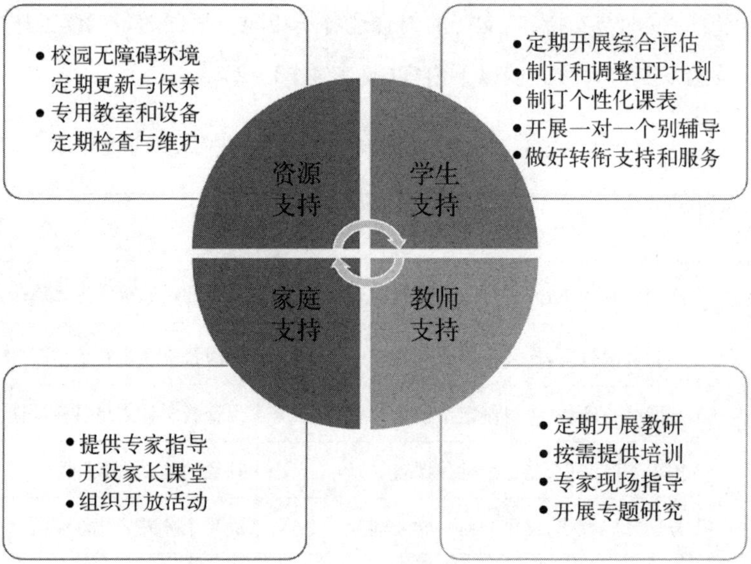

图4-3-4 技术与支持子系统组织架构

定期检查　总务处根据学校设施设备管理机制和专用设备检查维护制度规定，于每学期开学前、学期中和学期末，联系专业人员对学校无障碍设施、专用教室进行检查，定期做好检查、维修工作；联系技术人员定期对专用的教学、康复器材进行保养和更新，满足随班就读学生个性化教育、康复的需求。

定期评估　对随班就读学生的技术与支持进行评估，包括入学评估、阶段评估和转衔评估。每学期初，由学校随班就读分管领导组织，邀请特教专家、巡回指导老师等专业人员对随班就读学生进行功能评估，组织学校资源教师和学科教师阶段性地开展学业水平测试；召集资源教师、班主任、学科教师、巡回指导教师和家长一起，根据评估诊断报告为随班就读学生量身定制或调整个别化教育计划，以生为本制订个性化课表和课程调整计划，满足学生个性化课程需求；各学科教师要根据随班就读学生的学业能力，为他们设计多层次的教学目标，采用多样化的教学方式和多元化的评价方法，鼓励随班就读学生积极参与学习活动，并及时做好一对一课后辅导，让他们从中体会到学习的快乐和成功；学校资源教师及时上报转衔学生名单，组织参加区特教指导中心组织的转衔评估、转衔活动，为转衔儿童提供转衔课程、做好新环境、新学校所需的技能准备，帮助其顺利完成学段间的转衔。

定期指导　定期指导的对象是家庭。由学校随班就读领导小组计划，随班就读分管牵头，具体由学校德育处和教导处负责，定期组织家长开展随班就读活动，营造彼此平等、尊重、接纳、合作的家校关系。学校每学期组织一场专家报告，从注意力不集中到如何提升学习力，从青春期叛逆到如何开展家校合作等，帮助家长更新教育理念，解决家庭教育中的问题和苦恼；每季度开设一堂家长课堂，或由特殊儿童家长分享特殊儿童的康复经历、成长故事，改变普通学生家长对特殊儿童的偏见，提高他们对特殊儿童的包容度；或由资源教师就某一教育共性问题作集体指导，帮助家长掌握有效的教育方法，并配合学校同步实施，提高教育的有效性；或由普通学生家长分享家庭教育经验，帮助特殊儿童家长学会和孩子沟通、教育的正确方法，提高家长的教育能力；每个月开展一次开放活动，让普通学生家长看到在和特殊儿童一起学习的过程中，自己的孩子学会了关心与尊重；也让特殊儿童家长看到学校老师、同学对自己孩子的帮助与鼓励，教育自己的孩子要学会感恩和珍惜！在面对面的交流、互动中，形成和谐的亲师、亲子关系。

定期研训　对随班就读教师的技术与支持，主要是通过各级、各类的教学研讨和培训展开的。(1) 教学研讨。由随班就读分管领导牵头、教导处组织资源教师、学科教师每月开展一次跨学科联合研修活动,带领随班就读教师开展特殊儿童 IEP 的制订、指导学科教师进行课程与教学的调整、观摩研讨随班就读课课堂中的分层教学、学习通用学习设计的实施策略,研发随班就读课程资源等,通过多种形式的交流、展示、研讨,提升融合教育的实施成效。每学年组织一次随班就读教育教学评优活动,或课堂教学,或教学设计,或教学案例等,以此推动随班就读教师专业能力的提升。(2) 分类培训。在普通学校中,不同的随班就读教师角色其承担的责任也是不同的,因此学校在对教师开展培训时,除了全员参与的通识性培训外,还要根据不同的岗位角色提供分类培训。资源教师是随班就读学生个别化教育的主要实施者,必须参加市资源教师岗位培训,获取上岗证书;同时作为资源教室的管理者和课程实施者,也要积极参与市、区实践性课程项目培训,提升资源教师的特教专业技能;德育处牵手科研室,组织班主任从随班就读学生的身心健康,班级融合文化的视角,开展个案研究、融合文化活动组织等相关主题培训,更新班主任的融合教育理念,提高班主任的组织管理能力;教导处负责对学科教师进行普通课程调整,分层教学实施、学业多元评价等实操培训,通过案例分析、实践操作、现场指导等方式,提高随班就读教学的有效性,促进学科教师的快速成长。

随班就读微观系统作为直接作用于随班就读学生的环境系统,不单单在物理空间层面上允许特殊孩子的进入,更应该在心理空间层面上接纳孩子,实现真正意义上的融入。同时,学校作为融合教育规划和实施的关键主体,在保障落实融合教育政策与制度的基础上,还要关注学校融合技术与支持的可持续发展,立足学校发展特点,形成可操作、可迁移的融合教育经验,保障融合教育的扎实落地。

第五章

随班就读区校联动
支持模式

狭长的地理结构特点导致闵行区随班就读学校发展极不均衡，而整齐划一的支持模式又进一步加剧了这种不平衡，此外更有深层次融合文化因素等方面的消极影响，阻碍了学校技术支持的生长，这也是长期以来制约区域随班就读发展的重难点问题。闵行区结合实际，以人数较少的听障儿童支持为切入点，创新性地建立了提升区域听障儿童随班就读质量的关键指标，从需求入手，以“融合文化、技术支持[1]”为突破点，逐步构建正向融合文化生态，撬动技术的快速发展，区校联动，将“支持”落到实处，首创了“引导式、介入式、浸入式、互融式”四种更高效的随班就读区域支持模式并推广到了各类随班就读儿童。“引、介、浸、融”随班就读区校联动支持模式理清了支持系统中的关键要素、理顺了从宏观到中观到微观各支持要素的关系，实践证实，四种区校联动支持模式科学、有效、可操作。

1 钮文英.拥抱个别差异的新典范——融合教育[M].台北：心理出版社股份有限公司，2008：293.

第一节　引导式区校联动支持模式

“引导式区校联动支持模式”主要针对融合文化建设卓有成效且具备一定技术支持专业能力、但自身的辐射示范功能尚有待进一步发挥的普通学校，实施中以学校为主，中心为辅。本节将在模式概述的基础上进一步阐述模式实施阶段，并以两所基地校为例阐述模式实践中的核心做法。

一、模式概述

该模式针对的学校，很早就开始接受并支持随班就读儿童，已经具备了“平等、尊重、接纳和合作”的融合文化生态，在融合文化营造、师资培训、课程建设等方面积累了丰富的经验，学校随班就读儿童的融合程度普遍较高，不存在融合困难的学生。

如表 5-1-1 所示，该模式实践中，中心充分发挥平台功能，支持这类学校发挥融合文化和成熟经验的辐射功能，引导学校参与区域共建课程的开发和推广，以带动区内其他学校蓬勃发展。学校融合技术支持的核心是“随班就读教师团队”的培养，具体由中心和相关专业团队为其提供“随班就读教师中高阶培训”，以进一步提升学科教师、班主任和资源教师的融合教育知识和技能。

在该模式中，对于融合良好的听障儿童，主要由学校提供融合文化和技术支持，中心提供评估和转衔等通识性服务与支持。对于融合不佳的听障儿童，根据其不佳的维度提供支持，学业补救主要由学校提供，而听觉语言、沟通交往等功能性课程则根据学校情况，主要由中心提供，少数有相关专业康复师的学校可自主提供，随着学校融合技术能力的提升，学校逐步开始承担部分功能性课程。

表 5-1-1　引导式区校联动支持模式概况

<table>
<tr><td>学校现状</td><td colspan="5">1. 融合文化：学校已建设融合文化并卓有成效
2. 技术支持：学校具备一定的融合技术支持</td></tr>
<tr><td>支持模式</td><td colspan="5">“引导式”区校联动支持模式</td></tr>
<tr><td colspan="6">如何支持</td></tr>
<tr><td rowspan="6">区校联动</td><td colspan="2">支持内容</td><td>支持方式</td><td>实施主体</td><td>联动机制</td></tr>
<tr><td>文化</td><td>支持学校发挥辐射功能</td><td>协调、组织</td><td>中心、学校</td><td>融合文化联校辐射和结对机制</td></tr>
<tr><td rowspan="4">技术</td><td>支持学校推广成功经验</td><td>跟进指导</td><td>中心、专业服务人员</td><td>随班就读教师分级培训交流机制</td></tr>
<tr><td>教师中高阶培训</td><td>组织</td><td>中心、特教教师</td><td rowspan="3">随班就读课程开发、实施与共享机制</td></tr>
<tr><td>参与区域共建课程开发</td><td>指导</td><td>中心、学校</td></tr>
<tr><td>参与儿童个体支持</td><td>评估、IEP 制订与实施</td><td>学校、中心</td></tr>
</table>

二、实施阶段

该模式的运作包括三个阶段，**第一阶段：完善区域随班就读专项督导机制，行政授牌建立基地校。**通过区域专项督导考核，确定区域基地校，基地校需履行“基地校与周边随班就读学校进行文化结对、分享课程资源和参与巡回指导”等义务。区域随班就读专项督导机制等配套长效机制的建立是该模式落地的关键。**第二阶段：引导基地校开展教师自培，为建立编外巡回指导教师队伍做储备。**此类学校已经培养了一些能胜任特教工作的教师，为了提升其巡回指导能力，中心和相关专业团队为这些老师提供了“如何有效开展巡回指导”等中高阶培训，同时还指导学校以这些教师为圆心，通过校内自培壮大基地校本身专业力量的同时，也为未来解决区域内学前巡回指导教师不足的困境提供了可能。**第三阶段：共享共建区域课程资源，发挥基地校辐射功能。**引导学校积极参与课程的共建，根据中心列出课程版块参与课程共建，发挥了基地校的辐射功能（见图 5-1-1）。

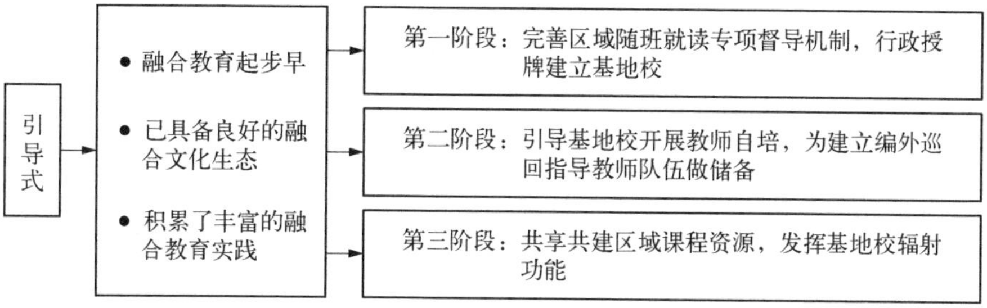

图 5－1－1　引导式区校联动支持模式实施阶段

三、实践做法

在区校联动实践中，逐步形成了一些该模式运作的有效做法，下面以 Q 幼儿园和 P 小学为例介绍。Q 幼儿园是一所聋健合一的幼儿园，已有 20 多年融合教育经验。P 小学是闵行区第一所授牌的阳光助教工作室，目前已成为自闭症家长群中有口皆碑的“学区房”。

（一）总结创建经验，发挥文化辐射功能

经过长期实践，少数学校在融合文化建设方面卓有建树，积累了一些核心做法。下面呈现的案例为学前阶段学校融合文化经验辐射的实践做法，经过近四年的实践，区域内学前融合文化创建已见雏形。

案例举隅 5－1－1　“启爱视域下学前聋健融合文化创建”经验总结与辐射实践

QY 幼儿园在“以爱育爱，人人参与、共同成长”的办园理念基础上，深入贯彻聋健融合教育理念，积极营造“启爱”“共融”的校园文化，打造“尊重、接纳、互助”的班级文化，形成了一些核心经验，在中心的引导下，共同梳理、提炼，并依托联动机制，进行经验辐射。

核心经验 1：以“聋健家庭联动”为抓手，营造接纳互助的良好氛围。通过多年的探索和实践，幼儿园已经形成了完善的《启英幼儿园聋健联动活动方案》。针对三个年龄段的听障儿童，将聋健联动分为“小班—相遇初识”

“中班—相知共融”“大班—相助互赢”三个阶段。

核心经验2：善用爱耳日，进行爱的感召。幼儿园小、中、大班利用爱耳日的契机开展“爱耳密语”系列活动，如：小班组织“说说爱耳日”的活动，了解简单护耳知识，让健听儿童与听障儿童互相牵手，帮助双方建立友谊；中班通过“安静日体验”“助听设备探秘”“美好祝福送同伴”等体验活动，让健听儿童体验到听障儿童“听声音的困难”，从而更多地理解、包容和帮助听障儿童。

辐射实践1：依托姐妹校结对机制，在领导层开展文化辐射。中心牵头，每学期组织姐妹校园长或者特教分管定期到幼儿园参加融合教育研讨活动，介绍相关经验，同时指导其他幼儿园结合自身办学理念，借鉴核心做法，逐步创建园内融合文化，形成特色。

辐射实践2：依托区域融合教研联盟，在教师层开展文化辐射。教育学院教研室牵头，定期组织融合教研联盟成员开展班级融合文化创设经验分享活动，中心参与并指导薄弱校老师开展班级融合文化创建。

下面一个案例是小学阶段班级融合文化经验辐射的实践做法，从一个班的探索到校内其他班级辐射，再到校外辐射，经过四年的实践探索，逐渐形成了一些成熟的做法。

案例举隅5-1-2　“PY学校无界融文化创建”经验总结与辐射实践

PY小学在“追求平实的育人品质，营造阳光的育人环境”的办学宗旨引领下，整合资源，从物理环境和人文环境两方面，营造了学校的融合氛围，积极推动班级融合文化创建，形成了一些核心经验，在中心的引导下，共同梳理、提炼，并依托联动机制，进行经验辐射。

核心经验1：开展班主任培训，创建“阳光谷”班级文化。班主任自身对融合文化的认识，以及专业背景对班级融合文化的创建至关重要。学校在随班就读儿童班级班主任选择方面非常慎重，特意选取有特殊教育或者社工专业背景、且学习主动性高的老师做班主任，进行有的放矢的培训，这也是融合成功与否关键的一环。如，学校为自闭症儿童 HH 所在班级安排了一位有社工专业背景的老师做班主任，在曹老师涓涓细流式的爱的滋润下，这名自闭症儿童发生了非常大的变化，不仅能够认识班中的同学和任课老师，还能和好朋友进行适当的交流。

核心经验 2：家长进课堂，让同伴接纳自闭症儿童。根据学生需求，安排家长进课堂活动，比如学校邀请 HH 的妈妈给家长作自闭症普及性讲座，同时允许 HH 的妈妈以影子老师的身份进入班级，一方面帮助 HH 适应班级学习，另一方面，帮助同伴接纳自闭症儿童。

核心经验 3：安排"助学小伙伴"，帮助儿童找到班级归属感。曹老师从儿童实际需要出发，安排 HH 的教室座位，一开始坐在后排方便妈妈陪读指导，后来妈妈可以离开，由"助学小伙伴"坐在他的旁边，这样的方式不但增进了他的言语与交往的能力，同时也帮助他找到了归属感，还为今后小中转衔打下了良好的融合基础。

辐射实践：借助学校融合课题推进，组织开展文化辐射。中心和学院科研室、教研室联合，组织姐妹校校长或者特教分管参加 PY 学校融合教育科研成果活动，介绍相关经验。在此基础上，中心指导其他学校开展班级融合文化创建。

（二）整合多方资源，协助开展校内教师自培

教师的专业性支持是实现融合教育的必要条件。融合教育不同于一般的普通教育，它需要普通教师和资源教师掌握融合教育的相关知识和技能，明确双方教师融合教育中的不同职责，通力协作，为融合教育工作的开展奠定坚实基础。下面以 Q 幼儿园为例，呈现校内教师自培的实践做法。

案例举隅 5-1-3 Q 幼儿园教师自培实践做法

学前聋儿语训教师——区域巡回教师的专业化培训。语训教师的专业程度直接影响听障儿童康复成效。幼儿园语训部的教师来自学前教育、特殊教育等专业，需要为听障儿童提供集体教育、个别化训练和听力等多方面服务。幼儿园定期举办各种业务培训，不断提升语训教师专业技能，主要集中在对听力障碍儿童的功能性补偿上，涉及听觉、言语、语言三大领域。通过系统性的培训，帮助教师快速积累专业知识技能，提升教师业务能力，促进听障儿童听能发展、积累词汇、发展语言、提高言语清晰度，为他们后期进入普通班级融合打好坚实的基础（见表 5-1-2）：

表 5-1-2 学前聋儿语训教师业务培训一览表

	听觉领域培训	语言领域培训	言语领域培训
1	助听器和人工耳蜗的正确认识	听障儿童的言语发展	如何提升言语矫治教学设计有效性？
2	听能评估实用方法培训	前语言期促进听障儿童语言发展方法	如何在言语矫治教学课程中关注游戏性？
3	听能保养包的使用及助听设备的日常维护	词汇期促进听障儿童语言发展方法	理论学习："连续语音运动意识强化"培训
4	听觉训练—听觉察知与六音辨识的训练方法	句法期促进听障儿童语言发展方法	如何让课程设计更有针对性、实效性？
5	听觉记忆训练的原则与方法	听觉口语法实用技巧培训	言语矫治中的重要因素
6	语音辨识的内容和方法	高级词汇的拓展练习	"提升听障儿童言语清晰度的实用方法与技巧"之"语流音变"培训
7	听觉描述训练的原则与方法	提升语言集体教学活动有效性	语流音变的个案分析与研讨
8	高级听能技巧训练在教学中的运用	一日活动中如何促进听障儿童语言发展	口部运动治疗培训
9	FM 调频系统的使用		声母的发音方法与矫治

学前普通教师——学前教师的融合胜任力培训。听障儿童进入普通班级后，与原班级中的普通儿童存在一定差异，需要普通班级教师给予支持，帮助他们更好地进行融合。幼儿园开展针对学前普通教师的园本培训，使其既具备普通学前教育知识，又具备听障儿童教育的知识和技能，成为业务素质强的复合型教师，提升教师胜任力，以满足园内开展融合教育的需要，不断提升融合教育的质量。培训涉及师德建设、融合教育和融合所需的教师教育技能师德建设培训帮助教师树立“启爱”“共融”“接纳”的教育理念，融合教育培训帮助教师掌握融合教育的理念、政策和相关制度，教师教育技能培训则是帮助教师掌握与听障儿童相关的基本知识和技能。开展针对性的教师培训，有助于促进融合教育工作的有效开展，协助教师掌握该阶段所必须具备的理念、专业知识和技能(见表 5－1－3)：

表 5－1－3　学前普通教师培训一览表

	师德建设	融合教育	融合教育技能
1	教师的素养——如何做一名融合教育教师？	走进融合教育——新教师上岗	“3—6 岁儿童学习与发展指南”
2	一日环节中如何践行“启爱”教育	普特结合——推进教育公平	儿童的观察与评估
3		有效的融合教育保障机制	如何促进听障儿童更好地聆听和沟通
4		“融合”生态支持系统的共建	听觉口语教学
5		同在一片蓝天下，聋健结对共成长——聋健家庭联动活动的意义	实施有效的听能管理
6			FM 无线调频的使用
7			特殊儿童的融合和教育支持

（三）共建课程资源，发挥技术辐射功能

在区特教指导中心的推动下，区域内基地校整合课程资源，多途径、多方位进行辐射，依托融合项目组、阳光助教工作室、课程共享平台、区级主题式教研活动等，进行技术辐射。下面通过上述两个学校来呈现具体做法。

案例举隅 5－1－4　依托融合项目组，Q 幼儿园协助提升区域内教师研究能力

融合项目组重组教师资源，分设融合游戏项目组、同伴支持项目组等多个组别，针对不同方向开展研究工作，每月一次大、小组的例会，研讨优化融合举措和融合课程。融合项目组以课题研究为抓手，确立融合研究专项，寻找策略、梳理细则，推进融合教育策略的优质化，鼓励幼儿园及区域内教师积极开展融合听障儿童的个案跟踪观察。教师们在研讨中进行思维碰撞，融合教育的实践研究能力得到提升（见表 5－1－4）：

表 5－1－4　融合观察记录表（小二班）

周　次	第五周	活动名称	融合游戏—甜甜屋
听障儿童姓名	语训小班　鑫鑫	记录人	张老师
实录	第一次：这是鑫鑫进小二班的第一周，鑫鑫被老师带领着来到小二班，进来的第一个反应是迷茫，他慢慢地，甚至有些紧张地环顾着四周，却只是站在原地一动也不动。直到老师说："鑫鑫，去玩吧，去玩！"他却依旧全然不动。直到我拉起他稚嫩的小手，他才慢慢地跟着老师走向了甜甜屋。在甜甜屋里，鑫鑫不停地摆弄着收钱的收银箱，看似做着收银员但是却只是自顾自地玩着，不与任何小朋友交流。 第二次：鑫鑫似乎不再像第一次进入游戏时这么紧张，进入小二班他好像已经知道自己来是干嘛的，没等老师说，鑫鑫就径直跑向了甜甜屋的收银箱，继续着自己的收银员游戏，只是依然是自己玩着，不跟别人交流。 第三次：甜甜屋中有三个人在忙，悦悦在里忙着做蛋糕，诺诺在里面拿着奶茶杯吆喝着："谁来喝奶茶？谁来喝奶茶？"鑫鑫做着收银员。诺诺跑过来对我说"张老师，你进来喝奶茶吧，很好喝"。于是我接受了孩子的邀请做了一回小客人，似乎带动了一股喝奶茶的风潮，孩子们络绎不绝地前往，这使人手不够的情况凸显，诺诺对着鑫鑫说："奶茶做好了，给，你收钱"。这时，和诺诺开始了合作。只见，鑫鑫拿着奶茶给客人，客人给钱，鑫鑫再收钱。鑫鑫笑着和小朋友做着奶茶生意，渐渐地他成为甜甜屋中一位得力的工作人员。		

续 表

反思调整	1. 角色游戏是孩子们最快乐的时光,"甜甜屋"区域游戏是非常具体的活动,有角色、有动作、有语言、有玩具材料,此次活动游戏更接近幼儿的"最近发展区",为幼儿营造了一个自由发展的空间。 2. 而语训小班的小鑫鑫也在这样的游戏氛围中被感染,从一开始的胆怯、自我,渐渐开始融入游戏中。通过一次一次的游戏,鑫鑫渐渐地理解游戏的规则,并且表现得可认真啦,忙得不亦乐乎。他和小二班孩子们交往、合作的能力必将会有一次质的飞跃,我想这也是融合游戏最大意义所在,它有助于幼儿学习社会性行为,发展交往能力, 调整: 1. 更多地创设幼儿感兴趣、适合幼儿发展水平的区域游戏环境。 2. 当鑫鑫出现与同伴合作、交往的行为时,积极给予鼓励和支持,让鑫鑫能更自信地参与到游戏中。

案例举隅 5－1－5　依托家长助教工作室,PY学校参与区域共建课程开发

依托学校综合实践活动课程体系,融合式的综合活动课程,开发了四个领域的课程以及主题任务式活动。课程围绕特殊学生"融入社会"的学习宗旨,第一阶段,教授四大板块主题课程,这些课程学习内容指向性明确,在实施时需要任课教师开展一对一个训或一对多的小组训练。第二阶段,主题任务式活动,对于前期学习的活动评价(见图 5－1－2):

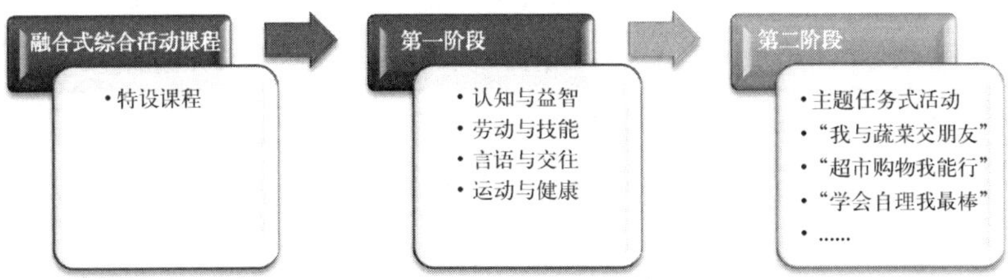

图 5－1－2　课程任务图

学校组建了资源教师、技术教师、专业教练和阳光家长助教工作室家长辅导员在内的区域宣讲团,进行共建课程的区域内辐射,对有需要的学校提供技术支持和跟进式指导。

案例举隅 5-1-6　依托课程共享平台，QY 幼儿园协助区内幼儿园开展进阶式融合教育实践

幼儿园总结多年融合教育经验，提炼了“学前梯度进阶式聋健融合教育模式”，形成了预备期、初融期、共融期三个融合教育阶段，融合的梯度更精细化；提炼不同融合阶段的入阶标准，设计《融合教育入阶评定表》，科学评定听障儿童所处的融合教育阶段，提供适宜、针对的融合教育形式及服务，提高了融合教育的科学性和可操作性。通过姐妹结对校、融合大联盟、课题推进会等区域分享平台，向区域内其他幼儿园输送技术经验，同时指导幼儿园引入、运用相关成果。如，在中心的引导下，指导 PL 幼儿园开展校内特殊儿童特教班到普通班的进阶式融合实践。

案例举隅 5-1-7　依托区级主题式教研活动，PY 学校进行转衔实践经验辐射

经过多年的探索，PY 学校围绕转衔实践，在衔接准备、人际衔接、学习方法衔接等方面形成了一些核心经验，在中心的引导下，对具体做法进行了提炼总结，并通过区级主题式教研活动进行经验辐射。做好随班就读学生的学习环境衔接。

核心经验 1：安排助学伙伴，提前做好衔接准备。中小转衔工作中，学校为每位随班就读学生安排一名有爱心、随班就读学生能够接纳的同学做助学伙伴，并教授助学伙伴辅导随读生的态度、方式、助学的方法等，让助学伙伴成为教师手臂的延伸。助学伙伴不仅能在学习上帮助随班就读学生，还能与他们成为朋友，帮助他们尽快顺利渡过小升初转衔的过渡阶段，适应初中的学习生活。

核心经验 2：安排小学同学同班，助推下学段人际衔接。通过全区特教会议上的中小衔接工作的经验交流，学校提前与下一学段对接，与对口中学合作，尽量安排和小学同学同班，让他们有一个熟悉的环境和熟悉的伙伴，缓解社会适应性弱的焦虑。

核心经验 3：开展上下学段经验分享，实现学习方法衔接。为了让随班就读学生能更快更好地适应普通中学的课程，学校老师把前期落实个别化教育中总结的宝贵经验，提前和下一学段老师进行对接分享。

四、实践成效

（一）促进了基地校融合教育质量的大幅提升

在区域的引导下，普特双赢更进一步推动了基地校融合文化的蓬勃发展，随班就读儿童升普率也上了一个新台阶，学校专业教师团队实现了从“几个”到“一群”的跨越式发展，基地校融合教育质量得到了大幅提升。如，Q 幼儿园先后获得全国优秀民办幼儿园、上海市文明单位、上海市规范化建设 5A 社会组织、上海市模范集体、全国“十一五”听力语言康复工作先进集体等荣誉称号。P 小学被评为“闵行区融合教育示范校”，参与了市级随班就读特设课程，还成为了闵行区“星空工作室”团队的主要成员。

（二）推动了区域正向融合文化生态和技术提升的良性循环

通过引导式区校联动模式的运行，区校联动、中心协调、以点带面，充分发挥融合文化佳学校的输出与辐射功能和听障指导中心的平台功能，开展了一场自上而下的“融合文化运动”，区域的整体融合文化雏形出现。其中 12 所实验校生态系统中对融合文化和随班就读听障儿童的接纳度、认识度，以及学校课程和文化中的支持度明显提升；围绕听障儿童特征和需求形成了 2 个班级文化营造的典型案例，教师在班级管理中，能够创造有利于融合文化的氛围，为随班就读顺利开展提供各种环境等的“软”支持。

（三）缓解了区域随班就读学校发展不均衡的突出问题

借助区域搭设的各类共享平台，区域幼儿园融合教育上了一个新台阶，入普率得到了极大提升，部分学校平均入普小率高达 97%。小学随班就读教育学校在基地校的带领下，文化和技术平均水平都得到了极大提升，随班就读学生回流率显著下降，自闭症儿童、脑瘫儿童等各类随班就读儿童都得到了极大发展，如故事《自闭症儿童求学样本：被上海一小学接纳，他和同学都学会关爱》在澎湃新闻、上海教育等多家媒体上报道，引起了社会上对特殊学生的关注。

（四）培养了一批专业的编外巡回指导教师

在中心的引导下，通过基地校自培，在学前融合教育领域、小学随班就读领域都储备了一批专业的编外巡回指导教师队伍，为区内薄弱校提供一对一指导、共建课程校本化指导等，为未来融合教育的进一步发展储备了必须的专业人才。

本节案例提供者：1. 上海闵行区启英幼儿园　张　颖
　　　　　　　　2. 闵行区平阳小学　周春蕾

第二节　介入式区校联动支持模式

部分学校由于开展融合教育实践起步晚，导致其对融合教育理念的理解还不够深入，加之师资力量专业性不足，故此类学校无论是在文化孵化，还是在课程建设与教学调整方面，都需要外部专业力量的介入。“介入式区校联动支持模式”主要针对此类学校。本节将在模式概述的基础上进一步阐述模式实施阶段，并以两所普通公办小学为例，阐述模式实践中的核心做法。

一、模式概述

该模式主要针对融合文化建设刚刚起步且融合技术支持较弱的普通学校，需在中心的介入下，重点从融合文化理念、班级文化经营等层面进一步提升学校的融合文化氛围，从教师初阶培训、IEP制定、课程策略指导等提升学校的融合技术支持；以中心为主，学校为辅，协同提升随班就读质量。

如表5-2-1所示，普通学校的融合文化建设刚刚起步，可由中心搭建平台，从融合文化建设已卓有成效的学校学习成功的经验和做法；在学习的基础上，中心组织学校开展融合文化的理念培训，让融合教育的理念深入、走进每一位教职工的心中，建立共同的融合教育愿景。随班就读学生真实地生活在学校的班级中，中心可以通过进班指导的方式，由巡回指导教师手把手指导班主任、任课老师逐步为随班就读学生营造具有安全感、价值感和归属感、充满自由和喜悦的班级融合环境。

在融合技术支持层面，中心和相关专业团队为其提供“随班就读教师初阶培训”，帮助班主任、学科教师和资源教师掌握推动随班就读工作日常运作的基本知识和技

表 5-2-1　介入式区校联动支持模式概况

<table>
<tr><td>学校现状</td><td colspan="5">1. 融化文化：学校初步推动了融合文化建设
2. 技术支持：学校听障儿童随班就读融合技术支持能力较弱</td></tr>
<tr><td>支持模式</td><td colspan="5">“介入式”区校联动支持模式</td></tr>
<tr><td colspan="6">如何支持</td></tr>
<tr><td rowspan="7">区校联动</td><td colspan="2">支持内容</td><td>支持方式</td><td>实施主体</td><td>联动机制</td></tr>
<tr><td rowspan="3">文化</td><td>搭建融合文化学习平台</td><td>协调组织</td><td>中心、学校</td><td rowspan="3">融合文化推动、联校辐射和结对机制</td></tr>
<tr><td>融合文化理念培训</td><td>培训</td><td>中心、学校</td></tr>
<tr><td>班级文化营造</td><td>进班指导</td><td>中心、学校</td></tr>
<tr><td rowspan="3">技术</td><td>教师初阶培训</td><td>培训</td><td>中心、专业服务人员</td><td rowspan="3">随班就读教师分级培训交流机制</td></tr>
<tr><td>指导 IEP 制定</td><td>跟进指导</td><td>中心、特教教师</td></tr>
<tr><td>课程与教学调整策略指导</td><td>指导</td><td>中心、学校</td></tr>
</table>

能，联合特殊教育教师，巡回指导老师，协同学校的老师，实时跟进指导 IEP 的制定，指导学科教师根据学生的需要进行课程与教学调整策略的指导，适应随班就读学生的个别差异，提升其融合教育的实施成效。

二、实施阶段

该模式的运作包括三个阶段（见图 5-2-1）：

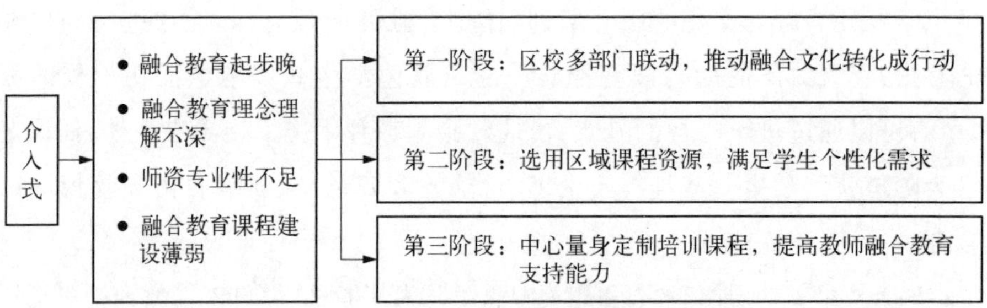

图 5-2-1　介入式区校联动支持模式实施阶段

第一阶段：区校多部门联动，推动融合文化转化成行动。在中心的指导下，学校根据行政部门出台的相关文件，完善学校随班就读工作管理机制，将各类人员岗位职责、融合教育工作制度、管理制度、康复评估制度等分级细化。中心牵头将介入式学校和发挥辐射引领作用的学校结对成为互助姐妹校，通过结对学习，将辐射学校的一些成功做法移植到此类学校。同时，中心为学校提供融合文化理念培训和指导，将“尊重、接纳、互助”的融合文化理念纳入师生行为规范中。融合文化的落地一定要有抓手，而中心需要根据学校实际选择不同抓手。**第二阶段：选用区域课程资源，满足学生个性化需求。**区域课程的具体实施分两种形式，一种是由中心老师组织报名并负责实施，另一种是由中心老师手把手指导学校老师实施。学校根据随班就读学生的具体情况，在学校无法为其提供适宜课程的情况下，选择中心提供的课程，以团队模式为依托，通过课程在日常教学中的应用，为学校提供适宜的课程资源。**第三阶段：中心量身定制培训课程，提高教师融合教育支持能力。**根据学校的实际需求，中心和相关专业团队为其量身定制“随班就读教师培训课程”，包括新生入学支持策略、心智理论及策略解读、听障随班就读儿童 IEP 制定、问题行为应对策略等专题，以帮助班主任、学科教师和资源教师掌握推动随班就读工作日常运作的基本知识和技能。

三、实践做法

在区校联动实践中，逐步形成了一些该模式运作的有效做法，下面以 Q 小学和 H 小学为例介绍。Q 小学迄今为止，共对 12 名随班就读学生开展了融合教育，对“融合教育”的认识有一定基础，整个校园融合教育的氛围与文化基础较好，学校领导、教师及学生对随班就读儿童的接纳程度高，但迫切地希望得到专业、技术上的支持。H 小学随班就读工作始于 2011 年，逐步形成了“爱无痕，爱有声”的融合教育理念，但参与随班就读工作的教师专业化发展程度还不够高，特殊教育师资力量薄弱，学生个性化课程设计还不完善，随班就读的家校合作欠佳，影响了学生的发展。

（一）内化理解，支持营造学校及班级融合文化

区域通过理念培训、沟通交流等方式，搭建融合文化学习平台，提供融合文化理念培训，学校通过培训认识文化、通过理解内化文化，通过创新优化文化，切实推动学校

整体及班级的融合文化建设。

案例举隅 5-2-1　H 学校“爱无痕,爱有声”的学校融合文化的创建

H 学校在区中心的介入支持下,针对随班就读工作进行了一系列的调整,结合实际行动,延续着原先“大爱无痕”的随班就读工作理念,并深化为“爱无痕,爱有声”的融合文化理念,即:教师、家长、普通学生随时对随班就读学生进行无痕关注,随班就读学生在师生、家长、社会的关爱下健康成长,个性化发展,绽放自身光芒。

核心经验 1:以“双师制”为抓手,营造关爱无痕的良好氛围。通过多年的探索和实践,H 学校构建了双师制家校共育模式,校内教师根据随班就读学生个人情况制定学习目标,家长需要跟进指导孩子学习相关内容并进行作业评价。如针对听障儿童 XHT 开展绘本故事学习,课前教师设计提纲给家长,家长进入预习环节,课中建立良好学习氛围,调动学习积极性,课后教师发布朗读任务,并为家长设计朗读评价表,家长和老师及时沟通,通过双师制家校合作模式,力求及时、细致地关注随班就读学生,助力学生健康成长。

核心经验 2:社会助力,丰富学校融合文化。H 学校充分运用社会资源开展融合教育。如针对听障儿童 XHT 喜好小猫这一特点,学校与附近的几家猫咖店一一取得联系,选择最适合 XHT 的猫咖店,与家长确定活动时间与地点,并共同设计本次课程活动的“探究任务单”。家长通过任务单提前做好出行前的准备,与孩子进行沟通交流。学校负责老师请猫咖店的员工提前为 XHT 创设环境,为孩子预留简单的任务如:倒猫粮、添水等。在活动中,XHT 主动与店员进行交流,讨论照顾小猫的办法。活动结束后,XHT 和家长根据教师提前制定的评价维度,分别对本次活动的表现进行了自我评价。回到学校后,XHT 也迫不及待地在班里与同伴们分享交流。内外资源的融合、有效利用,有效帮助随班就读儿童走入社会、提升其适应力。

案例举隅 5-2-2　Q 学校“接纳-认同”的班集体融合文化的建设

班级是随班就读学生最主要的活动场所，是个体不断传递信息流（认知流、情感流、道德流等）的最有效时空。德国社会心理学家勒温说过：孩子所处的环境、社会氛围与孩子所呼吸的空气一样重要。因此，Q 学校以“班级融合文化的建设”为主，促进随班就读儿童的“心理”融合。

核心经验 1：加强班级融合文化建设，促进班集体情感上的融合。班级文化建设首先是创建一个平等的环境，越是特别对待，越容易引起随班就读儿童的焦虑，需要班主任老师的正确引导。如班主任为听障儿童 LRQ 开展了“小眼睛和小耳朵”的班会课，以小眼睛和小耳朵的生动比喻，通过身边戴眼镜的学生和戴助听器的学生的对比，告诉学生大家都只是借助工具来进行学习，小眼睛是为了更清晰地看事物，小耳朵是为了更清晰地听声音，同时结合爱眼日、爱耳日等活动组织大家讨论，班级逐渐形成了平等友爱的氛围，促进了集体情感上的融合。

核心经验 2：开展班级活动文化建设，促进同伴间交往上的融合。班主任通过谈心，了解到 LRQ 内心深处非常向往社交，但从行为和结果反馈出来形影孤单、焦虑、矛盾又敏感、渴望向上而又缺乏动力的状态。班主任徐老师大胆安排 LRQ 同学参与区级队风纪比赛、参与四年级三天两夜的外出社会实践、参与校红领巾电视台主持活动，在活动中教师与同学给予他帮助、包容、鼓励，让他在活动中历练、成长。

（二）共享借鉴，协助建设适合发展的校本课程

为更好支持学校工作，区域通过共建方式为学校提供了课程资源菜单，主要包含转衔、读绘、康复与艺术四大板块。学校可针对学生的具体情况，选择合适的课程资源加以应用。此外，学校也可在区域课程资源的支持下，创造性地建设适合学生个性发展的校本课程资源。

案例举隅 5-2-3　H学校“行走在七彩之路”随班就读特设课程建设

选择参与区域课程　起步阶段，H学校选用区域课程资源，满足学生个性化需求。如针对XHT存在社交困难的问题，在学校无法为其提供适宜课程的情况下，XHT每周六参与中心提供的“社交团建”课程，在团队中XHT通过和他人游戏互动模拟社交场景，尝试理解规则、体验情感、表达自我，从情绪的识别和表达能力、社交技能的灵活运用等方面，帮助其学会了正确的社交技能和快速有效的沟通技能。

构建特设课程目标体系　此后，学校在和姐妹校互动中，学习到了对方学校在进行校本化特设课程的经验，H学校基于实际情况，设计了“行走在七彩之路”随班就读特设课程目标，旨在帮助诸如XHT这样的特殊儿童通过走出教室、走出学校的形式，参与到各种有指向的主题类活动课程中，引导学生在玩和体验中思考、学习，提升个人主动交流与其社会适应力，其具体架构和每项主题对应目标如下所示（见图5-2-2）：

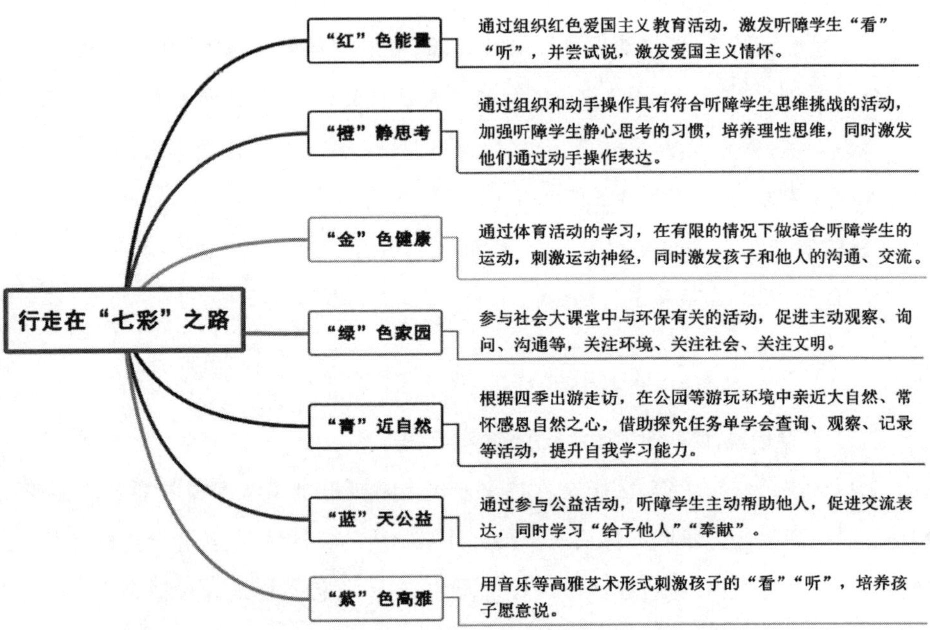

图5-2-2　“行走在‘七彩’之路”课程目标框架图

设计一人一课表 在课程体系的支持下，设计了XHT同学的课表（见表5－2－2）：

表5－2－2 XHT四上课程表

	时间	周一	周二	周三	周四	周五
升旗、广播操	8:15—8:35	升旗 广播操				
第一节	8:40—9:15	语文	数学	英语	英语	语文
第二节	9:27—10:02	数学	美术	体育	语文	数学
第三节（眼保健操）	10:14—10:54	体育	英语	数学	紫色课程	英语
第四节	11:06—11:41	英语	体育	语文	音乐	劳技
午餐、午休	11:45—12:40	午餐 午休				
午会课	12:40—12:55	蓝色课程	红领巾广播	行规教育	快乐队会	健康/心理教育
第五节（室内操）	13:00—13:40	道法	语文	音乐	数学	道法
第六节（眼保健操）	13:52—14:32	体育	橙色课程	写字	道法	金色课程
体育大活动	14:32—14:47	体育大活动				
第七节（社团及自习）	14:47—15:22	少先队活动课	橙色课程	绿色课程	体育	
第八节（社团及自习）	15:30—16:05	沟通个训				

说明：

1. 课表中的“七彩课程”是在学校原有公共课程的基础上，根据XHT的发展需求，做了个性化的设计与调整。在授课过程中，由志愿者老师和同伴提供辅助支持。
2. “青色课程”结合我校的快乐小队活动开展，每月一次安排在周末。
3. 每周一的社团课时间由资源教师对XHT进行沟通个训。

开展课程实施 结合少先队主题活动课程，教师为XHT设计了以“童心向党”为主题的一大会址红色研学活动。在活动开展前，根据XHT提升社会交往能力的需求，教师把活动目标聚焦在同伴交往上。同时力求通过经常性的沟通交流，帮助 XHT 能够吐字清晰、积极交流。活动前，教师根据 XHT 的个人意愿，匹配了 3 个活动伙伴；活动过程中，伙伴们提醒、介绍、复述相关内容，激发他的兴趣，促使他理解内容，他也不再羞涩，主动邀请同伴一起拍照留念。在第二天的班会课上，同学们对这次研学之行进行了热烈的交流，轮到 XHT 时，他一改往日发言时的紧张，大胆自信地向同学们介绍起这段历史。

(三) 组织培训，联动提升教师融合教育支持能力

此类学校教师融合教育支持能力较弱，需要区域提供系统的专业培训，当然，培训不仅是一种外在形式，更多的是教师对培训内容的内化、理解与应用。

案例举隅 5-2-4　　Q 学校教师培训的"三重奏"

一重奏：区域培训，认识理念。Q 学校针对听障儿童 LRQ 的情况，派班主任徐老师直接参与区级统一培训，这些课程内容涉及范围广、专业性强，对非专业教师而言，是一次全新的、深入的理念更新的过程，促进了非专业教师的专业化成长。

二重奏：内化学习，深化理解。徐老师在参与培训后，对融合理念有了初步的认识，结合 LRQ 的实际情况，对照所学内容，在校内开展了随班就读管理小组的再培训，并与学校随班就读管理小组的教师深度研讨，促使大家对 LRQ 的融合教育逐渐从单一的、物理空间上的认识走向多元，整个认识过程是一个在持续支持下的，循序渐进、不断深入的过程(见图 5-2-3)：

三重奏：技能实践，提升能力。在培训、理论学习的基础上，教师将在培训课程上习得的技能进行了理解与应用，在此过程中又进一步提升了专业能力。如班主任徐老师和任课教师在区域指导下，习得了多种评估方式，学会了通过"测评、课堂观察、交流"等方式，全面了解 LRQ 的学习能力；在区项目专家的指导下，根据小 Q 的情况，制定其追踪研究方案(见表 5-2-3)：

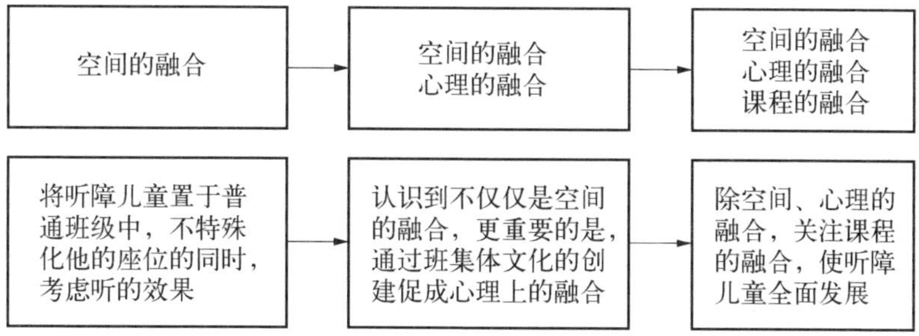

图 5－2－3　内化培训，深化理解

表 5－2－3　LRQ 评估结果和追踪研究方案

评估结果		
个案学习能力和沟通能力较好，但由于家长过于保护，导致学生社会性发展和听能管理能力等发展受限，需要有针对性地指导、听能设备等管理支持以及社会行为干预。		
追踪研究方案		
支持方式	普校+听障中心巡回指导教师走校（普特合作开发个性化课程）	
参与人员	班主任 & 心理教师	1. 合作制订个性化课表； 2. 合作制订并实施干预方案； 3. 做好日常表现记录。
	家长	配合班主任进行干预。
	听障中心	1. 选派特教教师一起合作制订个性化课表； 2. 普特分工进行干预； 3. 特教教师定期走校进入普校为学生和家长提供听能管理支持和指导，辅助完成个案研究报告。
研究方法	叙事研究法/单一被试实验法	
研究内容	关注点	提供家庭指导，听能管理支持和指导，以及社交干预。
	干预策略	1. 特教老师提供听能指导； 2. 编制家长访谈问卷； 3. 普特合作对家长进行指导； 4. 心理老师教授社交技能。

续 表

研究内容	记录工具	1. 干预实施前采集家庭教育的主要问题表单,学生"社交技能"发展得分情况; 2. 干预实施后采集,学生"社交技能"发展得分情况;可借鉴相关工具,班主任和家长配合特教老师进行评估
研究成果	听障儿童的发展个案报告	

此外,班主任徐老师在方案的基础上,和家长进行深入沟通后,确定了LRQ同学的个别化融合教育的阶段性教育计划(见表5-2-4):

表5-2-4 LRQ个别化融合教育阶段性教育计划

阶 段	方 式	主 题	具体措施	重 点
第一阶段	理念引领	我想成为最棒的自己	心理介入 沟通聊天 班会课	心理融合
第二阶段	实践尝试	我要成为最棒的自己	班级小干部工作 红领巾电视台 课程融合	文化融合
第三阶段	修正挑战	我就是最棒的自己	各类比赛 学生自我评价 他人评价	同伴介入

此外,学校在区域的介入下获得了启发,在了解"影子教师"的定义与作用后,学校老师和孩子们也纷纷实践了起来。如在音乐课上,班主任徐老师就化身为影子老师,陪伴着LRQ音乐课的学习。首先从座位上给他进行了一个调整,把他安排在第一排前面,离音箱最近,让他能够获得一个最佳的视听条件。老师在他旁边帮他打拍子,不断鼓励他唱出来;又如在是否参与拓展课—游泳课时,小Q妈妈极力反对,可是孩子很想学,经过几次沟通,妈妈终于答应试试看。于是,徐老师指导班级同学化身影子小助手们,帮助LRQ参与游泳课程。

由此可见，在区域介入下，由于理念的深化、课程的应用、技能的习得，融合教育真正在学校落地，教师们有理念支撑、有课程资源可选，有技术可用，融合教育效益得以体现。

四、实践成效

（一）提升了介入学校融合教育品质

通过介入式区校联动模式的运行，促使了学校在原有做法上不断梳理总结，依托从外部培训到内部再培训的转化机制，完善学校特教管理制度与方案，形成了从计划、日常实施到定期总结，从每月评价到综合考核的一系列制度保障，将随班就读工作纳入教师考核，有效激励与保障了教师参与的积极性，促进了良性运转。H 学校立项了“行为动力理论支持下的听障随班就读学生家校合作模式的个案研究”“融合教育背景下小学主题活动课程设计和实施的实践研究”等课题，通过特设课程的研究，在区域支持下进一步借助课程帮助特殊儿童发展。

学校融合教育品质的提升加速了随班就读儿童的发展。Q 学校 LRQ 学生获得了上海市听力障碍儿童长征诗歌朗诵比赛个人二等奖、团体三等奖，他是主要朗诵者。闵行区第一届队风纪比赛一等奖，他的位置是旗手。闵行区垃圾分类金点子一等奖，他是主要参与者，他顺利升入家门口中学，后续发展良好。

（二）丰富了介入学校融合课程资源

学校在区中心的介入支持下，针对随班就读工作进行了课程资源配置等一系列调整，如 H 学校基于基础课程和校本课程，为随班就读学生创设了行走的课程，致力于让课程以学生喜欢的活动形式参与，增强随班就读学生的操作和体验，配备资源教师和志愿者学生，让每一位随班就读学生在每一次活动中得到个性化发展。

（三）发展了介入学校教师融合教育支持能力

在介入式区校联动模式的支持下，教师融合教育专业能力得到显著提升。如 Q 学校之前一直没有专门的特教分管，在区域介入指导下，无论是理念还是行动上，Q 学校的徐老师成长迅速，先后被评为闵行区第十四届特殊教育先进个人、区优秀中队辅导员、上海市第十四届金爱心教师评选二等奖，撰写的案例《一个都不少》获得区德育案例二等奖。不仅如此，她还带教年轻教师，使其成为分校区特教分管，学校特教教师队伍不断壮大,专业水平不断提升。

HQ学校的“水滴精神”凝聚教师队伍,形成教师严谨的教风、学生良好的学风。通过对随班就读工作的研究,进一步开展“二凝聚”工程,增强教师的凝聚力。目标凝聚——明确随班就读学生发展目标,使教师围绕随班就读生发展目标的实现而给予关爱;感情凝聚——确立以人为本的管理机制,通过专业的培训,帮助教师展开对随班就读的深入了解,从内心接纳特殊儿童。同时,老师们借助正在进行的两个课题提升对融合教育的研究,使随班就读学生的发展在中心的引导下,通过基地校自培,在学前融合教育领域、小学随班就读领域都储备了一批专业的编外巡回指导教师队伍,为区内薄弱校提供一对一指导、共建课程校本化指导等,为未来融合教育的进一步发展储备了必需的专业人才。

本节案例提供者:1. 上海中医药大学附属闵行蔷薇小学　彭　盼
2. 闵行区虹桥中心小学　丁剑飞　王昕蔚

第三节　浸入式区校联动支持模式

浸入式区校联动支持模式主要针对融合文化尚未推动和融合技术支持尚不具备的普通学校,随班就读儿童的融合程度普遍比较低,中心需完全浸入学校,手把手指导学校融合文化建设、实施。本节将主要阐述模式实践中由中心浸入干预下涉及的“融合困难”类儿童随班就读改善情况。

一、模式概述

区域内部分学校由于地理位置身处城郊,对融合文化没有形成基本的认识,加之本身底子薄,整体师资力量不足,此类学校无论是在融合文化理念形成,还是在家校矛盾缓解、课程建设与教学调整等方面,都需要行政和外部专业力量的强力支持(见表5-3-1)。

在该模式中,学校领导层及教师层对融合教育没有形成基本的认识,对融合困难的听障儿童有较强的畏难和抵触情绪。因此,中心需入校与管理层展开沟通宣讲,统计学校的实际困难,敲开学校融合文化之门,组织学校开展融合文化的理念培训,让每位教职工认识到融合教育开展的重要性和必要性。在中心牵头下搭建1对1互助平台,牵手融合文化卓有成效的学校,成立带教机制,手把手推动其融合文化的建设。在融合技术支持层面,中心和相关专业团队为其班主任、学科教师和资源教师普及基本知识和技能;联合特殊教育教师、巡回指导老师,通过现场指导的形式,带领学校老师开展IEP的制定。该模式以中心为主,完全浸入学校,初步构建学校融合文化,同时把外部专业支持引入学校,以解决“巡回指导老师走不进去”“老师不愿意接受听障生”“家校矛盾突出”等问题。

表 5－3－1　浸入式区校联动支持模式概况

<table>
<tr><td>学校现状</td><td colspan="5">1. 融合文化：学校对融合教育没有形成共识，文化尚未建立
2. 技术支持：学校基本不具备融合技术支持</td></tr>
<tr><td>支持模式</td><td colspan="5">“浸入式”区校联动支持模式</td></tr>
<tr><td colspan="6">如何支持</td></tr>
<tr><td rowspan="8">区校联动</td><td colspan="2">支持内容</td><td>支持方式</td><td>实施主体</td><td>联动机制</td></tr>
<tr><td rowspan="3">文化</td><td>敲开学校融合文化之门</td><td>沟通宣讲</td><td>中心、学校</td><td rowspan="3">融合文化推动、联校辐射和结对机制</td></tr>
<tr><td>融合文化理念培训</td><td>培训</td><td>中心、专业服务人员</td></tr>
<tr><td>搭建 1 对 1 互助平台</td><td>协调、组织</td><td>中心、学校</td></tr>
<tr><td rowspan="4">技术</td><td>教师入门培训</td><td>培训</td><td>中心、专业服务人员</td><td>随班就读教师分级培训交流机制</td></tr>
<tr><td>亲师沟通指导</td><td>现场</td><td>中心、学校</td><td rowspan="3">随班就读教师工作职责</td></tr>
<tr><td>带领 IEP 制定</td><td>现场指导</td><td>学校、中心、特教教师</td></tr>
<tr><td>儿童联动支持</td><td>影子教师进班指导、课程支持</td><td>中心、专业服务人员、学校</td></tr>
</table>

二、实施阶段

该模式的运作包括三个阶段，**第一阶段：行政主管部门干预，增进多方沟通效能。**该模式首先要解决“走进去”的问题，针对实施个性化课程中遇到的专业人员无法进校的问题，上报行政主管部门，教育局主管部门组织中心老师、学校校长、学生班主任和学科教师、家长召开多方协调会议，通过多方协调最后解决进不去的问题。实践证实，行政部门的干预需提前到问题发生前，这是该模式运作成败的关键。**第二阶段：建立合作伙伴机制，叩开融合文化之门。**融合文化的改变需要制度的保障。浸入式模式下，由中心牵头，为融合文化不佳类学校与辐射引领校建立 1 对 1 合作伙伴关系，成立带教机制，以“全浸入”的方式深入到学校中，通过同理困难的方式，既设身处地同理学校管理工作中的困难，同时向学校宣传理解和重视融合教育的必要性，推动其融合文化建设。**第三阶段：中心手把手指导，全程参与课程设置与实施。**中心基于儿童评估结果，与学校老师联合设计个性化课表，协调区域内的课程资源和师资力量，以落实个性化课表（见图 5－3－1）：

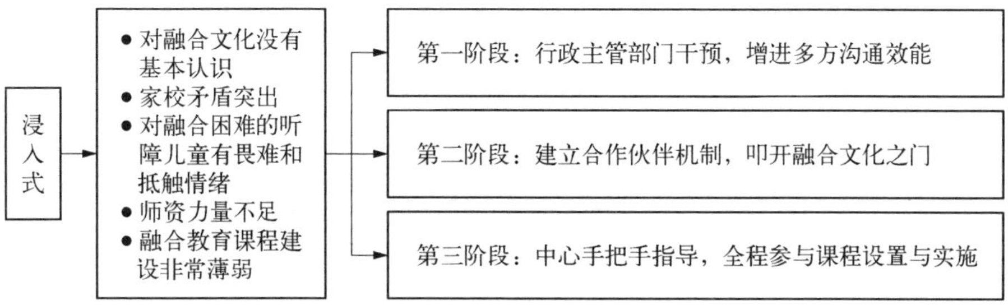

图 5－3－1　浸入式区校联动支持模式实施阶段

三、实践做法

下面以 L 校和 J 校为例介绍浸入式区校联动支持模式的实践做法。L 校和 J 校分别是只有二十年、十余年办校史的普通公办年轻学校，L 校应届仅有 1—2 名随班就读儿童，J 校 2017 学年才第一次接收随班就读儿童，两校个案数量稀少，随班就读教育时间短，实践经验匮乏，随班就读学生（后简称“随生”）的教育考虑生命、认知、行为三个维度，仅保障“安全、基础、自理”的基本教育目标，基本没有形成系统的校园融合文化。

（一）制度创建从无到有，细化随生发展目标

随生根据类型的不同一般具有不同程度的认知能力、行为能力问题，在教学中很难受到老师的重视和关注，教师可能认为对随生的教育投入精力大，收益小，教育积极性不高。在普校，随生的教育除了依靠教师课堂上的少量关注，更多依赖于家长陪读的辅助作用。建立完善的教育制度，制定激励机制，有利于规范普校教师的随班就读教育行为，提高教育教学积极性。

案例举隅 5－3－1　L 校随班就读制度建设实践

中心干预的第一步，是帮助学校成立一套保障随生教育质量的基本制度，并从教育目标的远景性和阶段性角度细化学校对随生的教育目标，改变原来教育目标缺乏社会理想的弊病，使随生的教育质量向社会性、人文性、实用性靠拢。

核心经验 1：纳入项目研究体系，指导工作制度建设

2015 学年，L 校首次接收听障类随班就读儿童。

2019 学年，中心邀请 L 校参加闵行区《提升 3—15 岁听障儿童随班就读质量的区域支持系统研究》项目，这是 L 校初次参加随班就读类课题研究项目。

同时，中心指导 L 校进行随班就读管理工作制度建设，包括《L 校随班就读管理制度和考核方案》《L 校随班就读工作制度》《L 校随班就读教研制度》等等。

核心经验 2：创设教育目标远景，细化随生发展目标

在制度规范的作用下，中心发挥融合文化影响力，与 L 校随班就读教师一起研究，提出让随生接受符合自身发展需求的教育，并重新确立“随生”的发展目标：

(1) 注重“随生”健康人格的培养；

(2) 注重“随生”心理问题的疏导；

(3) 帮助“随生”融入集体之中；

(4) 鼓励“随生”参与学校的各项活动；

(5) 激发“随生”的学习兴趣；

(6) 挖掘“随生”潜能，培养一技之长；

(7) 提供社会实践活动的机会，促进“随生”的社会化发展。

核心经验 3：搭建融合教育模型，形成协同合力教育

中心对 L 校的融合教育质量进行评估，引入“校园融合文化建设、班级融合文化经营”等概念，从技术支持层面提出“校长支持力、课程执行力、教师胜任力”三项指标。在理念的融入下，L 校摒弃随班就读融合教育由班主任孤军奋战的局面，形成以区域专业指导为主，学校、班主任、班级、听障儿童及家长协同实施的合力教育，建立起“浸入式”区校联动支持下的听障儿童融合教育模型(见图5－3－2)：

图5－3－2　浸入式区校联动支持下的随班就读儿童融合教育模型

说明：生本定制课程：由学生作为课程开发者所定制的学生个性化课程。
班本定制课程：由每班老师、学生、家长一起作为课程开发所定制的班级个性化课程。
校本定制课程：由学校老师、社会专业人士作为开发者所定制的校本课程。

(二)课程创建从零到一，教科结合以点带面

有了制度的保障，目标的引领，学校接下来欠缺的正是基于随生需求设立的课程和教师对课程的落实。这类学校普遍个案数量稀少，想打造像示范引领校一样系统的随班就读课程、建设丰富的资源教室、培训专有资源教师显然不切实际。按照教育资源利用最大化，资源教室建设动态性、阶段性、辅助性原则，先借助校本特色，挖掘学校现有的教育资源，是保证随班就读课程建设及时、有效的思路。再结合一部分特设课程，就能解决课程建设的燃眉之急。

案例举隅 5-3-2　基于 BYOD[1] 教科研实践的听障儿童融合教育

L 校是上海市闵行区电子书包 BYOD 模式探索的第一所学校，致力于 Pad 教学实验，进行大数据时代的“云教育”探索。课程培训阶段中，第二听障指导中心 C 主任和带教学校资源教师 Y 老师入校访谈指导，访谈中 L 校课程部主任提出了学校目前随班就读个案不足、零融合文化建设、零资源教室、零资源教师、零融合课程开发的困境。观摩了学校的校本课程建设后，C 主任提出了“通达性校本课程”建设的实施意见：“你们学校有这么丰富的 BYOD 资源，有没有想过利用现有的资源来搭建随班就读课程？”这句话给了课程部启示。在 BYOD 课程资源搭建过程中，把随班就读儿童考虑在内，减少校本课程实施中教师针对随生个人调整的幅度，即达成校本课程对随班就读儿童的“通达性”。访谈过后，L 校决定借助“云教育”优势，将 BYOD 教学技术与融合教育发展相结合，推动融合教育在 BYOD 背景下的课程实施探索、研究和实践。

核心经验 1：协同制定 IEP[2]，主导课程关注点

L 校听障儿童 XQ（化名），男，参与“提升 3—15 岁听障儿童随班就读质量的区域支持系统研究”项目时就读 L 校四年级，身高 1.38m，体重 32kg，左右耳听力损失各 60 分贝，双耳佩戴助听器，依照国际标准化组织 ISO、世界卫生组织 WHO 和国际伤残人奥运会制定的听力障碍标准，祺祺属于**中重度听力障碍**。

中心为 XQ 提供免费综合评估，评估反映 XQ 获得的社会性主观评价和客观发展水平、家校主观期待和学生客观能力之间有明显落差。XQ 的学业能力优秀，个别化教育主要应该围绕提升同伴交往技能、提高社交沟通能力开展。

根据评估结果，中心开发了每周一次的社交团建课程，接收区域层面与 XQ 同类型的儿童及其家长们为第一批团建课程学员，解决“融合不佳类”听

1 BYOD 即“自带设备”（Bring Your Own Device），是指一种教育服务信息模式，即学校允许师生自带个人移动终端（手机、Pad、Tablet PC 等）进入课堂并以此参与课堂教学与学习的技术应用模式。
2 IEP 即“个别化教育计划”（Individualized Education Program）。

障儿童社交困难。同时,区域为L校提供了系列培训课程,包括《个别化服务计划——ISP的制定和实施》《正向行为支持策略》《同伴介入策略》《心智解读策略概述》和《新生入学支持策略》等,将社交团建精神浸入校园,指导学校制定XQ的个别化教育计划,将L校已有的普生成熟课程体系——校本"行走课程"、班本"家长讲堂"、生本"云宝讲堂"熔炉再造。经过学校和区域的联合研究,结合与家长的深度沟通,中心建议L校围绕"沟通技能、社会适应、言语表达"三个关注点,制定XQ的个别化教育计划(见图5-3-3)。

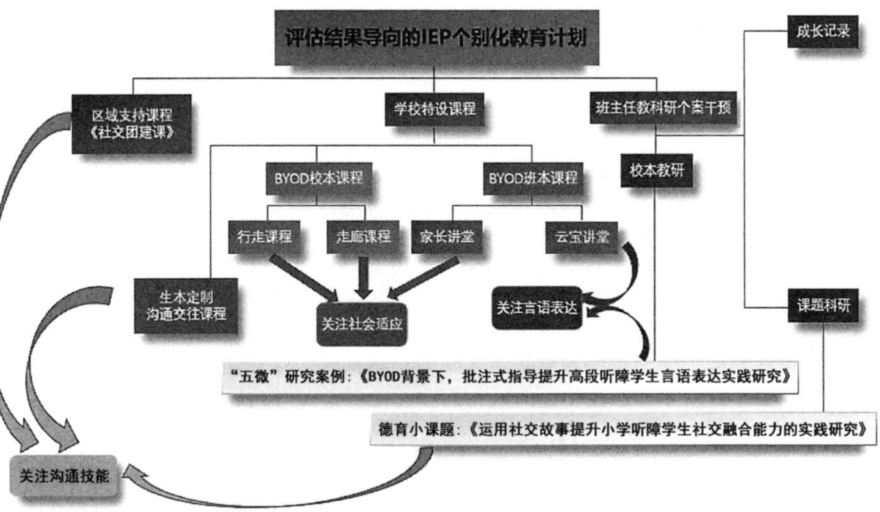

图5-3-3 评估结果导向的IEP个别化教育计划

核心经验2:教研科研相结合,五微研究促融合

此类学校个案数量稀少,有随班就读带班经验的教师不多,既然开发了符合随生需求的课程,也制定了教学目标,将随班就读教研过程与科研相结合,所取得的研究成果在校级层面分享,对于学校随班就读教学经验的推广有莫大的帮助。"五微"研究是L校围绕"教学五环节",规范教学行为,促进课堂教学改革,全面提高教学质量的校本教研新形式,研究过程包括"微研究、微讲坛、微课堂、微创新、微评价"五个环节,研究切入点小,研究实效性强。在中心的提示下,班主任C老师以提高XQ的言语表达为目标,采用批注式指导的教学方法，设计了“BYOD背景下，批注式指导提升高段听障学生言语表达的实践研究”的“微研究”案例，并在校“微论坛”上分享自己的成果。

【分享举隅】批注式指导下的习作修改

XQ喜欢重复性的事物，在表达上关注自我意愿多于同伴需求，表现在语文学科习作上，容易犯语句重复啰嗦、表达内容跳跃、主旨不明确的毛病。观察教师对XQ的习作批注指导，也能发现这一点。批注最多的要求是“删去重复的或不必要的内容”（见图5－3－4）：

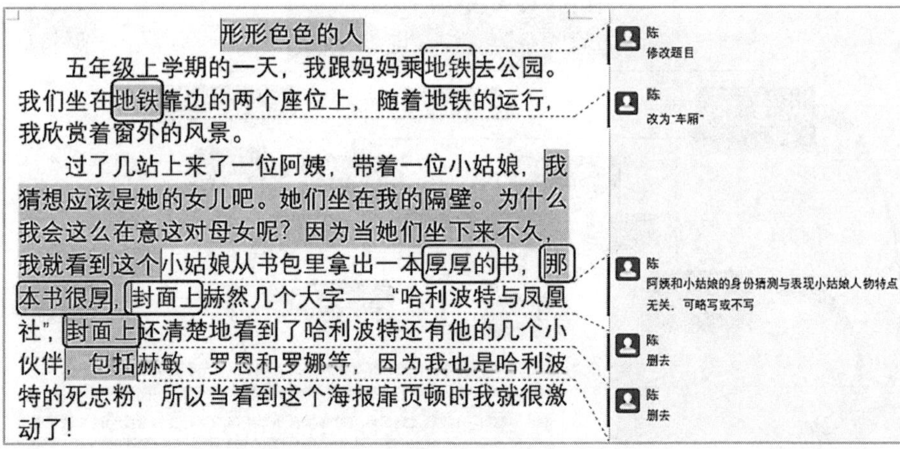

形形色色的人

五年级上学期的一天，我跟妈妈乘地铁去公园。我们坐在地铁靠边的两个座位上，随着地铁的运行，我欣赏着窗外的风景。

过了几站上来了一位阿姨，带着一位小姑娘，我猜想应该是她的女儿吧。她们坐在我的隔壁。为什么我会这么在意这对母女呢？因为当她们坐下来不久，我就看到这个小姑娘从书包里拿出一本厚厚的书，那本书很厚，封面上赫然几个大字——“哈利波特与凤凰社”，封面上还清楚地看到了哈利波特还有他的几个小伙伴，包括赫敏、罗恩和罗娜等，因为我也是哈利波特的死忠粉，所以当看到这个海报扉页顿时我就很激动了！

图5－3－4 “五微”研究中XQ的习作批注示例

（三）带教团队浸入指导，技术培训以老带新

“师徒带教”制度是普校教师非常熟悉的教研制度，普校有学科上的师徒带教，也有班主任德育工作的师徒带教。带教制度能充分发挥经验丰富教师的示范作用，给新教师找路子、压担子，促进新教师快速成长，也适用于校与校之间的帮教引领。随班就读教育有其特殊性，因随班就读儿童类型的不同，需要教师掌握切实的相关专业知识。以中心牵头搭建“1对1互助平台”，将一星学校与区域内融合文化卓有成效的学校牵手合作，由引领校手把手带教进行指导，通过实现融合文化带教机制，以老带新，推动一星学校融合文化的建设。

案例举隅 5-3-3 跟岗带教制度

中心选定区域两所融合文化优秀校 M 校和 Q 校，牵头将 M 校与 J 校，L 校与 Q 校分别成立 1V1 合作伙伴。在中心浸入指导的同时，优秀校有丰富随班就读工作经验的老师为带教老师，浸入校随班就读老师为跟岗教师。在带教制度下，每周一次，或由跟岗教师进入带教校跟岗学习，或由带教教师进入跟岗学校听课指导。

核心经验 1：入门培训细解读，教研能力促成长

中心提供的"随班就读入门培训"是针对融合技术薄弱学校的初阶培训，它能够帮助普校教师了解针对随班就读儿童专业知识中的通识常识，比如听障类儿童助听器的使用与维护、随班就读儿童的身心发展特点等，帮助普校教师建立扎实的基础。正确的课程解读是课程实施的基础，并且不同的解读也会使课程实施显现不同的特点。带教老师基于中心的入门培训课程，帮助跟岗教师结合班级随生情况，细致解读各培训课程，理清各门培训课程的目的。同时带教老师继续深入跟岗老师班级教学中，以听课、评课、研讨等活动，实时指导支持跟岗老师，如何在课堂中进行有效的师生沟通，如何运用同伴支持、正向行为支持等手段，提高"融合困难类"儿童在班级中的学习效果(见表 5-3-2)：

表 5-3-2　随班就读入门培训主题及目的解读

培训主题	培训目的
新生入学支持策略	了解听障儿童的个性特点，帮助其顺利完成幼小衔接 了解助听器工作原理，学会正确使用无线调频设备
心智理论及策略解读	了解心智理论及其特点 学会如何利用心智理论为随班就读儿童提供支持
听障随班就读儿童 IEP 制定	了解 IEP 的意义、内容、流程、格式，提高评估、设计及监控特殊儿童
问题行为应对策略	学会收集个案行为资料，利用正向行为支持，减少问题行为，建立良好的行为
融合同伴支持策略	学会如何选择"融合小天使"给予同伴支持；营造接纳环境氛围，提高融合技能的应用

核心经验 2：家校矛盾巧化解，带班技巧促和谐

“融合困难类”儿童除了面临学校融合文化和技术支持薄弱以外，还可能遭遇家校理念冲突、家长间的排斥冲突。比如 J 校随生 H 生的父母之前与学校就其安置方式产生了巨大分歧，由于学校和家长各执己见，无法调和矛盾。中心以第三方的身份介入，协调双方矛盾，统合并给出供参考的整改意见，让学校和家长都能满意。又有 L 校随生 CDH 家长因孩子多动，在课堂上拍打其他学生，造成家长间在班级群爆发言语冲突，CDH 的班主任 Z 老师是名新教师，从未处理过如此激烈的家长矛盾，一时一筹莫展。在带教老师的指导下，Z 老师首先在班级群重申群纪律和群公约，平息班级群争执，避免负面情绪在班中扩散。同时分别联系冲突双方家长协调矛盾。冲突的发生源于信息的不对称，普生家长夸大臆想了随生的“调皮”，Z 老师将随生的优点、部分刻板行为和进步情况充分与普生家长分享，晓之以情、动之以理，取得普生家长的谅解，同时与随生家长针对该随生上课打扰他人的行为制定下一步教育措施，为随生家长申请三天的试陪读，供了解情况，家校共育。下一步带教老师为 Z 老师制定了针对随生的表扬性评价语录，强调表扬的公开性和仪式感，表扬随生的同时应称赞、感谢班集体对随生的鼓励和接纳，激发普生对随生的同理心、认同感。

（四）个案研究集思广益，个训课程百花齐放

浸入式模式下，儿童个体发展非常依赖课程的具体实施，部分随班就读儿童还需要“影子教师”支持。教师对随生开展丰富的个案研究有助于教师采取更适切的教育方法，中心为学校提供个案研究分析的技术支持和研究工具，随班就读教师通过观察随生的外显行为，形成叙事性案例报告或数据型分析报告，能从中心获得更针对性的指导。同时在课程开发和实施中，借助中心专家组的意见，能有效挖掘原有校本课程中适用于随生的内容。

案例举隅 5-3-4 社交故事教育法

在区域培训中，C 老师交流了随生教育中的一些困惑，交流中，区域专家介绍了“社交故事”的融合教育方法。社交故事是美国孤独症专家卡罗尔·格雷于 1991 年所提出的教学策略，也被美国孤独症中心认定为已有数据支持的成熟方法，针对于孤独症儿童核心问题之一——社交沟通障碍，项目组培训专家认为社交故事也可应用于听障儿童的社交融合教育。

专家的指导给 C 老师带来了灵感，C 老师申报了区德育小课题“运用社交故事提升小学听障学生社交融合能力的实践研究”，在研究中，基于《个案成长记录单》的分析，根据社交故事的编写原则，以一个个小故事的形式编写社交故事，在教学常态课、心理咨询课、班主任日常行规教育中，以多种形式和 XQ 一起读这些社交故事(见表 5-3-3)：

表 5-3-3 叙事类个案成长记录下编写的社交故事

月份	典型社交事件记录	干预方向
3 月	我的小集体“闹事帮”	同伴关系
4 月	听不见的“听写”	情绪管理
5 月	令人期待的“三日营”	家校支持
6 月	餐袋哪儿去了？	同伴关系
9 月	我跟着妈妈还是妈妈跟着我	亲子关系
10 月	我的“影子敌人”	同伴关系
11 月	让我的孩子不挑食	行为习惯
12 月	我爱奥数	同伴关系

案例举隅 5-3-5 线上“行规序列微课”提高社交理解

L 校行规序列微课是由师生共同演绎、拍摄、制作的短视频课程，课程以小品、案例、行规示范等形式，生动活泼地展现在家、在校、在社的社交礼仪，具有贴近学生生活、学习时间灵活、学习重点突出的优点。每周五,C老师通过BYOD学习终端Aiclass向随生推送一条行规微课,针对性设计几道简单的游戏练习,在练习中强化社交礼仪,达成“一次线上学习解决一项社交理解”的教学目标。

案例举隅5-3-6　班本UMU课程注入随生家长资源

UMU移动学习平台是一个面向手机和平板电脑的移动学习和教学互动平台。该平台能制作各种类型的微课,还能支持与实施翻转课堂,混合学习。

L校班本课程“家长讲堂”是线下家长进课堂与线上UMU互动结合的课程。听障儿童对家长讲堂课程参与度以兴趣为主,感兴趣的课程参与度高,不感兴趣的课程参与度低。学校引入XQ的妈妈作为家长讲堂的主讲人,挑选XQ喜爱的高科技材料探究为学习主题,设计了班本课程“尿不湿的秘密”。XQ妈妈以实验方式向同学们演示了尿不湿吸水材料——高分子吸水树脂的特点,妈妈的加入提高了XQ参与课程的主动性、积极性,班本课程起到链接听障儿童家庭与普生的作用,让听障学生像普生一样能在课程学习中融入、分享、收获。

案例举隅5-3-7　生本云宝讲堂课程锻炼言语动作

在校级班本课程“云宝讲堂”中,班主任鼓励XQ初次尝试以视频表演、语言结合动作的形式向校园推广小学生手指操。课程视频制作经历三次修改,结合了语文课文“手指”一课,将学科知识和手指操互相结合,宣传手指运动与人体健康的关系,同步锻炼听障儿童的手指小动作和言语表达结合能力。2020学年,XQ毕业升入六年级后,在第三届中小学生少代会中以“中小学生手指操的推广倡议”为议题改良了这个课程,提出的少代会议案获选校级优秀提案。

案例举隅 5-3-8 **“个别化训练+社交小组课”双管齐下**

J校随生HZZ的听觉语言能力评估结果显示：句子理解81.3%，句子复述75%，构音77.8%，短文理解75%，表明HZZ的听觉理解能力需要干预，尤其是长句和短文理解欠佳；构音低于同龄健听儿童水平，需立即干预。中心派遣个训老师以课堂观察形式，记录HZZ在个训和班级融合中的表现，根据分析结果定制功能性课程。

观察分析可得阻碍HZZ融合的因素主要有以下几点：受语音知觉限制常常听不清；缺乏总结概括能力，语言较为冗杂；语言表达练习机会少，语言的流畅性不够；对问题情境的上下文推理能力不佳，影响问题解决的质量，影响学习的速度。个训老师据此定制前期功能性课程针对HZZ听觉、言语、语言等方面的训练，着力提高听觉注意、提高短时记忆能力、加强故事叙述等语言表达能力、提高问题解决的外部表述、促进思维的整理。

例如提高短时记忆能力，通过听觉时间的增加(20 s—40 s—60 s)、记忆材料的扩大(5选4个字—5选4个词语—动物叫声80%)，从而提高短时记忆能力。短时记忆的提高，帮助HZZ加强课堂中获取碎片信息的能力，使其能够专注听讲、听懂提问进而回答问题。

由于HZZ缺乏社交技能，沟通能力有效但速度缓慢。在前期个训课程基础上跟进后期社交小组课，以团队模式为依托，通过游戏互动模拟社交场景，在“共同注意、社会互动、规则理解、语言”四个方面观察该儿童，引导其运用社交技能开展社会交往，理解规则、体验情感、表达自我。

四、实践成效

(一) 随班就读儿童综合发展水平显著提高

区域评估显示学生“同伴交往技能”发展得分显著提高，学校评估显示师生对被试儿童社交接纳度显著提高。课题组在干预前、干预后运用两个评价问卷，采用家长评、师评和伙伴评三种方式，对随生各维度社交融合能力进行评估。评价显示社交故事干预前后，师生对随生的社交融合能力评价显著提高，伙伴对随生的学业、活动、社交接纳度显著提高。在融合教育过程中，随生通过积极参与各项定制课程，积累了一系列校级、区级综合实践活动素材，锻炼了动手能力，提升了言语表达。如，某儿童先后获得多项校级、区级荣誉："中文自修杯"第五届上海市小学生"美丽汉字"征文第二轮活动四年级组优胜奖；"中文自修杯"第六届上海市小学生"美丽汉字"征文区级活动五年级组一等奖；第35届闵行区青少年科技创新大赛科技创意三等奖；2019学年校级校"自尊自强"美德好少年。

（二）家长融合教育意识逐步增强

区域社交团建课程是听障儿童家长打开融合文化大门的金钥匙。第一天参加团建课程之后，家长兴奋地告诉学校，在团建活动中认识了许多同类型孩子的家长，她仿佛找到了一面镜子，从这些儿童和家长的身上，看到了只注重学业、忽略融合教育所带来的严重后果。从专业指导老师、优秀听障儿童的家长身上学到的专业干预方法，仿佛打开了融合文化的宝箱。

（三）随班就读教师专业发展成果丰硕

在区域的支持下，学校教师通过项目实践，融合教育课程实施能力得到了极大提升。如，C老师通过项目积累了8篇叙事型教育案例素材，在此基础上展开的区德育小课题"运用社交故事提升小学听障学生社交融合能力的实践研究"获得了区一等奖，撰写的特殊教育课堂教学案例《"眼见为虚，耳听为实"——游戏化教学促进听障儿童听觉运用主动性的课堂实践》在2021年闵行区特殊教育学科课堂教学案例评比活动中获得二等奖。

本节案例提供者：1. 闵行区罗阳小学　陈海棠

2. 上海市闵行区启音学校　李燕珍

第四节　互融式区校联动支持模式

不同于“引、介、浸”三种支持模式，互融式区校联动支持模式支持对象为儿童个体，主要包括两大类，一类为达到普校就读条件的“回流生”，另一类为达到普通班就读标准的“普校特教班特殊儿童”。在第一类儿童的支持中，中心主要发挥“个案管理者”的作用，在区域主管行政部门的支持下，做好特校和普通学校的统筹、协调、指导工作，以帮助其逐步融入普校。在第二类儿童的支持中，中心主要发挥“协调人”的作用，发挥共享平台功能，借鉴成熟经验，落实以学校为主。本节将在模式概述的基础上，以两名儿童为例，阐述模式实践中的核心做法。

一、模式概述

对于达到普校就读条件的第一类“融合准备生”，中心在区域行政主管部门的支持下，打通双向流通机制，将融合准备生优先安排在“文化佳、技术佳”的基地校，提供渐进式的普校融合（见图 5－4－1）：

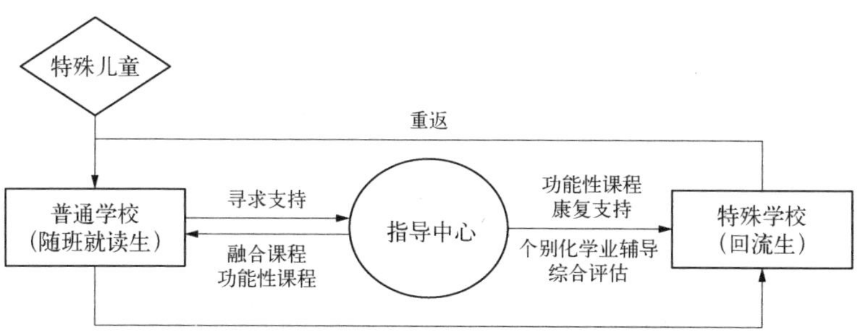

图 5－4－1　“回流生”互融式区校联动支持

在融合实施中，同时配备特教老师作为助教进入班级指导（见表 5－4－1）。特教老师还会根据融合准备生在课堂中的学业完成情况，为其提供抽离式的个别化学业辅导。需要关注的是，对于回流生，中心会对其存在的功能性障碍（如：沟通交往）提供功能性课程；同时中心会指导班主任、任课教师及家长，做好家校间的顺畅沟通，避免因沟通和配合不畅导致的融合问题：

表 5－4－1　互融式区校联动支持模式实施分工

<table>
<tr><th>学生类型</th><th>学生现状</th><th>支持内容</th><th>支持方式</th><th>实施主体</th><th>联动机制</th></tr>
<tr><td rowspan="5">回流生
↕
融合准备生（回流的原因：学校融合文化缺位，学校缺乏技术支持；儿童存在多维度融合不佳，家校冲突不断升级。）</td><td rowspan="5">1. 功能补偿佳
2. 口语表达能力佳
3. 特校学业表现优秀</td><td>根据儿童需求，安排渐进式普校融合课程并提供进班指导</td><td>双向流通</td><td>影子教师、学校</td><td rowspan="5">1. 双向流通机制
2. 人员保障与激励机制</td></tr>
<tr><td>个别化学业辅导（普、特）</td><td>抽离式</td><td>资源教师、影子教师、特教教师</td></tr>
<tr><td>按需提供功能性课程</td><td>抽离式（一对一/小组）</td><td>特教学校班主任</td></tr>
<tr><td>亲师沟通、亲职沟通、普特沟通</td><td>指导、培训、座谈</td><td>巡回指导教师、专业服务人员</td></tr>
<tr><td>个别化学业辅导（特）</td><td>抽离式</td><td>特教教师</td></tr>
</table>

对于就读于普校特殊班的第二类支持对象，中心整合资源，为学校提供评估支持，同时协调姐妹校，提供资源和技术支持，组织开展结对帮扶活动，推动儿童进阶融合（见图 5－4－2）。

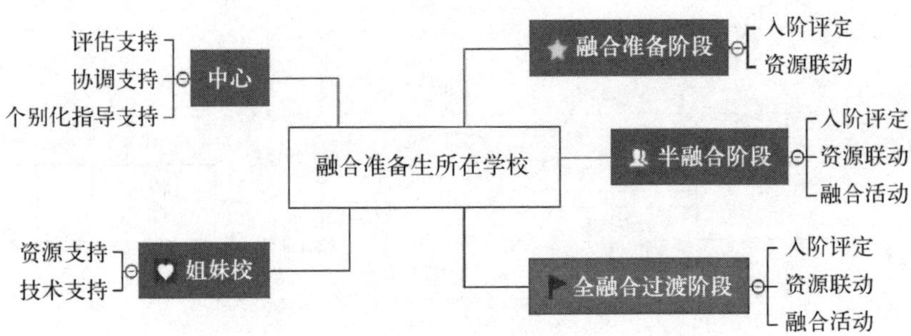

图 5－4－2　“特教班儿童”互融式区校联动支持

二、实施阶段与做法

(一)“回流生”复归普校实践

下面将以一名听障学校回流生为例,呈现模式运行的不同阶段,以及各个阶段的核心做法。

1. 融合前准备支持

(1) 选取融合(流通)点

基于文献查阅,课题组核心成员就“流通校”的选择进行了专门商讨,并形成了“流通校”选取的4个原则① 项目实验校融合文化佳;② 配备专门的资源教室;③ 配备专门的资源教师;④ 距离特教学校较近。

(2) 开展融合前评估

首先,由区教育行政主管部门和指导中心协调,与研究对象家长签署项目同意书,访谈了解回流原因。然后,整合资源,开展医教结合评估,以了解儿童功能发展水平;同时,影子老师介入,走进流通班级课堂,开展课堂本位评估,以了解其入学成熟水平。

访谈结果显示,导致S回流的原因主要有4个: ① 注意力不集中;② 课堂行规差;③ 学校融合文化一般;④ 家校矛盾突出。紧接着,结合访谈结果分析开展医教结合评估、课堂本位评估、制订个别化支持方案(基于评估确定流通普通学校就读的年级、班级,制订个性化课表,参与人员分工和支持内容)。

医学诊断结果显示,S为听力障碍(伴ADHD),均有诊断报告。左侧佩戴人工耳蜗,右侧佩戴助听器。沟通功能分级系统CFCS评定为Ⅱ级: 对熟悉/不熟悉的伙伴,是有效但慢速的信息发送和接收者。复旦大学附属儿科医院《希-内学习能力测验3~7岁》报告单显示,该生中位数智龄8.3,智商/学习能力商119。希内测试认为该儿童具有较强的知觉辨别、图形比较、认识环境、思维联想能力，建议强化手眼协调、伴随记忆、分析综合和知觉想像能力。以上证明了个案具备一定的融合基础智力，但与同龄儿童之间还有一定差距，所以在融合安置方面需要考虑降低年级处理。

影子老师进入个案预融合的普通小学一年级语文课的融合课堂中，运用《入学成熟水平力检核表》进行课堂观察评估，结果显示，影响儿童融合的因素主要有四个方面：听觉理解能力、视听整合能力（包括注意转换）、言语沟通技巧、选择性注意（见表5－4－2）。

表5－4－2 S课堂融合情况观察评估结果示例

入学成熟水平力检核表（一）

入学成熟水平中的学业检核共分为课堂参与学业能力、课后学业能力及其他相关学业能力。其中课堂参与能力从**听知觉、视知觉、视听整合能力（包括注意转换）及其他**等领域进行评量，考察个案课堂内的学习能力。

检核表填写说明：

评估结果：完全没有(0)；最多辅助下能做到(1)；中等辅助下能做到(2)；最少辅助下能做到(3)；独立做到(4)

教学决定：P（通过）；C（继续）；E（充实）；S（简化）；G（放弃）

评估方式：1. 笔试　2. 口头　3. 操作　4. 作业　5. 观察；6. 其他

	检核内容	评估结果
1	听到上课铃声，能准时进教室并坐到自己的位置上	4
2	能够自己准备好当堂课的学习用品，如：书、本、尺子、铅笔、橡皮等	2
3	能够遵守正式上课前的常规，如：安静坐在座位上，不随意起哄、接话、走动或者发出声音，不影响旁边的同学	4
…	…	…

（3）基于评估制订个性化课表

普特双方、影子老师通过多方协调，确定个性化课表（流通时间、频次、形式）。最终确定入班指导的同时，外加补救式功能课程。

S目前就读的年级是二年级，但根据评估，二年级的内容过难，所以决定进入“一年级”。听障教育指导中心负责人和明强小学特教分管领导多次协商，综合考虑班级班主任的背景、班级人数等因素，最终确定了流通“班级”。普特双方、影子老师通过多方协调，最终确定入班指导安排，本次安置确定了提供特殊教育方案的形态是影子教师入班协助普通教师和个案（见表5－4－3）。

表5－4－3　2018学年第1学期S个性化课程表

<table>
<tr><th>午别</th><th></th><th>一</th><th>二</th><th>三</th><th>四</th><th>五</th><th>六</th></tr>
<tr><td rowspan="4">上午</td><td>1</td><td>数学</td><td>语文</td><td>数学</td><td>语文</td><td>数学</td><td rowspan="4">沟通社交
小组课</td></tr>
<tr><td>2</td><td>语文</td><td>MQ语文</td><td>语文</td><td>MQ语文</td><td>语文</td></tr>
<tr><td>3</td><td>纸艺</td><td rowspan="2">影子个训</td><td>个训</td><td rowspan="2">影子个训</td><td>体育</td></tr>
<tr><td>4</td><td>语文</td><td>信息</td><td>个训</td></tr>
<tr><td colspan="7">中午　　特教教师补拉下的课</td><td></td></tr>
<tr><td rowspan="4">下午</td><td>5</td><td>个训</td><td>写字</td><td>律动</td><td>个训</td><td></td><td></td></tr>
<tr><td>6</td><td>沟通</td><td>美术</td><td>数兴</td><td>美术</td><td></td><td></td></tr>
<tr><td>7</td><td>跆拳道</td><td>思品</td><td>班队</td><td>沟通</td><td></td><td></td></tr>
<tr><td>8</td><td>跆拳道</td><td>习字</td><td>习字</td><td>律动</td><td></td><td></td></tr>
</table>

2. 融合实施阶段支持

（1）初阶进班支持：侧重课堂记录和课堂常规指导

初阶，影子老师进班指导侧重于课堂表现的记录和常规指导。老师同时记录班级学生的表现、个案的表现，同时记录指导策略、评价与计划。

S这阶段的指导策略以语言提醒和动作提醒为主，部分时候进行身体辅助。如，当老师说“掌声送给＊＊＊”，S眼睛没有看向孙老师所在的方向，无反应（身体辅助）—当老师说“我来说，你来接”（课文内容），S无反应（语言提醒)-当老师说“ ** 同学带大家读”,S 会大声读,其他同学都奇怪地看着 S(动作提醒)(见表 5-4-4)。

表 5-4-4 影子老师课堂观察记录例举

影子老师课堂记录摘录(第 3 周)				
时间	班上同学表现	项目个案表现	教师策略	评价与计划
语文课前	同伴关注 S,有小天使多个主动围过来,尤其是女生; A 同学会主动向其他同学介绍“如何和有助听器的同伴相处”(之前有过经验,很棒哦!)	-在介绍自己的时候,声音较小,其他同学听不清楚; -同学介绍结束后,缺乏反馈; -不知道如何回应他人听不清楚的情况; -在教室环境中(课间),面对他人的友好提问,S 没有反应,3 次; -能听老师指令坐到对应位置上。	-当下环境中告知 S: 吵的时候,要大声说话 -当下环境中告知 S: 同学没有听清楚的时候,再说一次 -戴老师告诉同伴: 如果你觉得 S 没有听懂,你看着他的眼睛再说一遍。	-语文孙老师给 S 安排在靠前面/靠近老师的位置,最大程度上方便了 S 的听课效率,有利于 S 课堂的参与。孙老师这个安排很棒!

(2) 初阶一对一功能性课程支持: 侧重基础能力的干预

这一阶段影子老师的职能是帮助个案遵守课堂的常规;辅助建立“鼓励 · 信任 · 正向”的良性环境;且随时准备好提供较多的支持和辅助。

第 1 次的检核评估后,发现个案在视听注意整合方面存在的挑战最大,也是影响到课堂融合的基础能力,是个案顺利融合最紧急需要干预的领域。具体体现在对同学的关注、课堂中眼睛能够在关注老师和同学之间转换、能够通过观察同学,知晓当堂课的学习进度和情况,如老师讲到哪里了,应该做什么等方面。这一阶段的功能性课程干预主要有以下活动:“变成 S 老师”“文字舒尔特”“我的眼睛看哪里”“谁更有礼貌”等活动,以提升该儿童的课堂注意力、视觉观察他人能力、查看他人眼睛看向的能力以及遵守课堂常规的能力。经过 3 个月的补救性训练,其视觉注意力的提升效果显著。

（3）基于动态评估调整教学决定：上升到进阶支持

影子老师基于个案融合学校课堂参与表现和功能性一对一课程干预状况的评估，确定是否进入进阶支持的教学决定。

基于个案实际情况，从视听整合能力的14项能力中选择4项，进行重点评估。这四项能力分别为：课堂中眼睛能够在多方进行灵活转换，且保持较好的视听注意力。如：书本、老师、同学、室内环境、室外环境、同学的表现、老师的要求等；能够以关注同学的表现的形式参与课堂学习，如：视线注意到同学；专注听同学的回答；能够以回应同学表现的形式参与课堂学习，如：和同学讨论、拍手以称赞同学等；能够跟随老师，且及时切换学习活动，如：从朗读到和同伴讨论；从同伴对话到集体表演等（见表5－4－5）：

表5－4－5　S初阶功能指导效果评估结果表

<table>
<tr><th colspan="6">初阶指导</th></tr>
<tr><td>领　域</td><td>视听整合干预</td><td>姓名</td><td>小诚</td><td>班级</td><td>一年级</td></tr>
<tr><td>初阶目标</td><td colspan="5">提高课堂常规发展</td></tr>
<tr><td>填写说明</td><td colspan="5">评估方式：1. 笔试　2. 口头　3. 操作　4. 作业　5. 观察；
评估结果：不能\不愿意（0分）；较多辅助（1分）；中等辅助（2分）；较少辅助（3分）；独立（4分）
教学决定：P（通过）；C（继续）；E（充实）；S（简化）；G（放弃）</td></tr>
<tr><td colspan="2">短期目标起止日期</td><td colspan="4">2019年3月15日至2019年5月30日</td></tr>
<tr><td colspan="2">教学内容/短期目标</td><td>评估方式</td><td>评估结果</td><td>评估日期</td><td>教学决定</td></tr>
<tr><td colspan="2">能够遵守孙老师的指令“相互说说看”，和同桌演绎，4次里面有3次和同桌互动</td><td>5</td><td>4</td><td>5月30日</td><td>P</td></tr>
<tr><td colspan="2">在“猜猜我眼睛看哪了？”活动中，能够根据老师的眼睛走向，判断他人关注的焦点，用时少于25秒</td><td>5</td><td>4</td><td>5月30日</td><td>P</td></tr>
</table>

续 表

教学内容/短期目标	评估方式	评估结果	评估日期	教学决定
能根据卡通眼神走向，判断视觉追踪方向，正确率达 90%以上	3	4	5月30日	P
学会在同学站起来回答问题的时候，眼睛转向同学方向（不要求看同学面部），4次里面有3次转	5	4	5月30日	P

(4) 进阶进班支持：侧重课堂参与品质指导和记录

这个阶段，影子老师只会在学生有需要的时候提供帮助，这个时候更多的是帮助提高学生课堂参与的品质，通过解释课堂以及游戏的规则促进学生课堂参与的提高。有别于初阶课堂记录，进阶影子老师更加侧重于集中记录影响个案课堂参与品质的某一方面。进阶课堂参与品质又分为两个梯度：第一梯度是关注积极举手回答问题的表现；第二梯度是关注能否正确回答问题。课堂指导策略不再以语言或者动作提醒为主，而是以眼神提醒为主。

(5) 进阶一对一功能性课程支持：侧重学业补救

进阶功能性课程支持更加侧重于学业补救。训练的内容要素来自适应困难的学科，结合学科内容，整合康复技术，进行学业补救。

S训练要素来自1. 语文课本和语文课堂的内容，包括预习、复习相关内容社会交往相关的内容；2. 语文课相关句子的听觉理解指导。比如，当个案在课堂上表现因为无法记忆和理解长句时，影子老师就采用听记忆结合视觉的多种策略帮助学生提高课堂参与品质。示例如下：

句1：梧桐树叶像手掌，柳树枝条像辫子，银杏树叶像扇子。

句2：梧桐树叶像手掌，柳树枝条像垂下的绿丝带，银杏树叶像金鱼的尾巴。

句3：杨树高，榕树壮，梧桐树叶像手掌；3遍通过。

……

句7：如果有人拍我的头、推我的肩、打我的肚子、踢我的屁股和脚，是欺负我；经过12号的学习后，需要3遍通过。

（6）核心技能课程支持：侧重人际适应干预

核心技能课程支持围绕“人际适应”展开，结合学生情况因人而异。如，根据需求侧重社交沟通、师生沟通技能、团体融入技能等。

个案S由于“缺乏社交技能”和“语言加工和表达迟滞”影响了个案的学校适应与同伴交往，所以在整个融合阶段，均延续了“团体社交”课程支持，以期通过团体社交游戏干预法，教授社交小策略，促进“共同注意、社交互动、规则理解、情绪、语言表达”的发展，提高个案的“社交技能”。负责校外干预实施的第三机构老师负责课程设计和实施，每一节的课程均围绕“共同注意、社交互动、规则理解、情绪、语言表达”五个子领域中的几个或者全部设计游戏，游戏活动为2—3个。干预场所分为室内干预和室外干预两种。

（二）“普校特教班儿童”进阶融合实践

下面将以一名学前特教班发育迟缓儿童为例，呈现模式运行的不同阶段，以及各个阶段的核心做法和支持效果。

1. 融合准备阶段

（1）教学评估支持

初期融合准备阶段，学校在中心的支持下，定期从社会适应能力、运动能力、言语沟通及感知认知四方面对儿童进行全面的观察与评估。

柯柯,男,2017年8月出生,2020年9月进入PL幼儿园特教班(浦莲幼儿园佳兴园部于2019年9月开设了特教班,取名阳光)生活与学习。入园时刚满三周岁,入园前医学评估诊断为发育迟缓。观察评估发现,柯柯认知能力和运动能力较强。喜欢唱一些歌词重复、篇幅短小的歌曲,并能模仿老师用肢体动作表现。生活自理能力较弱,依赖意识较强,规则意识较差。语言表述不清楚,还处于语言表达的模仿阶段。综合评估结果显示,该儿童有明显的语言功能障碍,能够复述听到的叠词,但是不能复述短句,能听懂一些日常简单的指令,却没有主动表达的愿望。交往能力较弱,有轻微的攻击性行为。有意注意的时间非常短。

(2) 融合班预支持

融合班教师配置 融合班师资队伍的合理配置是推进融合教育活动有效开展的关键。融合教育教师有一般教师应负的责任与义务,更有对特殊幼儿更多的责任与担当。要有包容、接纳之心,在理解和尊重的基础上,用积极行为建构策略,关注与引导儿童参与班级的各类活动。

融合班转衔支持 首先,利用午后阳光活动、自由活动等时间,教师带领儿童熟悉融合班幼儿,增进儿童与流通班级老师、融合班幼儿的熟悉,增进相互的亲近感。其次,帮助儿童建立"小伙伴制",自然地形成伙伴关系。

(3) 入阶评定支持

借助区域共享平台借鉴开发入阶标准 为了深入推进融合教育活动,中心充分发挥姐妹园的辐射和引领,为学校引入了基地校QY幼儿园关于融合教育预备期、初融期、共融期的入阶标准,指导学校进行借鉴开发。

PL幼儿园以入阶标准为抓手,结合自身融合教育活动开展的实际,从生活自理能力、语言表达能力、社会适应能力三个方面制定了半融合入阶标准(见表5-4-6):

表 5-4-6　半融合入阶标准

阶段	生活自理能力	语言表达能力	社会适应能力
半融合	在教师的引导下能按照正确的步骤洗手,养成良好的个人卫生习惯。	言语可懂度 3 级及以上,掌握初级词汇,使用简短、常见的短句表达简单的要求。	能参加一些简单的游戏和班内小组活动,初步建立轮流、等待的技巧。

中心指导开展入阶评定　中心巡回指导老师定点指导幼儿园开展入阶评定,确定是否可以开始进行半融合的安置。

评估结果显示,柯柯在教师的引导下能按照正确的步骤洗手。言语可懂度 3 级及以上,掌握初级词汇,使用短句表达简单的要求,有了简单的语言沟通能力。能参加一些简单的游戏,有交往的主动意识,初步建立轮流、等待的交往技巧,已达到了入阶标准,可以开始尝试进阶半融合活动,以进一步促进柯柯与普通幼儿的交流与交往,感受融合班的生活和学习方式。

2. 半融合阶段

(1) 半融合阶段一日活动安排

根据儿童的实际需求,制定半融合活动安排表。例举如下(见表 5-4-7):

表 5-4-7　柯柯半融合活动安排表(周)

时间	周一	周二	周三	周四	周五
8: 10—9: 00	游戏 (小五)	游戏 (小五)	游戏 (小五)	游戏 (小五)	游戏 (小五)
9: 00—9: 20	点心	点心	点心	点心	点心

续　表

时间	周一	周二	周三	周四	周五
9: 20—10: 10	学习	学习	学习	学习	学习
10: 10: —10: 35	运动	运动	运动	运动	运动
10: 35—15: 00	午餐、盥洗、午睡	午餐、盥洗、午睡	午餐、盥洗、午睡	午餐、盥洗、午睡	午餐、盥洗、午睡
15: 00—15: 30	感统	感统	感统	感统	感统
15: 30—15: 55	个训	语训	语训	语训	个训
15: 55—	整理、离园	整理、离园	整理、离园	整理、离园	整理、离园

(2) 半融合阶段的有效做法

普特配合开展跟踪式观察　半融合开展前期,特教班教师和儿童一起到融合班,根据制定的游戏观察重点进行跟踪式观察。如从柯柯与材料的互动、同伴间的互动等解读他的游戏行为。过程中,教师鼓励普通幼儿主动与柯柯沟通,参与互动游戏,或者提一些简单的问题以促进语言的发展。

提供角色转化的机会　在游戏的过程中,教师结合儿童在融合班的表现,普特衔接进行支持。

> 老师观察发现,柯柯总是处于被动的状态,喜欢在娃娃家当小客人、当小舞台的一名小观众。在特教班,教师也创设了娃娃家、小舞台等游戏区域还原游戏现场,还投放了高结构的材料引发柯柯在游戏中的主体意识,鼓励柯柯主动沟通和与人交往的欲望。只见,娃娃家中柯柯拿着一个纸杯问道:"你想喝水吗?"小舞台中,当歌曲中唱到:"眼睛在哪里? 眼睛在这里。"他很用力地唱出"眼睛""耳朵""眉毛"……边唱还边用小手指出自己的五官。

(3) 中心指导开展入阶评定

入阶标准为:儿童能使用餐具独立进餐,餐后能够收拾自己的碗筷和做简单的清洁。言语可懂度4级及以上,能使用具有逻辑关系的句子讲述2—3个环节的事件。喜欢参加集体游戏和活动,具备一定的沟通交往技巧。评估确定儿童是否达到了入阶标准。

3. 全融合过渡阶段

(1) 全融合过渡阶段一日活动安排

根据评估结果,逐步增加融合活动的时间,从部分活动过渡到半天融合活动。

第一学期,柯柯融合活动从游戏和点心时间融合,逐步过渡到一周一次半日活动。第二学期,在半日活动融合的频次上由原来的一周一次增加至一周三次。削弱个训、感统等活动,更多关注柯柯在生活、运动、游戏与学习四大板块中的发展水平,全融合增加了个性化的支持及幼儿自我发展能力的培养。一日安排(见表5-4-8)如下所示。

表5-4-8　柯柯全融合过渡阶段活动安排表(周)

时　间	周一	周二	周三	周四	周五
8:10—9:00	游戏	半日活动融合(小五班)	半日活动融合(小五班)	半日活动融合(小五班)	游戏
9:00—9:20	点心				点心
9:20—10:10	学习				学习
10:10:—10:35	运动				运动
10:35—15:00	午餐、盥洗、午睡	午餐、盥洗、午睡	午餐、盥洗、午睡	午餐、盥洗、午睡	午餐、盥洗、午睡
15:00—15:30	感统	感统	感统	感统	感统
15:30—15:55	个训	语训	语训	语训	个训
15:55—	整理、离园	整理、离园	整理、离园	整理、离园	整理、离园

(2) 全融合过渡阶段的有效做法

增加儿童擅长的融合活动　基于幼儿园特色,在中心的指导下,增加儿童擅长的融合活动。

利用柯柯模仿性强的特点，小朋友带领柯柯再次唱起了《小星星》，从起初最简单三个字到五个字的一句较长的句子，柯柯在同伴的带领下竟能完整唱出小星星的歌词。在感染力十足的小舞台上歌唱，环境烘托着轻松的氛围；孩子们从彼此的声音中产生情感效应，余音缭绕，表现得十分愉悦。接着，柯柯开始反复吟唱歌曲，一遍又一遍，乐此不疲！

班级活动通用设计 在活动设计中，普特合作，对融合活动内容从呈现方式、活动策略、活动目标等方面进行通用设计。

针对柯柯当前最大的困难是不知道如何去组织运用已习得的语汇去表达和交流，经常颠倒句子顺序，或者面对问题重复。学习活动中，普特教师合作进行了专门的通用设计。在这个过程中，教师学会了倾听，即便孩子断句了，也鼓励他"不着急，你可以想好了再告诉我！"老师的一系列做法让柯柯感受到了尊重，班级融合率也得到了极大提升。

三、实践成效

（一）打破了普特壁垒，为特殊儿童搭建了融合阶梯

"回流生"要重新融入普校，首要面临的难题就是，谁来接收这些曾经的"麻烦制造者"？接收之后又该怎么办？通过融合实践，区域进行顶层设计，为这类儿童开通"绿色通道"，通过一些典型案例的支持，在试水中积累经验，然后逐步形成"流通校选取标准、流通班级选取标准、流通班级教师配备标准、专业服务人员职责标准"等一系列标准和运行机制，打破普特壁垒，为特殊儿童搭建了融合阶梯。

（二）构建了分工明确的支持菜单，提升了融合教育质量

解决了“走进来”的问题，如何突破“走得好”的问题？实践显示，儿童的发展永远是动态的，所以及时通过动态评估发现问题，并对课程做出有针对性的调整，促使进班指导与功能性课程的衔接就显得非常重要。这一切都需要一个分工明确的专业团队，通过模式运作，构建区域行政主管部分负责人、听障中心协调人、影子教师、个训教师等在内的支持团队和支持菜单，以每月一次支持目标和课程调整作为抓手来不断修正短期目标，最终促使长期目标落地，不断提升课堂融合品质与融合质量。

本节案例提供者：1. 上海市闵行区启音学校　严淑琼

2. 上海市闵行区浦莲幼儿园　谈燕红

第六章

随班就读的
学段特色运行方法

区域在构建特殊儿童随班就读质量关键指标和支持系统后，首创了“引导式、介入式、浸入式、互融式”四种区校联动支持模式，为区域随班就读工作提供了科学、系统、可操作的方法。基于随班就读儿童“全人生”的发展观，需针对不同年龄段儿童的需求、学段的发展特点，探索随班就读学段特色的运行方法。本章节分别探索了学前段、小学段和初中段的特色运行方法，学前段突显基于康教并举的进阶融合，小学段围绕基于差异教学的学校适应，初中段聚焦指向自我认同的多元支持，展开了深入的实践探索。

第一节　学前：基于康教并举的进阶融合

学前融合教育对特殊儿童有积极的影响，学前段特殊儿童随班就读有两个关键词：康教并举、进阶融合。本节解析了学前段康教并举进阶融合的内涵，并通过两所学前融合幼儿园的实践案例，呈现并解析了学前段随班就读的特色运行方法。

一、学前段基于康教并举进阶融合的概述

（一）学前融合教育的价值和重要性

融合教育即全纳教育，主张那些有特殊需要的儿童能真正地和普通儿童一起参加学前教育、基础教育和高等教育等，最大限度地发挥特殊需要儿童的潜能。[1]随着“早发现、早诊断、早康复”教育理念的普及，融合教育对象扩展到学前特殊需要儿童，学前特殊教育越来越受重视。学前融合教育针对3—6岁有特殊教育需要的儿童，将他们与普通儿童安置在同一教育环境中，以两者共同活动的融合教育为主，并提供多方面的支持和辅助以满足其需要和发展。[2]

近年来，许多研究表明学前融合教育对特殊儿童及普通儿童双方产生积极的影响。张霞萍发现学前融合教育能有效提升特殊儿童的动手、认知、语言、环境适应能力以及自主性。[3]李申申提到特殊儿童在平等的教育环境下能够体验到人格上的尊严，可以激励、培养其自强的意识和坚韧不拔的品质。[4]方俊明指出融合教育特殊儿童在融合

1　方俊明.融合教育与教师教育[J].华东师范大学学报(教育科学版)，2006(3)：37－42.

2　曾乐平.学前教育本科生早期融合教育素养现状调查研究[D].重庆师范大学，2015.

3　张霞萍.融合保教对儿童发展的作用[J].幼儿教育，2003(3)：13.

4　李申申.特殊儿童融入普通学校的人格意义——对全纳教育内涵的理解[J].中国特殊教育，2004(7)：9－12.

交往过程中能够获得与人相处和互动等各种交往技能，[1]学前融合教育让特殊儿童在平等的、最少受限制的教育环境下获得良好发展，各方面能力提高，这有助于他们更好地融入主流社会。

普通儿童同样从融合教育中受益。周念丽研究融合保教，发现学前融合教育能激发正常儿童的自我效能感，增强能力。[2]孙政认为融合儿童双方能在教师帮助下积极交往。[3]王宇提到学前融合教育能够促进儿童对他人的接纳和关注，学前融合教育能够促进儿童的主动帮助行为，能够消除儿童在关注他人方面的性别差异。[4]在融合班级中，普通儿童相比非融合班级中的儿童，能够获得更好的成绩、更高的社会性发展水平。[5]学前融合教育让普通儿童和特殊儿童双赢。

（二）康教并举，医教结合的融合教育

特殊儿童因为身体或心理上的障碍，与普通儿童间存在差异。这种差异性导致每个特殊儿童都存在特殊需要。因人而异、满足每个特殊儿童的具体需要是特殊教育的必然逻辑和本质属性。[6] 3—6岁是早期干预非常关键的时期。儿童在学前阶段将会经历智力、语言等心理发展的多个关键期，可塑性强。在此时期对特殊儿童提供适宜的干预，能防止特殊儿童残疾程度的加深，有效阻止残疾的进一步发展，早期干预尤为重要。[7]

而早期干预既需要康复还需要教育。脱离康复，特殊儿童的个体需求无法得到满足，将很难适应普通学校教学；离开教育，特殊儿童不能享受最少受限制环境，融合将成为一纸空谈。《特殊教育提升计划（2014—2016年）》（国办发〔2014〕1号）中提到，将“继续开展‘医教结合’实验，探索教育与康复相结合的特殊教育模式”“建立医教结合的特殊教育体系”。[8]医教结合指医学手段与教育手段相结合，将教育教学与医疗康

---

1 方俊明.融合教育与教师教育[J].华东师范大学学报（教育科学版），2006（3）：37－42.

2 念丽.融合保教对正常儿童心理发展的意义[J].幼儿教育，2003（3）：12－13.

3 孙政.幼儿园融合教育：利益相关者的诉求[D].重庆师范大学，2015.

4 王宇.学前融合教育促进普通幼儿亲社会行为获得的实验研究[D].华东师范大学，2011.

5 杨希洁.关于学前全纳教育有效性的思考[J].中国特殊教育，2005（9）：3－7.

6 赖仲泰.康复医学与特殊教育[J].现代特殊教育，2004（4）：40－41.

7 王雁.早期干预的理论依据探析[J].中国特殊教育，2000（4）：33－36.

8 国务院办公厅.国务院办公厅关于转发教育部等部门特殊教育提升计划（2014—2016年）的通知[EB/OL].（2014－01－08）[2022－06－01].http://www.gov.cn/xxgk/pub/govpublic/mrlm/201401/t20140118-66612.html.

复有机融合，兼顾特殊儿童的缺陷补偿和潜能开发，提高其能力。[1]医教结合将教育和康复整合，使得康复与教育不再一分为二，医学技术能够帮助特殊儿童获得疾病的诊断和治疗；康复手段用于对特殊儿童的缺陷补偿，改善各方面功能；教育则促进特殊儿童全面、终身发展。

融合学校需在课程设置上落实“医教结合”，做到“康教并举”。一方面开设针对性的缺陷补偿课程，提供适合特殊儿童发展的特殊教育服务，帮助特殊儿童缩短与普通儿童的差距；另一方面培养特殊儿童良好的生活和学习习惯，帮助其在运动、认知、语言与沟通、社会适应等方面获得提升，促进特殊儿童全面发展。教育与康复缺一不可。

（三）进阶式的融合教育模式

融合教育者们在不断探索中发现，学前特殊儿童因其年龄特点，在生理、心理上经历着巨大的发展和变化，需要动态的、渐进的融合教育。因此，进阶式的融合教育更符合学龄前的特殊儿童。融合教育被人为划分成多个渐进的过程和阶段，形成“梯度”，教师在各个阶段为其搭建相应的“支架”，提供有效的融合教育服务与支持。

各融合学校、幼儿园在探索过程中产生了不同的融合形式，诸如：浙江省衢州市聋哑学校依据特殊儿童能力，将其正向融合到“初期融合”“半日融合”或“全日融合”中；[2]徐州特殊教育学校开展反向融合，通过开设学前普通班，在特教学校内招收普通儿童；[3]江苏省苏州市盲聋学校与江苏省苏州高等幼儿师范学校附属花朵幼儿园合作开展“双模块”学前听障儿童融合教育：普通幼儿园教育和听力语言康复训练。[4]上海启英幼儿园形成学前梯度进阶式聋健融合教育模式，将融合教育分为预备期、初融期和共融期三个阶段等。[5]无论是哪种形式的融合，都需要让融合有循序渐进的过程，并在各个阶段为特殊儿童提供有效支持，使特殊儿童获得个性化、适宜的融合教育，保障融合教育质量，让特殊儿童受益。

---

1 张伟锋.医教结合：特殊教育改革的可行途径[J].中国特殊教育，2013(11)：19－24.

2 章华英.学前聋儿开展聋健融合教育形态的思考[J].中国校外教育：上旬，2013(1)：10.

3 李之刚，王庆宝.反向融合：听障儿童与普通儿童融合教育之路探索[J].现代特殊教育，2016(10)：13－15.

4 季兰芬.学前听障儿童双模块融合教育的实践与探索[J].现代特殊教育，2015(7)：7－9.

5 韩秀华，张磊，张燕.学前梯度进阶式聋健融合教育的实践探索——以上海市闵行区启英幼儿园为例[J].教育参考，2018(5)：8.

二、学前段康教并举进阶融合的实践

学前段各幼儿园结合自身特色不断探索，开展教康并举进阶融合的实践，现以 QY 幼儿园及 LML 幼儿园为例。

（一）梯度进阶式融合教育实践

QY 幼儿园是一所聋健合一的民办幼儿园，经过 21 年的实践与探索，形成“梯度进阶式学前融合教育”模式，将融合教育划分为预备期、初融期、共融期三个阶段，预备期旨在让听障和普通儿童初识；初融期帮助听障儿童逐步熟悉普通小伙伴和教师，感受普通班级的学习和生活方式；共融期帮助听障儿童自信大方地融入到普通班集体，能顺利进入普小随班就读。幼儿园开发融合教育入阶评定，在预备期、初融期、共融期提供不同的融合教育服务：聋健联动，融合游戏，融合运动，融合课，一日中的听能管理，资源教室服务，幼小衔接服务等，助力听障儿童达成各融合教育阶段的目标。动态地、发展地、循序渐进地帮助听障儿童自信、大方融入普通群体，提升融合教育“质量”，落实教育“公平”。

案例 6-1-1　梯度进阶融合型

1　个案基本情况

听障儿童优优，女，2015 年 5 月出生，1 岁 10 个月被诊断为极重度感音神经性耳聋，左耳听力损失 100 dB，右耳听力损失 100 dB，双耳均配戴人工耳蜗，补偿效果为最适合。2017 年 9 月，优优进入语训托班，2019 年 9 月进入普通中班随班就读。2021 年 6 月优优大班毕业，进入普通小学就读，适应良好。

入园初，优优因为听力损失严重，各方面能力都在初级水平。她对突如其来的敲门声和窗外传来的校车声有反应，但听不懂老师“关门”的指令，一脸迷茫地等着老师的动作提示。在人多的场景中优优显得格外紧张，会挑选远离小朋友的地方静静观察。优优用 ba、ba、ba 的声音表达想法，只有看到喜欢的金鱼时，才能正确地叫出“鱼、鱼！”家长反应优优在家主要通过动作沟通，偶尔会叫爸爸、妈妈和阿姨，喜欢搭积木，能把同种颜色或形状的积木正确分类。

2 干预阶段及策略

(1) 预备期——康复为主，兼顾教育与融合

预备期优优就读于语训托班，听力语言发展处在初级阶段，幼儿园为优优提供的课程以康复为主，帮助优优进行缺陷补偿。同时，兼顾听障儿童全面发展的需求，为优优提供发展类课程，涉及幼儿发展的各个领域（见图6-1-1）。在此时期，教师巧用听觉游戏培养听障儿童聆听意识，建立良好的听能习惯，为后期发展奠定基础；将重复、平行谈话、自我谈话等康复技巧融入到一日生活的各个环节中，增加外出学习活动，在不同环境中进行丰富的语言输入，帮助听障儿童积累词汇，发展听说能力；通过聋健家庭联动活动为优优搭建与普通儿童初识的平台，与普通儿童家庭共同参与活动，让听障儿童家长放下心防，携手促进双方儿童进行良好的互动交往。

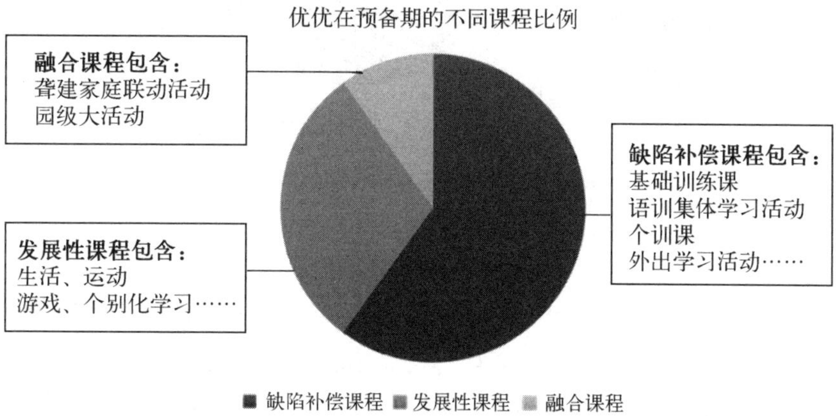

图6-1-1 优优在预备期的不同课程比例图

(2) 初融期——康教并重，多形式融合支持

康复一年后，优优能够理解生活中的常见指令，具备一定的聆听和

表达能力,升入语训小班,进入初融期(见图 6－1－2)。此时期优优依然需要缺陷补偿课程支持,进一步提升聆听和语言表达能力。除缺陷补偿课程外,幼儿园为优优提供高频率、多形式的融合支持,有更多机会与普通班伙伴交往。利用基础训练课、语训集体课、个训课等功能性课程推进优优的康复进程,提升聆听与语言表达能力,为听障儿童打好基础;优优与普通班级结对,每周一次参与到对口班级的集体学习活动中,通过融合课帮助听障儿童适应普通班教学形式;每天 1 小时参与到对口普通班级的游戏和运动中,与普通儿童一起开展自主游戏和运动,通过融合运动、融合游戏促使聋健双方儿童彼此接纳。

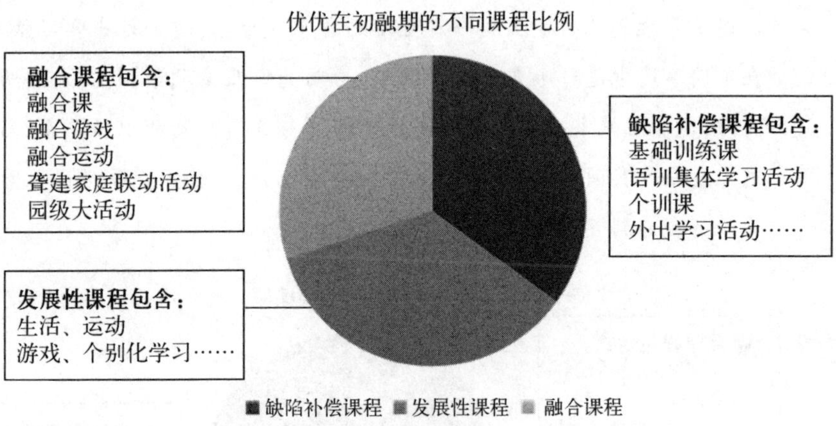

图 6－1－2　优优在初融期的不同课程比例图

(3) 共融期——全面融合,关注持续发展

随着融合阶段递进,优优与普通儿童间差距缩短,能理解故事,能用流畅的语言与人交往,进入共融期,到普通中班随班就读(见图 6－1－3)。此阶段缺陷补偿课程减少,增加了个性化的支持和随班就读过程中自我倡导能力的培养。幼儿园致力营造平等、接纳的融合班级文化,帮助优优更快更好地适应班级生活,增加归属感;提供小组化言语矫治支持课程,普通班教师一对一个别指导及日常活动中渗透式指导,给予优优个

性化支持，保障听障儿童融合成效；每周一次自我倡导课程，让优优意识到自己的优势和由听力障碍带来的功能性限制，促进听障儿童持续发展。

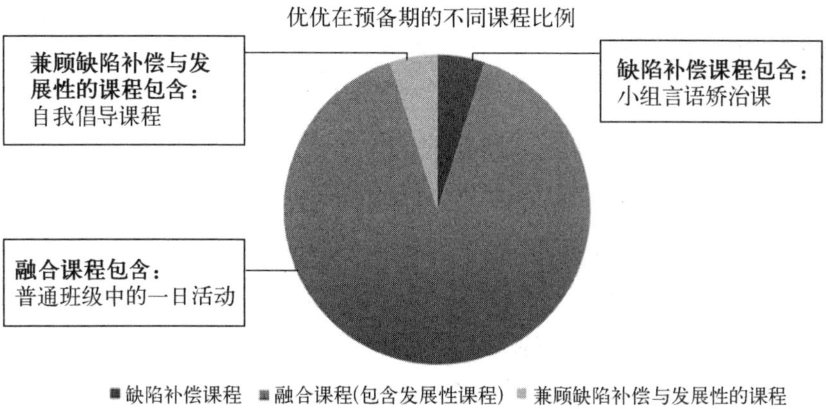

图 6-1-3　优优在共融期的不同课程比例图

在此案例中，QY 幼儿园依据听障儿童能力发展水平的不同阶段划分“梯度”，听障儿童通过开发的入阶评定，进入融合的不同阶段，在预备期获得大量缺陷补偿课程支持，发展融合所需的听说能力，通过聋健融合，与普通儿童及其家庭初识；初融期获得多形式、高频率的融合教育支持，进行缺陷补偿的同时有更多机会参与普通班活动，熟悉普通班级同伴与教师，彼此接纳；共融期随班就读后，获得个性化支持和自我倡导能力的培养，在平等、温暖的班级文化中更深层次地进行融合。三个阶段各课程间的比例不断调整，从康复为主→康教并重→全面融合，缺陷补偿占比逐渐减少，融合频次和融合深度逐渐增多，在兼顾听障儿童全面发展的同时，实现进阶融合。

（二）以“音乐”为媒介的个性化定制融合教育实践

LML 幼儿园创办于 2009 年 9 月，是一所教育局直属的公办幼儿园，下设特教班。幼儿园围绕“自我挑战，合作共进”的办园理念，始终秉承“勇于挑战，大爱融合”的校园文化，为特殊儿童创设“融合有挑战，温暖有个性”的“全接纳”育人环境，通过医教结合、完善特殊教育课程，依据特殊儿童的不同特点定制个性化的融合计划，培养特殊儿童自理生活、社会适应能力，发挥潜在优势功能；给予特殊儿童挑战自我的机会，使其缺损的功能得到一定程度的康复，保持稳定愉悦的情绪，让特殊儿童身心获得全面发展。

案例 6-1-2 个体定制融合型

1 个案基本情况

小 A，女孩，2015 年出生，三岁时被诊断出癫痫，由于几次严重的发病引发脑损伤。精细动作中等偏下，粗大运动落后，认知能力落后，言语能力落后，单脚支撑差，手眼协调欠佳，情绪问题严重，被诊断为发育指标延迟、多动、不听指令，喜欢音乐和律动。

在与家长沟通以及入园评估中发现，小 A 愿意模仿老师的动作，比如拿起勺子自己吃饭。在操场上运动时，小 A 走路摇摇晃晃，一不小心就会摔跤。上下楼梯和下蹲都需拉辅助物或者由父母、老师搀扶，十分费力。当老师尝试教授“三角形”时，尽管通过了反反复复的练习，小 A 也只是勉强记住，几分钟后会再次忘记。在沟通对话过程中，小 A 无法给予老师正确回应，语言表达接近一岁左右婴幼儿水平。当家长没有立刻打开酸奶盖子时，小 A 情绪激动。

2 干预阶段及策略

(1) 阶段 1：巧用舞动疗法，适应新班级

小 A 的情绪问题严重，但稳定情绪是参与活动的基础，因此，在安排小 A 融合活动之前，需要调整情绪，以帮助她适应新的班级。幼儿园通过舞动治疗中的几个方法，帮助小 A 调整烦躁、易怒的情绪，为融合活动作好准备。提供种类丰富的打击乐器，给予身体刺激，让特殊儿童在尽情敲击中宣泄情绪；在音乐的伴随下开展运动融合，扩张特殊儿童肌肉、缓解身体紧张区域，释放紧张情绪；选用羽调式音乐开展放松练习，使特殊儿童感受环境的舒适，放下心中戒备，增强安全感。

(2) 阶段 2：促进肢体协调，音乐游戏初融入

当小 A 情绪缓和后，开始尝试进行简单的交往。此阶段小 A 有机会融入小班的音乐游戏中。融合前，教师与幼儿一对一游戏，让幼儿通过模仿学习，获得能力提升。教师播放不同风格的音乐，引导小 A 模仿生活、自然中的各种动作，促进大肌肉的发展。为保障融合时的语言沟通，针对小 A 语言表达困难的问题，幼儿园通过食物诱导、游戏等方式培养她对语言表达的兴趣，在"鹦鹉学舌"的过程中促进语言发展。当小 A 具备一定身体机能和语言沟通能力后，开始融入每周一次，每次半小时的音乐游戏。在融合过程中，小 A 的自我认同感有所提升。

(3) 阶段 3：提升认知能力，音乐课堂乐参与

有了融合运动和融合游戏的铺垫，幼儿园为小 A 提供了融入普通班级集体活动的机会。但这要求小 A 具备更高的能力。因小 A 注意力集中时间极短，无法安坐，参与课堂教学有很大困难。幼儿园提供注意力训练，培养专注力，为其参与集体活动打基础。选择幼儿喜欢的拼图，利用拼图游戏提高小 A 注意力；运用舒尔特表进行注意力稳定性、广度、深度及分配和转移的训练，提高小 A 注意力分配能力。当专注力和注意力提高以后，小 A 尝试每周一次进入融合集体学习活动，在音乐课堂中体验到和普通儿童一起学习、舞蹈的快乐。

在此案例中，LML 幼儿园依托五大领域评估对特殊儿童进行全面评估分析，发现个体优弱势，挖掘特殊儿童的"闪光点"，并以此为切入点为特殊儿童量身定制融合教育计划，阶段式地开展融合教育活动，丰富融合教育形式、增加融合教育频次，并在各个阶段依据特殊儿童能力水平和需要提供不同的融合教育支持。阶段式教学策略为：稳定情绪→运动融合→游戏的融合→学习融合，随意的舞动→音乐游戏→集体舞蹈。特殊儿童在整个融合过程呈现进阶式推进，融合活动频次和难度递增。幼儿园明确教育主线的同时，为特殊儿童提供缺陷补偿需要的肢体、认知等方面的康复训练和康复治疗，通过"医教结合"稳定特殊儿童情绪，提高融合所需的各项基础能力，有效推进

融合活动的开展。通过融合活动,特殊儿童能力得到提升,变得更加自信,能够顺利走出特教班级,融入到对口普通班级、幼儿园甚至更大的群体当中。

本节案例提供者:1. 上海闵行区启英幼儿园　张　颖

2. 上海市闵行区龙茗路幼儿园　瞿凌怡

第二节　小学：关注差异教学的学校适应

小学阶段融合教育的重点在于帮助学生适应学校生活，促进学生全面发展。小学段特殊儿童随班就读有两个关键词：差异教学、学校适应。本节解析了小学段差异教学学校适应的内涵，并通过三个特殊儿童学业、人际和行为适应的典型案例，呈现并解析了小学段随班就读的特色运行方法。

一、小学段基于差异教学学校适应的概述

学校是儿童获得知识与技能的主要场所，对学生的成长和发展有着举足轻重的作用，作为义务教育的起点，"养体、养心、养智"是小学教育最重要的目标，不仅要长身体，还要长知识、发展智力，更重要的是培养学生良好的学习、行为以及生活习惯，因此，小学阶段学生能否适应学校生活是学校教育目标达成的重要指标。研究表明随班就读的教育质量与特殊学生的学校适应能力息息相关，他们虽然能够进入普通学校接受教育，但其能力差异客观存在，往往面临着更多的困难与挑战。

（一）小学融合教育的重要途径——差异教学

特殊儿童与正常儿童的差异是导致学生适应不良的主要原因，实施差异教学能有效提高随班就读质量，差异教学也是融合教育的必然要求：融合教育要为每个学生提供适合的教育，而班集体的"大一统"教学不能有效照顾学生的差异，"个别化教学"忽视学生的共性发展且难以与班集体教学对接，差异教学则立足于学生的个体间与个体内差异，力求使教学与每个学生最大限度匹配，促进每个学生最大限度发展。[1]

1　华国栋.实施差异教学是融合教育的必然要求[J].中国特殊教育，2012(10)：3－6.

关于“差异教学”的定义有很多，但是大家对于差异教学实质的理解是统一的，差异教学强调承认差异、尊重差异，主张从差异出发，为了差异发展而实施有差异的教学。从差异出发是差异教学的起点和依据，我们必须正视学生个体差异的存在，一切的教学活动都必须充分尊重学生的个性差异；为了差异发展，不是减少或者消极应对差异，而是对差异具体分析，促进学生在共同发展的基础上获得有差异的、最大限度的发展；实施有差异的教学作为差异教学的手段和途径，是指在教学指导思想、目标、内容、方法策略、过程、评价等维度全方位满足学生发展的有差异的教学活动。[1]

（二）小学融合教育的核心目标——学校适应

在小学教育阶段，随班就读儿童如果不能适应学校生活，那么教学质量就无从谈起，也会极大影响后期初高中阶段的学习教育。学校适应是当下衡量随班就读儿童身心发展状况的重要内容之一。学校适应一词是由心理学界提出的，目前尚未形成统一的概念界定，且处于动态的发展过程中。拉德（Ladd）认为学校适应就是在学校背景下愉快地参与学校活动并获得学业成功的状况，可从学业适应、人际关系适应、行为问题、情绪和心理适应几个方面来衡量。[2]侯静（2014）提出学校适应是指学生在学业、人际关系、参加校园活动及在情绪适应上表现成功的状况。[3]综合看来，学校适应倾向于从学业适应、人际适应和行为适应三个维度进行划分。

现有研究表明，影响特殊儿童学校适应的因素包括自身因素、家庭因素以及学校因素三个方面：自身因素主要有智力因素、人格因素、自我概念；家庭因素包括家庭氛围、亲子关系和教养方式；学校因素指同伴关系、师生关系和班级环境等。[4]因此，可以考虑从以上几方面为随班就读学生适应学校提供最大限度的支持，改善特殊儿童学校适应状况。

二、学校适应干预实践

下面针对特殊儿童的学业适应、人际适应和行为适应，结合三个典型案例进行分

---

1 凌东山.特殊儿童随班就读差异教学模式研究[D].西南大学，2008.

2 Ladd，G. W.，Kochenderfer，B. J.，Coleman，C. C. Classroom peer acceptance，friendship，and victimization：District relational systems that contribute uniquely to children's school adjustment? [J]. Child Development，1997(68)：1181－1197.

3 侯静.学校适应的界定和测量的综述[J].首都师范大学学报（社会科学版），2012(05)：99－104.

4 吴桂琴.小学随班就读听障儿童学校适应的个案研究[D].辽宁师范大学，2018.

析，总结了老师们在教育教学实践中有效的策略与做法，为学生提供优质的学习环境与教育生态，帮助其尽快融入学校生活。

（一）学业适应

学习是学生最重要的任务，学业适应是学生学校适应的重要内容之一。学业适应是指儿童学习时具有积极的学习态度，善于运用有效的学习策略和技巧获得良好的学习成绩。学业适应主要考察的是学生是否适应课堂学习内容、是否具有良好的学习态度和习惯等。对于学业适应不良的随班就读学生，P 学校的 T 老师在其语文课堂教学中是这样做的。

案例 6-2-1　"唐宝宝"学语记

小 T，2017 年入学，唐氏综合征，能认读生字，但字词发音不准，读 12 字以上的长句时不会正确停顿，能听懂简单的指令，回答简单的问题，但对长句的理解和表达有一定的困难。

针对小 T 语文学习上的困难，老师在教学时运用了分层教学的方法，基于学生学情分析制定了本节课的分层教学目标（见表 6-2-1）：

表 6-2-1　《爬天都峰》分层教学设计

	普通学生	随班就读学生
学情分析	基本形成良好的预习和读书习惯，能够自主预习，认读字词，朗读课文，具有一定的语文自学能力。	听指令的能力需要提高；会自己读课文，但音准和停顿问题突出，能回答一些简单的问题。
教学目标	正确、流利、有感情地朗读课文；了解课文主要内容，体会"我"和老爷爷如何相互鼓舞、战胜困难。	能够自己朗读课文，发音标准、停顿正确；初步了解课文内容，能在课文中找到"我"和老爷爷相互鼓舞、战胜困难的词和句子。

【分析】小 T 的语文学习能力明显低于班级其他学生，为了让他获得最大限度的发展，老师采用了分层教学的方法：首先详细了解小 T 语文学习各项能力水平，结合教材进行学情分析；然后基于语文课程认知目标和能力目标，制

定了与其能力“最近发展区”相吻合的分层教学目标;并且通过提供各种教学辅助或者降低任务要求为小T设计分层教学活动,例如,借助板书回答问题、理清课文内容,结合生活实际调整练习的内容和形式,适当减少作业量等等。

教学片段1　“小老师”助学

语文课上,老师要求同学“自读课文,用直线划出‘我’怎样克服困难爬上山的相关语句”。小T的同桌是语文课代表,她在快速完成自己的学习任务后,马上关注小T的学习状况。发现他的问题后,先是帮他在长句上标上停顿号——一会儿/手脚并用/向上爬,手脚并用要连在一起读,然后指导他正确朗读,重点是正确停顿;帮他纠正了一个生字的字音“这个字念jià,第四声”。

【分析】为了在学业上给小T提供及时、精准的辅助,老师为其精挑细选了一名优秀的助学伙伴。在这节语文课上,助学伙伴为小T提供了不同形式的帮助,生字正音、示范朗读、动作提示等等。帮助他按要求完成各项学习任务,及时跟上了老师的教学进度。课堂之外,助学伙伴也能在课前预习、课后复习辅导方面提供有效的支持。

教学片段2　课堂评价反馈

课后,小T和同桌对这节语文课上小T的课堂表现进行了简单的评价,老师也给出了相应的反馈建议(见表6-2-2):

表6-2-2　随班就读学生课堂表现评价表(自评&他评)

评价内容	评价项目	自评(1—5分)	他评(1—5分)
课堂参与	能够遵守课堂纪律	4	3
	能够参与课堂讨论或交流	4	3
目标达成	能够掌握基础知识	4	4
	能够完成课堂练习	3	3

续 表

评价内容	评 价 项 目	自评（1—5分）	他评（1—5分）
人际氛围	能够与老师进行对话沟通	3	3
	能够倾听同伴的交流	5	4
反馈	这节课老师看到你认真听讲、积极参与学习和讨论，在同桌的帮助下，完成了所有的学习任务，老师为你点赞！回家把课文再读几遍，争取读得更流利，不会做的作业可以问同学或老师。		

【分析】课后老师对小 T 的上课表现进行了评价与反馈，帮助他了解自己的课堂学习情况，引导他改进自身的不足。考虑到小 T 与普通学生的差异，老师调整了学习评价的目标、内容与方式：针对其课堂参与、目标达成以及师生沟通情况，由小 T 和同伴分别进行等级打分，最后老师对小 T 的表现给予了积极的反馈，肯定了他的学习态度，同时提出相应的学习建议，鼓励他取得更大的进步。

案例启示：小 T 的课堂教学案例告诉我们，针对学习能力普遍偏低的随班就读学生，教师可以运用以下教学策略：组织分层教学，根据学情分析对教学目标、教学活动、练习作业等进行分层设计；安排助学伙伴，在学习上提供及时、精准的辅助，帮助学生跟上教学进度；开展综合评价，对课堂学习情况进行书面评价与反馈，增强学生的自信心和学习动力。

（二）人际适应

学生在学校学习的同时也将面临各种人际关系，人际适应即在学校环境中，学生通过自我调节系统，对学校人际环境作出能动反映，从而使自己与教师、同伴的关系处于协调的状态，包括师生、生生之间的人际认知协调、情感协调和行为协调。人际适应主要考察学生能否与教师、同学进行良好的互动交往。对于人际适应不佳的随班就读学生，M 学校的老师是这样帮助小 T 改善人际关系的。

案例 6-2-2　“小耳朵”交友记

小 Q,男,2018 年入学,极重度听力障碍,右耳畸形,右侧植入人工耳蜗,能与他人进行简单的沟通,但说话时口齿不清晰。孩子内心敏感易怒、有时控制不住自己的行为,同伴关系比较紧张,不善交流,容易发生矛盾,偶尔会有攻击性行为。

情景片段 1　“认识小耳朵”班会课

开学伊始,老师用一堂班会课邀请同学们和部分家长认识了“特别”的他,通过观看《我们不一样,我们也一样》的公益短片,让大家走近听障儿童,对他们产生同理心;通过展示小 Q 的个人 PPT,和大家分享小 Q 的成长历程,加深对他的认识和了解,希望大家能够敞开心扉给予接纳和帮助。那节课后,同学们见到小 Q 都会主动打招呼,当小 Q 遇到困难时也会积极伸出援手。

【分析】小 Q 与同学们关系紧张,很大程度上是因为大家不了解小 Q,看到他表现出来的敏感易怒,就选择了排挤和漠视。老师通过主题班会、公益宣传、成长历程分享等形式带领学生、家长认识听障儿童这个特殊群体,深入了解小 Q,激发大家的同情心,对小 Q 的艰辛付出感同身受,日常生活中能够主动伸出援手,真正接纳小 Q,做到一视同仁。

情景片段 2　师生指导

平时,老师经常找小 Q 聊天,关心他的生活,帮他收拾桌面,提醒他交作业,能力范围内的事鼓励他自己独立完成。其他孩子看在眼里,记在心里,他们渐渐知道了怎样帮助小 Q。一段时间后,个别学生主动提出想要帮忙,老师选择了一名积极主动、责任心强的同学作为小 Q 的同桌,同桌会主动和他说话,带着他一起参加活动,及时提醒和帮助他,因此老师经常会表扬同桌乐于助人。班会课上老师发起了“小小志愿者”活动,每周更换一次小 Q 的同桌,大家都很积极地报名。潜移默化中,做好小 Q 的同桌成为了班级中的“楷模”标杆……在大家的热情帮助下,小 Q 原先的紧张、局促都消失了,他开始享受着学校生活。

【分析】为了缓和小 Q 和同学们的关系,老师率先垂范,以榜样的力量教会学生平等、尊重地对待和帮助他人，指导学生如何与小Q交流相处，如何为小Q提供帮助。然后安排合适的同桌，为小Q创造与同伴交往的机会。在老师的言传身教下，同伴的主动介入既能快速打破界限与隔阂，助力小Q建立初步的人际关系，也能进一步提升自己的社交与指导能力。

情景片段3　社交团建课

为提高自己的社交能力，小Q参加了校外社交课程。每周一次的小组社交课时小Q都会准时出席，也收获很多：在“找朋友”的热身活动中，小Q进行了简单的自我介绍也认识了自己的同伴；“击鼓传花”游戏时，大家展示了自己的爱好特长，由此小Q对同伴有了更多的了解；“我是小记者”角色扮演游戏中，小Q获得了主动与人交流的勇气与信心；经过一段时间学习后，小Q学会了如何称赞别人与自我评价。

【分析】由于小Q不善交流，易与他人发生矛盾，缺乏社交技能，老师建议他参加校外的社交课程。通过社交团建游戏的干预，促进学生社交互动、规则理解、情绪感知、语言表达能力等方面的发展，从而提高学生的社交能力。小组社交课让小Q学会了如何与人交流与相处，如何避免和处理矛盾冲突，极大地改善了其校内人际关系。

情景片段4　家校沟通

老师每周都会和妈妈交流小Q在学校的情况：小Q和同桌相处得越来越好了，课间两人聊得很开心，经常凑在一起玩。老师建议小Q妈妈和对方家庭紧密联系，平时可以组织家庭聚会和户外活动，增加相处机会，巩固孩子间的友谊。学期末，老师去小Q家做家访，家长反映小Q经常呆在自己房间，不愿意和他们交流，老师建议家长增加与小Q互动的频率，平时和孩子一起做家务，周末带他出去走一走，多运动，培养兴趣特长，丰富孩子的课余生活，增强孩子的自信心。

【分析】小Q是个特殊的孩子，家庭教育的重要性不言而喻。老师重视家长的作用，定期与家长交流，分享孩子的学校生活，缓解家长的焦虑，针对小Q的教育问题，提供相应的教育建议，家长要学会创造机会，增加亲子互动和交流，重视和培养小Q积极正面的生活态度。

案例启示：结合小 Q 的教育案例，老师可以从学生自身、同伴和家庭入手，帮助随班就读学生适应学校人际关系：通过社交课程的学习提高自身的社交能力，形成更加持久、稳定的双向的人际关系；通过不同形式的活动让学生、家长走近特殊孩子，转变观念，给予理解和接纳；以爱心、平等、尊重的态度对待特殊学生，选择合适的同伴提供指导和帮助，形成团结互助、积极向上的良好班风；家校定期沟通，鼓励亲子交流，交流育人经验，共同努力促进孩子与他人之间的良好互动。

（三）行为适应

学校日常生活中，由于自我调节困难、缺乏适当的指导等因素影响，特殊儿童会表现出不同的行为问题，根据表现形式可分为外显行为问题如过分攻击、破坏纪律、多动等，内隐行为问题如焦虑、自卑、退缩等，即情绪问题。行为适应主要考察学生的情绪情感、行为表现能否适应学校常规，是否会对他人造成困扰。针对行为适应困难的随班就读学生，Q 学校的老师是这样进行干预的：

案例 6-2-3　“小星星”变“行”记

小 H，男，一年级新生，轻度孤独症伴随注意力缺陷多动障碍，能与他人正常交流，但缺少眼神对视，以自我为中心，不能遵守学校日常行为规范，不愿意听指令排队，课堂上喜欢开小差、经常离座乱跑，集体场合离座行为更为频繁，情绪激动时会有攻击性行为。

情景片段 1　心理辅导

小 H 刚入学，老师经常关心他，给他表扬和鼓励，熟悉之后，老师发现他虽然说话很“直”，但也很乖。这天听到小 H 和别人打架，却看到他在打人。老师问清了事情的经过：同学故意开玩笑去招惹他，他一着急，就动手了。事后，老师和小 H 进行了一次深入的“谈心”：观看视频让他认识到自己的问题并询问他打人的原因,帮助他转变错误的认知"生气可以打人",最后给他提出建议:"生气可以去跑步,但是一定不能打人。"后来小 H 每次生气都会去操场跑步。

【分析】表面看来,小 H 的攻击行为是由于情绪激动,难以控制自己的行为,但深入分析会发现问题的根源在于他对自身行为的错误认知,因此,只要通过心理疏导帮助小 H 建立正确的行为认知,就可以减少他的攻击行为。但是老师想要顺利进行心理治疗,前期需要努力与小 H 之间建立良好的信赖关系,让他愿意听从老师的建议并付诸行动。

情景片段 2 "代币制"行为干预

妈妈说小 H 很喜欢恐龙,因此,针对小 H 坐不住的问题,老师用了代币制的方法:只要一节课能保持坐姿端正累计 10 分钟,即可达标,奖励一张恐龙卡片。刚开始小 H 兴趣并不高,一次手工课用粘土捏恐龙,他很感兴趣,整节课都很认真。下课后,老师奖励他一张恐龙卡片,收到恐龙卡片时,他很开心。后来小 H 的卡片越来越多,经过两周时间,他每节课都能坐定 8 分钟左右。于是第三周,老师又将目标提到了 12 分钟。

【分析】针对小 H 课堂上坐不住的问题行为,老师运用代币制的方法进行了行为矫正,用小 H 喜欢的恐龙卡片作为奖励强化他的目标行为"坐姿端正",累计 8 分钟可获得奖励,在取得成效后逐步提高目标行为的持续时间。行为矫正方法对于改善学生的问题行为效果显著,老师常用的行为矫正方法还有榜样法、惩罚、消退法、替代法,等等。

情景片段 3 影子老师进课堂

鉴于小 H 上课不专注、听课效果不佳,行为问题严重,对班级学生造成了不良的影响,学生想要融入学校很困难,因此安排影子老师为他提供全方位支持(见表 6-2-3)。

表 6-2-3 影子老师课堂行为观察记录

影子老师课堂行为观察记录摘录（第2周）			
时间	班上同学表现	项目个案表现	教师策略
语文课堂	自学生字：圈生字，读一读。 大家自觉按要求完成自学任务。 -同桌很生气，把橡皮又拿回去了 -同桌不再生气了 -“好的。”同桌把橡皮借给了他	-慢吞吞地打开书本，左右看看 -圈生字，看到一个圈一个 -按字表顺序从课文开头往下找 -看看同桌，“你还没好，太慢了”，转到后面，“你这个生字没圈。” -直接拿同桌的橡皮 -低头道歉“对不起，我错了。” -“借一下你的橡皮，好吗？”	-动作提示（指题目） -方法指导：你这样容易漏掉的，我们可以按生字表的顺序将所有的生字依次圈出来 -及时反馈：这样说话别人听到不开心的，相反，你可以帮帮他们啊 -行为纠正引导：不问自取的行为是错误的，所以你应该跟他道歉，借东西时应该先取得别人的同意！你再试一试。

【分析】鉴于小 H 的行为问题严重，且对班级课堂造成很大的影响，很难适应并融入学校，影子教师的介入很有必要，他们具备专业的行为分析、干预等康复技能，能够时刻关注小 H 的行为，为他提供全方位的支持：观察并记录小 H 的课堂学习和行为表现，对他的问题行为随时进行指导，配合老师制定和实施个别化教育计划，等等。

案例启示：小 H 问题行为干预的个案研究表明，为了帮助随班就读学生改善情绪和行为问题，适应学校日常行为规范，以下几种策略行之有效：通过心理疏导改变学生不合理的行为认知，帮助他们正视并解决自身的不良情绪或问题行为；运用合适的矫正方法，制定科学的行为干预方案，对干预过程和结果进行观察、记录和监控，以便及时改进；影子教师进课堂，与老师合作对学生行为进行干预和监督，引导孩子养成正确的学习和行为习惯。

本节案例提供者：1. 上海第二听障指导中心　孔　娟

2. 上海市七宝实验小学　谭文娟

3. 闵行区平阳小学　陈　静

第三节　初中：指向自我认同的多元支持

初中段学生的人生阶段任务是建立自我认同感，自我认同度直接影响他们未来的发展。初中段特殊儿童随班就读有两个关键词：自我认同、多元支持。本节解析了初中段自我认同多元支持的内涵，并通过四类自我认同危机学生的支持案例，呈现并解析了初中段随班就读的特色运行方法。

一、初中段指向自我认同的多元支持的概述

初中阶段是青少年自我认同发展的关键阶段，人生阶段任务是建立自我认同感。如果不能顺利完成这一任务，他们会容易发生自我认同危机，不能确定自己的价值，甚至影响职业选择和未来的发展方向。[1]有研究显示青少年自我认同的发展状态与其社会适应状况有着显著的正相关。[2]初中随班就读学生由于生理缺陷、不被认可、被嘲笑、父母忽视等原因，面临着更为严重的自我认同困境。自我认知度和自我接纳程度低、自我评价低、自我情感消极、怯弱、不敢表达自己、对学习和生活缺乏规划、不能以一种自信的态度解决问题和面对生活等导致他们出现适应困难，并陷入一种难以以健康的

1　谭海练.小组工作在困境初中生自我认同提升中的运用研究——以Y学校困境初中生自我认同提升小组为例[D].广西师范大学,2019.

2　朱灵慧,韦舒雯,严由伟.高中生自我认同与社会适应的关系：同伴信任的中介作用[J].福建医科大学学报(社会科学版),2021(6)：43－47.

心理状态融入社会的恶性循环。[1][2][3]因此，帮助初中随班就读学生建立良好的自我认同对于他们的现在和未来都具有重要意义。

（一）初中融合教育的重要内容——自我认同

“自我认同”是由美国心理学者埃里克森最先提出的概念，综合他的理论、其他相关研究及初中随班就读学生的现状，本文中的自我认同指初中随班就读学生能够相对理智地认识自己，接纳自己，对生活持以积极的人生态度，对未来有期待及规划。

影响初中随班就读学生建立自我认同的因素主要有：个体因素，如残疾类型、残疾等级、残疾原因；同辈群体因素，如人际交往、同伴认可；家庭因素，如家庭结构、教育方式；社会环境，如社会接纳度、话语导向。

根据走访调查，区域初中随班就读学生的自我认同危机主要表现为过度追求不切实际的理想，独孤迷茫，自我评价低，依赖他人价值观无主见，本文将其定义为“理想冲突”型、“孤独迷茫”型、“自尊低下”型、“自我模糊”型四类自我认同危机学生群体。

（二）初中建立自我认同的途径——多元支持

初中随班就读学生面临着严重的自我认同困境，加之他们自身心理支持系统脆弱，自我调适能力差，较难通过自我调节的方式来提升自我认同度，因此更需要多元化的支持，以帮助他们建立良好的自我认同。

多元支持涵盖多个方面：支持主体的多元，有学校教师、同伴、家庭成员、医教专业人员、社会工作者、志愿者、政府部门等，这些人员从学校、家庭、社会、政府四个层面出发，为学生提供系统性的支持；支持内容的多元，有保障性政策、物理环境建设、课程建设（含心理课程、生涯课程、实践课程、转衔课程等）、家庭指导、心理支持等，这些内容从宏观层面到微观层面，为学生提供多角度的支持；支持方式的多元，有显性支持和隐性支持，显性支持指直接作用于学生个体之上的支持，如个别化教育、潜能开发，隐性支持则指间接作用于学生个体之上的支持，如融合氛围创设、家庭教育方法指导，这些方式从个体支持到氛围营造，为学生提供全方位的支持。

---

1 邓娟在.小组工作介入肢残青少年自我认同问题研究——以G市HX区为例[D].贵州大学，2015.

2 刘丽媛在.听障青少年自我认同感小组工作介入研究——以H市X特殊教育学校为例[D].内蒙古师范大学，2020.

3 冯聪聪在.认同理论下轻度精神残疾人士自信心提升研究——基于武汉市Y社区小组工作的实[D].华中科技大学，2019.

影响初中随班就读学生建立自我认同的因素不同，加之学生的个性化需求，应选择相宜的支持策略。并且，建立自我认同感是一个长期的过程，也许贯穿整个初中阶段，因此需要建立支持网络，开展阶段性动态评估，根据学生个体的变化与发展，适时调整支持策略，以满足学生的实际需求。

二、多元支持干预实践

上文已对自我认同及多元支持的概念作了阐述，下面将用四个初中随班就读学生自我认同危机的典型案例详细说明多元支持的具体策略。

案例 6-3-1 “理想冲突”型

“理想冲突”型：这类学生，不能接受自己的生理缺陷，没有建立起清晰的自我认知和准确的自我评价，他们往往对未来有理想有期待，但是这些理想与现实存在较大差距。

小 S，女，16 岁，先天性耳聋，左耳听力损失 92，右耳听力损失 100，属极重度听力残疾。18 个月时植入电子耳蜗并开始听觉言语康复，语言发展良好，能与同伴进行正常交流，小学、初中都在普通学校随班就读，学习成绩处于班级下游水平。不接受自己有听力缺陷，被称作“聋人”时会感到气愤，喜欢把电子耳蜗隐藏在长发中。职业理想是成为一名歌唱家或音乐老师。独生子女，父母皆为工薪阶层，家庭氛围和睦。

【分析】小 S 将电子耳蜗隐藏在长发中、不喜欢被称作“聋人”的行为说明她十分回避自己听力障碍的现实，想被人视作普通人对待。她不消极，对未来有所期待，想成为一名歌唱家或音乐老师，但这一理想与现实存在较大冲突，实现的机会渺茫。

针对小 S 的具体情况及未来发展需要，对其提出“正视自我—正当期待”的干预目标，帮助她形成健康的自我认同，接受自己的缺陷，悦纳自我，能做出合理的职业规划。

支持片段 1　个别化心理课“宝儿”

为了让小 S 能正视自己的缺陷，学校为其开设了个别化心理课。其中一节课选用《宝儿》一书，介绍了一只没毛的大雁生存的故事，使小 S 认识到就算没有美丽的外表，最终也会有人欣赏，不要忘记希望。

小 S：我觉得我就是宝儿。有时候，我听不清老师和同学在说什么，但我又不敢问，怕他们嫌我烦。我心里很烦恼，如果我的耳朵能听见，那该多好啊！

老师：那我们不妨试着去面对“听不见”这个事实。你看书中的宝儿，因为没有羽毛，反而成为了动物园中独一无二的动物。你如果能正视自己的缺陷，给自己设定合适的目标，老师相信你能通过自己的努力，有所收获，成为一个与众不同的你。

经过一个学期的个别化心理课，小 S 不再避讳谈论自己听障的事实，常常与同学和老师大胆交流，遇到困难向他们求助。

【分析】针对小 S 不能正确认识自我这一认同危机，学校从课程建设着手，通过开展个别化心理教育课，引导她完善对自我的认识，包括对自我生理层面和心理层面的认识。从生理层面来说，帮助她她明确无论外貌体征、家庭条件、学习成绩如何，每个人生来都是平等的主体，无需害怕也不用逃避。从心理层面来看，帮助她明确人非圣贤、人无完人，要勇于承认并悦纳自己的不完善，这样才能合理构建理想中的自我形象，并激励自己不断提升。

支持片段 2　职业体验“西点师”

前文中分析到，小 S 要实现成为歌唱家或音乐老师的理想机会渺茫。小 S 正值初中三年级，根据她的学业水平，报考职业学校的可能性较大。而职业学校的就读专业与其未来职业方向有着较高关联度，因此学校通过职业体验的方式，帮助小 S 挖掘兴趣，对未来职业作出合理规划和正当期待。

一次，前往一家创意甜品店实践时，小 S 遇到一位同为听障人士的西点师。只见她目不转睛地盯着对方灵巧的手，在蛋糕上裱出一朵朵栩栩如生的玫瑰花、画出可爱的小动物图案。“这些蛋糕实在太漂亮了！”小S惊呼道。在西点师的指导下，小S也完成了一个蛋糕裱花作品。那天，她不断与西点师交流、请教，看起来十分兴奋。

初三下半学期，在得知××职业学校有中西面点专业后，她向父母提出想报考此校，将来做一名西点师。父母认为小S有兴趣，并且美术功底也不错，表示赞成。

【分析】 针对小S出现的现实与理想冲突这一问题，学校仍从课程着手给予支持。本策略为实践类课程提供支持，学校通过挖掘周边资源，联系社区、企事业、职业学校，帮助小S获得多个职业体验的机会，为其创设条件、搭建平台，利用社会实践课、社团课、课余时间体验多种职业，发觉自身兴趣，引导她向擅长的方向进一步发展，正当期待和规划未来的职业。

案例6-3-2 “孤独迷茫”型

“孤独迷茫”型：这类学生，内心迷茫，孤独感强。别人不知道他的作用，他们也不知道自己可以做什么。在集体活动中，他们就像被遗忘的人，当其他同学投入各种活动中时，他却孤独地待在一旁。

小J，男，14岁，轻度智力残疾，三年级时申请随班就读，目前就读于一所九年一贯制学校七年级。家中长子，下有一弟，父母均在企事业单位就职，家庭经济良好，小J为爷爷奶奶照顾。小J每天能够按时上学，但对学习没有兴趣，学习成绩不理想。升入初中后，小J逐渐出现不听讲、做与课堂无关的事情、离座的现象，甚至走出教室，且频率逐渐增高。他经常在校园里到处走走看看，即使有老师劝阻也迟迟不肯回教室。小J经常与同学发生磨擦，导致班级中很多同学都不愿意与他同班，还曾有过动手殴打老师的行为。他没有要好的朋友，几乎不主动参与学校活动。他对未来没有目标，无职业理想，父母对其关心较少，对其未来存随意态度。

【分析】小J是一名智力障碍学生，与普通学生相比，在身心发展上存在差异，这些差异使他在学业中遭遇困难，在人际交往中被边缘化，也得不到老师的肯定，长期如此他无法形成良好的自我认同，产生孤独、迷茫的消极心理。这种消极感使他对学校产生抗拒，丧失学习兴趣和动力，甚至产生激烈的不良行为。其次，小J的父母对其鲜少关心也是他无法形成良好自我认同的原因。父母把他交给爷爷奶奶照顾，及对小J和弟弟的差异态度，使他感到自己的存在不被父母接纳，自己的表现得不到父母的认可，这些都加剧了他的孤独感。

针对小J的具体情况及未来发展需要，提出"丰富自我体验—引导家庭教育"的干预目标，帮助他形成良好的自我认同，提升自我价值感。

支持片段1　小花匠

为了能让小J体验自我价值，学校从小J的兴趣着手，利用校园资源，为其安排了"花匠"的岗位。

校园里种了许多绿植和花卉，小杰利用课余时间跟随后勤师傅学习园艺知识，比如修剪枝叶、施肥等。学校还提供了一间教室给小杰做工作室，他在工作室里种了各种各样的盆栽植物，并时常把盆栽送往各个班级和老师办公室，获得了大家的称赞。

不久，他又在工作室里养起了蚕宝宝。他利用午休时间，对外开放工作室，吸引了很多低年级同学前去观看，每次他都认真地为同学们讲述蚕宝宝的变化和养蚕的方法。自己的劳动成果能得到同学们的认可，小J表示很开心，更加认真地经营自己的工作室。

【分析】自我体验能够帮助随班就读学生形成自我觉知，尤其是成功的体验，能帮助学生提升自我认同度。本案例中，学校利用校内园艺资源，为小J创设条件体验种花养蚕，还聘请后勤人员为其指导，使其掌握一定的园艺知识。通过把自己亲手种植的盆栽送给老师同学、开放工作室讲解养蚕方法，小J体验到了成功的喜悦、分享的快乐。在这一过程中，小J发现了自我价值，对自我也产生了更多的接纳与认同。

支持片段 2　一家人

为了能让小 J 的父母提高对他的关注，学校成立了一支由班主任、心理老师、学校行政组成的导师队伍，把引导家庭教育纳入导师制工作范畴，并制定详细计划，每月开展一次家访，每周与家长保持电话联系，邀请小 J 父母参加家庭教育培训讲座等。

在导师们的动员下，小 J 父母把小 J 从爷爷奶奶家接回自己家中生活，这让小 J 十分兴奋。在家中，小 J 会主动帮助父母做些简单的家务，和弟弟相处融洽。父母也会对其生活上嘘寒问暖，学习上出谋划策。渐渐地，小 J 脸上洋溢的笑容多了，与同学间的摩擦也少了，还会主动参加小队活动、运动会等班级及学校活动。

一天，小 J 把一张家长会通知交给妈妈，在小 J 期盼的眼神中妈妈按时出席家长会。会上，老师郑重其事地在全班家长面前表扬了小 J 的转变和进步，令在场家长为之动容。看着小 J 把园艺工作室经营得有声有色、听着老师和同学对小 J 的赞扬，小 J 妈妈转变了"能跟着把学上完，拿到毕业证就知足"的观念，希望小 J 能有进一步发展。

【分析】自我认同是儿童与外界相互作用的过程中逐渐形成的。家庭作为儿童成长的主要场所，家庭氛围、父母的教养方式对其自我认同发展有着重要影响。当父母对孩子疏离、陪伴不足、肯定不足时，儿童内心中对自我形象的认知就容易出现偏差，自我认同感就会比较差，[1]因此学校需要对随班就读学生父母开展适切的家庭教育指导，优化家庭教育成效，促进良好自我认同的形成。本案例中导师团、教师引导小 J 父母创设良好的家庭环境，关心孩子的生活起居、心理变化，纠正孩子的不良行为，鼓励与同伴交往，促使他们产生被需要、被认可的心理认知。引导父母改变对小 J 的教育观念，帮助他们了解孩子的发展潜能，进一步规划孩子的未来，全力配合学校开展融合教育。

1　王岩英.促进中小学生自我认同感形成初探[J].教书育人(校长参考)，2018(8)：25－26.

案例 6-3-3　“自尊低下”型

“自尊低下”型：这类学生，客观上表现得比较优秀且有一定能力，但做事没有信心，时常产生自我怀疑、自我否定、易自卑等低自尊心理。他们有自己的想法，但常迁就他人，容易受他们的言行影响而改变自己的想法。

小C，女，15岁，患有白化病，优眼裸眼视力0.2，智力正常，二年级时申请随班就读，目前就读于一所普通中学初二年级。父母离异，跟随母亲一起生活，母亲经营着一家画廊，两人鲜少与父亲联系。学习成绩处于班级中下游水平，喜欢画画。日常生活中，小C对老师、同伴及母亲都比较依赖，喜欢听从好朋友的意见，对自己的意见显得无足轻重。非常听老师和父母的话，从不反抗。母亲对其学业有一定要求，希望她将来能考入大学。

【分析】小C的表现说明其对自我价值和自我意义缺少积极感知。她时常被调皮的学生嘲笑，也经常受到社会人群的指指点点。她的父母时常发生争吵，最终双方离异，父亲离家。小C把上述问题的原因都归结到她的生理缺陷上，这使她产生了自卑心理，无论在家庭还是学校中都低估自我存在的意义，对同学、老师、母亲十分依赖，甚至到了言听计从的地步。

针对小C的具体情况及未来发展需求，提出“挖掘潜能—正确交往”的干预目标，帮助她树立自信心，感知自我意义，发展健康的人际关系。

支持片段1　画展

小C的低自尊源于他人对其外貌作出的负面评价，所以需要帮助她发现自己的优点、挖掘潜能，以证明以貌取人的不合理性，帮助她树立自信心。受母亲的影响，小C在美术上较有天赋，为此学校利用资源课时间，结合校本特色，安排老师为其个别化辅导美术，如素描、版画等。两年多下来，小C的绘画水平进步很大，积累了许多优秀作品。

在今年的校园艺术节期间，学校为其举办了一次个人画展。大大小小几十幅小C的画被展示在学校大厅的显眼位置。看到老师和同学对自己的关注和对作品的赞赏，小C的内心十分满足。老师还鼓励小C参加绘画比赛，当她自信地站在领奖台上，在聚光灯的照耀下，俨然跟白雪公主一样美丽。

【**分析**】"颜值"是青少年阶段衡量他人和自身价值的重要标准,显然这是一种极片面的价值观。首先,教师引导小C要正确看待外貌的价值和意义,让她明白无论美丑,都不影响作为人的价值和意义。其次教师帮助小C挖掘自身的潜能,找到了绘画这一发展点。通过绘画辅导,小C的绘画水平进一步提升,又通过开画展、参加绘画比赛的方式,让周围的人了解她的过人之处。这些都令小C找到了自信。

支持片段2 "爱"的真谛

小C过于依赖朋友的意见,在同伴交往间扮演着从众的角色。让小C明白"爱"的真谛,正确与同伴交往,感知自我意义,也是破解她自我认同危机的关键。老师通过营造积极友爱的班级氛围,让更多的同学走进小C的世界,同时指导她掌握与同伴交往的原则和方法,鼓励小C扩大同伴交往的范围。

一次课堂讨论时,老师鼓励小C大胆发表自己的想法,小组同伴惊讶之余对这一想法表示赞同,最后还采用她的意见进行小组汇报,获得老师的肯定。慢慢地,同伴们对她刮目相看,也都愿意倾听她的想法。这样的变化让小C发现,一味的附和同伴并不能获得他们的认可,反而大胆表达自己的意见能赢得同伴的尊重。

【**分析**】弗洛姆说过:"如果不努力发展自己的全部人格使之成为自己全部人格并以此达到一种创造倾向性,如果没有爱他人的能力,如果不能真正谦恭地、勇敢地、真诚地和有纪律性地爱他人,那么所有爱的努力都会失败。"[1]让小C明白"爱"的真谛,培养她"爱"的能力,是使其感知自我意义,发展健康人际关系的关键。老师通过班级融合氛围营造,让同学们走近小C,了解她、尊重她,提升小C的班级地位。老师又指导小C同伴交往的原则和方法,使其明白同伴间的友爱是一种建立在平等基础上的"德性之交",帮助她在平等交往中感知自我意义,发展健康的人际关系。这种对"爱"的理解,也可以用在与家人相处中。

1 自我认同危机影响下的初中生同伴交往的个案研究[D].华东师范大学,2019.

案例 6-3-4 “自我模糊”型

“自我模糊”型：这类学生，自我认同度发展水平较低，他们的自我意识模糊，眼神茫然，他们服从权威，愿意听从教师、家长或伙伴们的意见，遇事目光经常跟随别人，以寻求别人的意见。

小 M，12 岁，智力中重度残疾，小学三年级申请随班就读，现就读于一所公办中学六年级。一年级时通过评估与课堂观察，老师发现她仅具有 2.5 岁儿童的智力，建议去特殊教育学校，但父母意愿倾向留在普通公办学校。小 M 几乎听不懂语数外学科的上课内容，能参与音体美等课，乖巧，不影响其他同学。她的同伴交往意愿强烈，但互动的内容简单，没有非常深刻的意义。升入初中后，她几乎无法加入同伴间的话题，逐渐扮演起倾听者的角色。她说不清自己的优点，对未来发展没有想法，遇到不确定的情况时常寻求老师和父母的意见，父母对其包办较多。

【分析】区域特殊儿童的安置政策包容性强，既遵循儿童的障碍类型与水平，也尊重家长的就读意愿，因此许多中重度智力障碍学生家长选择将孩子留在普通中小学就读。小 M 是一名中重度智力障碍学生，在校表现说明其自我意识发展不完善，还没有形成清晰的自我认知，也不能作出合理的自我评价。她的自我认同水平处于小学低年级发展阶段，这些危机与其智力水平、教养方式有密切关系，也影响到她的职业选择、人生发展。

针对小 M 的具体情况及未来发展需求，提出“认识自我—转变教育方式”的干预目标，帮助她形成清晰的自我意识。

支持片段 1　自画像

学校根据几名随班就读学生的特点及需求量身定制了几门特设课程。每周三下午是他们的生涯教育课时间。这章节的主题是“自画像”，老师想通过找一找、说一说自己的外貌特征、性格特点、兴趣爱好、优缺点，引导学生更好地了解自我、发现自我优势。

在“说说我的优点”这节课中，小 M 似乎很难说清自己的优点，于是老师把要求改成“我来夸夸你”，请其他同学以夸一夸的方式来说说小M的优点。

“小M乐于助人，经常把自己的东西借给同学，有一次××感冒流鼻涕，但是纸巾用完了，我看到她把自己的纸巾借给××擦鼻涕。”同班的小D说道。

“小M遵守纪律，从不与同学打打闹闹。”“小M很有礼貌。”“小M很爱笑。”……同学们纷纷举手，一下说出了十多条优点。小M听后开心极了。

【分析】进入普通中小学就读的中重度智力障碍学生，由于客观存在的生理障碍，自我认同发展水平与普通同龄学生相比，存在较大差异，他们对自我意识仍然比较模糊，需要系统引导，以清晰地认识自我。上述案例中，学校通过开设生涯教育课程，帮助小M更好地认识自己，使其了解自己的外貌特征、性格特点、个人能力、优劣势、职业认知等。在“自画像”章节“说说我的优点”这届课中，通过同学和老师的帮助，小M清晰地知道了自己的优点，提升了自我认知水平。

支持片段2　她能行

小学时，由于小M的各项能力明显低于同龄孩子，因此班主任老师请班级同学轮流做她的助学伙伴。上课、进出专用教室、盛饭、体育课……小M的身边都有助学伙伴的身影。在家中，身为独生子女的小M，六个大人围着转，几乎包办了所有的事情。久而久之，小M的主动意识、自理能力、劳动技能、运动能力与同龄学生的差距越来越大。

进入初中后，除了上课、课外实践等必要时刻，老师不再为她安排助学伙伴，小M不得不靠自己去适应环境。不再有同学牵着她去专用教室，她得自己辨别方向。不再有同学帮她盛饭打汤，她得自己去食堂用餐。老师还给她分派了收发本子的任务，以便她能认识班级的每一位同学和各科老师的办公室。起初经常有同学互相交换着发错的作业本，但一个多月后这种情况就很少再发生了。

【分析】从上述案例中可以看出，小学阶段和中学阶段的班主任对小M采取了两种截然不同的教育方式。小学阶段，班主任对其过度关注，在校期间为其安排多位助学伙伴，这一方法，虽然缓减了小 M 的适应困难，但也剥夺了她自我体验的机会，这不利于小 M 形成自我意识。中学阶段，班主任没有对小 M 限制太多，放手让她去尝试，虽然遇到过迷路、打翻汤、发错本子等问题，但是经过一段时间的锻炼，小 M 克服了困难，建立了良好的自我认同体验，提升了自我价值。

本节案例提供者：1. 闵行区特殊教育指导中心　聂佳妮
2. 上海市闵行区诸翟学校　秦兰菊

第七章

随班就读的
个性化支持与服务

随着教育现代化的发展，越来越多的特殊儿童进入普通学校就读。2006 年第二次残疾人抽样调查结果显示，我国 6—14 岁学龄残疾儿童有 246 万，其中 63.19% 正在普通学校或特殊教育学校接受义务教育。《2020 年全国教育事业发展统计公报》指出，我国普通学校中的随班就读在校生为 43.58 万人，占特殊教育在校生的比例为 49.47%。

随班就读的特殊学生，相对于普通儿童，各方面呈现出较大的差异。传统的集体教学，能够使其掌握文化知识和技能，发展一定的学科思维能力。然而随班就读学生还会产生有别于普通学生的“特殊需求”。除了传统的集体教学以外，他们更需要个性化的教育，来满足其差异性的需求。个性化的支持与服务，就是要根据学生当前的能力、不同的障碍类型、不同的教育需求，给予贴合其需求的支持服务，体现“因人而异”。

根据生态系统理论，特殊学生在随班就读过程中的发展，是在微观、中观、宏观系统组成的多元系统中进行的，它强调了环境和学生发展的相互影响；爱波斯坦(Epstein)的交叠影响阈理论更进一步对此进行了阐述：学校、家庭、社区在学生的发展过程中会相互交叠而产生影响。

本章节聚焦于提高随班就读学生的融合教育质量。通过不同的案例，阐述在开展融合教育的过程中，如何正视学生的个性化需求，通过不同的系统，如家庭、学校(教师)等的运行，为随班就读学生提供支持服务，从而令其更好地适应普校的学习生活。

第一节　家庭个性化服务

随班就读是特殊儿童接受融合教育的主要形式。通过开展家庭个性化服务,可以对随班就读儿童产生积极的影响。本节基于特殊儿童家庭的不同类型,以不同的案例举隅,呈现开展家庭个性化支持服务的过程与方法。

一、家庭个性化服务的概述

(一) 对随班就读儿童开展家庭个性化服务的必要性

家庭是特殊儿童生存和发展的基本单位,家庭教育的质量会直接影响特殊儿童的健康发展。王洙、杨希洁等对全国不同经济水平地区有关随班就读质量影响因素的问卷调查发现:特殊儿童家长与教师的及时沟通,能使个别化教育计划的制定更加及时、科学、准确,对促进随班就读儿童的进步具有极其重要的保障作用。[1]

然而,随班就读儿童个体差异巨大,随班就读儿童的家庭也会面临诸多问题:有些家长也是特殊人士,受障碍限制无法进行亲子互动;有些家长文化程度偏低,缺乏有效的家庭教育方式;有些家长不能正确认识孩子的特殊性,选择逃避或消极面对。诸多的家庭问题,不仅使得随班就读儿童的家庭教育蒙上了阴影,也对融合教育的顺利开展产生了阻碍。

因此,随班就读儿童家庭迫切需要个性化的支持服务,让家庭教育能发挥更大的作用,家长能更好地履行教育的义务,促进儿童健康成长。

1　王洙,杨希洁,张冲.残疾儿童随班就读质量影响因素的调查[J].中国特殊教育,2006(05):3-13.

（二）家庭个性化服务的内涵

特殊儿童的家庭支持，是一种满足特殊儿童生存发展需求、提高家庭能力而提供给特殊儿童及其全部家庭成员的综合服务。[1]

本节所指的家庭个性化服务，面向在普通学校随班就读的特殊儿童，通过分析不同特殊儿童家庭在融合教育开展过程中的不利因素，整合学校、区域、社会三方资源，开展改善其不利因素的个性化服务，从而帮助特殊儿童家庭良性、健康地参与融合教育，为特殊儿童有质量的融合提供家庭支持。

根据前期的访谈结果，将随班就读学生家庭根据不同的表现，分为主动型家庭、被动型家庭和缺位型家庭三种基本类型（见表7－1－1）。

表7－1－1　三种不同类型的随班就读学生家庭

家庭类型	家　长　表　现	学生表现	所　需　支　持
主动型家庭	有正确的教育理念，懂得一定的教育方法和手段；会主动寻求帮助，如记录日志、自己学习购买书籍	融合良好	参与个别化教育计划的制定与实施；获得更有质量的资源支持
被动型家庭	缺少正确的方法、策略、资源；遇到问题，不会主动寻求帮助；家校沟通不积极，仅能被动配合老师完成任务	融合一般	调动积极性，将被动化为主动；提供家庭康复的专业指导
缺位型家庭	隔代教养或父母教育缺位，消极对待孩子的教养问题，无法正面孩子的障碍	融合困难	疏导心理瓶颈，建立合理期望和健康的教养观

根据不同类型家庭的表现，提供个性突出、量身定制的家庭支持服务：给予主动型家庭资源整合的平台，引导家长充分、有效参与IEP推进；给予被动型家庭专业保障，解决家长面临的家庭教育棘手问题；给予缺位型家庭全方位系统支持，疏通和缓解家庭矛盾中的突出问题。

1　梅显红，许丽敏，杨今宁.特殊儿童家庭支持体系研究［J］.教育实践与研究，2021（21）：91－94.

二、家庭个性化服务的实践

为了更好地进行家庭个性化服务，闵行区依托区内体量庞大的随班就读学校，通过综合评估，将区内随班就读的儿童按照融合情况分为三类，并将其家庭根据不同的表现进行匹配，从而分类对其开展家庭个性化服务，累积了案例并形成了可供参考的实践策略。

（一）主动型家庭个性化服务

案例7-1-1　小小广播员

1 案例导入

下个星期是一(2)班当家进行校园广播的日子。班主任姚老师利用班会课号召同学们竞选“小小广播员”。每个同学都跃跃欲试，想要表现自己，只有西西一个人呆呆地坐着。姚老师上前问：“西西，你想要试试吗?”西西当然很想去，可是摸摸自己的耳朵，她犹豫了“我可能不行吧……”

案例中的西西，是一名患有听力损失的随班就读学生，由于自身缺陷，经常会表现出畏缩、不自信。于是，在伙伴们都积极报名“小小广播员”的时候，西西却犹豫。

2 基本情况

西西，二年级，双耳佩戴助听器，补偿效果为最适。综合评估发现，西西学习成绩优异，与同伴、老师相处融洽，能够积极参与班级、学校的各项活动，属于融合良好。因为自己的发音问题，西西常常显得小心翼翼，上课朗读课文十分小声，与人交往也不自信。

3 家庭情况

妈妈是一位全职太太，因为出生时发现西西的听力受损，妈妈爸爸决定，由妈妈辞去工作照顾西西，爸爸负责赚钱养家。西西妈妈自学了听力学、言语康复等专业课程，还送西西去了专业的学前语训康复机构。经过三年的训练，西西在一年级入学前成功考取得了康复一级证书。

【分析】根据西西的综合评估，结合家长的表现，将其家庭定位为主动型家庭。西西妈妈作为一名主动型家庭的家长，不仅拥有科学、专业的理念和知识，也有强烈的意愿参与西西在学校的融合。对于主动型家庭而言，随班就读学生的“无痕化”融合是他们的共同心愿。家长希望参与到学校对随班就读学生的各项工作中，全面了解自己孩子在融合时的情况，与老师形成合力。而对于学校和区域而言，主动型家庭本身在教养方面的成功经验，是具有一定的推广价值的。

针对西西家庭的特征和需求，按照“组建团队→制定和实施 IEP→妈妈进课堂”开展家庭个性化服务。

4 支持过程

组建团队+IEP 设计：西西所在的小学，组成了班主任+学科教师+西西妈妈+区巡回指导教师+特教教研员的支持团队，通过把家长“请”进团队中，为家长参与制定和实施针对西西的 IEP 提供联络平台，让家长成为融合教育中有参与权和发言权的成员之一；同时，整合区域资源，借助巡回指导教师和特教教研员的专业，解决学校和家庭中的疑难杂症，为西西能够顺利融合保驾护航。

“妈妈进课堂”：班主任老师还利用班会课，请西西妈妈给全班进行了《我的神奇小耳朵》《请耐心和我对话》等主题分享，让同学和老师了解助听器的作用和保护小窍门，理解西西的听力损失，学会和西西相处时的小技巧。因为妈妈进课堂的活动，西西受到了来自同伴们的羡慕“西西，你妈妈上课好幽默呀！”“西西，我太喜欢你妈妈了！”慢慢地，变得自信和阳光起来。

5 尾声：勇敢的小小广播员

姚老师鼓励西西“这次稿子可以读，只要你写好稿子多多练习，肯定没问题的，你的普通话比姚老师好呢！姚老师是上海普通话！”西西在老师的鼓励下，和妈妈一起在家反复练习，做了充足的准备，最终圆满完成了任务。

【分析】西西的案例给我们的启示是：主动型家庭是融合教育的中坚力量，在为其提供家庭个性化服务的过程中，关键是要将家庭本身的需求和优势有效整合，使家长成为强有力的支持，既能弥补学校工作中的不足，也为其他家长提供学习榜样和前进的动力。

西西的案例中，正是学校及时发现，有效地整合资源，才令西西妈妈有机会走进课堂，让西西的同伴们能够了解西西的“特殊”，也为西西改善伙伴关系、提高自信心奠定了基础。

（二）被动型家庭个性化服务

案例 7-1-2 爱哭的女孩

1 案例导入

上课铃响了，英语刘老师迈着欢快的步子进入七(2)班教室，还没走到门口，就听到门口传来乱哄哄的声音。“上课铃响了，怎么还没做好呀?”刘老师有些生气地问。班长说:“刘老师，杨××又哭了，我们只是在讨论网上有人随地吐痰，她就误以为我们在说她坏话呢!”刘老师看着不远处趴在桌上哭的小杨同学，再看看乱哄哄的班级，心里不是滋味。

案例中这个爱哭的七年级女孩，究竟为什么会如此脆弱和敏感呢?

2 基本情况

杨同学，七年级，右侧植入人工耳蜗，听力重建效果比较好。综合评估发现，杨同学成绩中等，同伴交往尚可，但是十分在意别人的评价，因此很注意自己的言行举止。有时会把老师说的一些不好的现象对号入座,进而产生消极、自卑的心理。

3 家庭情况

杨同学的爸爸是一位退伍军人,现在在上海临时打工(身兼两职),妈妈是民办幼儿园的老师。父母对杨同学的成长非常关注,曾给杨同学报了很多班,期望她能多才多艺。爸爸对杨同学的教育手段比较简单粗暴,小时候以武力解决为主,长大了以"热嘲冷讽"为常态。妈妈虽然工作繁忙,但尽可能陪她,与她一起上图书馆看书,也陪她说说聊聊。但妈妈有事说话方式不太注意。父母两人对她的期望值都较高。

【分析】根据小杨的综合评估,结合家长的表现,将其家庭定位为被动型家庭。小杨产生问题的根源来自家庭。小杨的父母缺乏科学、有效的教育方式,他们任意、随意的行为对孩子造成了负面影响却不自知。他们对自己和孩子有一定的要求,强烈希望孩子能够克服障碍,获得更好的发展,却因缺乏正确的教育方法、家庭教育策略或者专业知识的资源,不懂得主动寻求帮助。

针对小杨家庭的特征和需求,按照"关爱结对→心理疏导→方法指导"开展家庭个性化服务。

4 支持过程

① 关爱结对:小杨所在的学校有障碍类型不同的随班就读学生。学校在开学初专门开设了随班就读学生家长沙龙,为这些家长提供了一个定期交流的平台。在平台活动中,特别为小杨家庭牵头结对了一对一的互助家庭。通过家长之间的交流,帮助小杨父母树立积极、健康的心态。

② 心理疏导:班主任通过交谈发现小杨喜欢多想,也比较敏感,常会纠结在某一件事上而无法释怀。她父亲心态更是不好,家访时曾说自己没得到老板器重,说自己做得多,却没有其他员工得到的多,抱怨挺

多。父母形成的家庭氛围，对孩子的成长有着潜移默化的影响。在小杨父母的影响下，势必会对其情绪、心理产生不良反应，久而久之加深孩子敏感、猜疑等负面情绪。

因此，学校借助心理老师，为小杨家庭提供了家庭治疗，通过心理疏导和认知重建等方式，排解父母因自身遭遇和性格缺陷导致的不良情绪，让小杨父母认识到，家庭作为孩子生态环境中的重要核心，需要建立积极、良性的互动，才能为孩子提供爱的支持。

③ 方法指导：小杨的班主任利用家校联系的契机，与她的父母建立频率高的互动，常常在聊天时推送一些针对家庭教育方法的文章或者视频，让小杨父母学习；除此以外，区域巡回指导老师在巡回指导时，也会请来小杨的父母，针对小杨的 IEP 开展情况与他们进行沟通交流，指导小杨的父母如何在家庭中针对小杨口齿不清的问题开展家庭康复，以及当初三面临升学问题时如何帮助她正确规划。

5 尾声：爱哭女孩不哭了

刘老师又一次遇上了七(2)班的课，回想起上学期那次不愉快，刘老师至今心有余悸。课堂上，刘老师展示了不同人种的外貌特征、文化差异，有男生起哄道："中国人也有聋子和傻子！"刘老师心里大叫：这下可糟了，爱哭女孩又得大哭了……没想到小杨立马站起来，一字一顿地说："请你注意文明用语，每个人的差异都是独一无二的！"刘老师和其他同学都被小杨自信、勇敢的样子怔住了，纷纷鼓起掌来……

【分析】"父母是孩子的第一任老师。"小杨的案例告诉我们，为被动型家庭提供个性化服务，关键在于如何利用家长之间的同理心，引导被动型家庭开展换位思考，在心理建设中触发其主动参与的意识。

小杨的案例中，家长沙龙的开设，使得处境相似的家庭有话可说、有情可共，为被动型家庭打开一扇窗，在提高被动型家庭的积极性的同时，形成家校合力，共同为随班就读学生的进步"添砖加瓦"。

（三）缺位型家庭个性化服务

案例 7-1-3　小 c 的烦恼

1 案例导入

体育课的自由活动开始了，同学们纷纷选择自己喜欢的项目开始活动。小 C 很想打篮球，可是不知道怎么表达，于是找准篮球跑出来的机会直接上去抢。结果被同学们阻拦，小 C 很生气，开始手舞足蹈，同学们马上报告老师，阻止了一场"战争"。

小 C 怎么了？为什么简单的需求和表达，到了小 C 这里，却演变成了暴力冲突呢？

2 基本情况

小 C，二年级，智力障碍并伴有一定的自闭倾向。综合评估发现，小 C 学习成绩不佳，无法与同伴相处，稍有不慎就会出现打人、骂人等不良行为，课堂中常常开小差、扰乱课堂纪律。

3 家庭情况

单亲家庭，由于妈妈也是一名特殊人士，因此小 C 从小由外婆一手带大。外婆觉得小 C 需要接受正常的教育，可以变好，只是要严格，不能让小 C 偷懒。因此遇到学不会或者不听话时，常常通过打骂进行教育。

【分析】根据小 C 的综合评估，结合家长的表现，将其家庭定位为缺位型家庭。小 C 妈妈的特殊，让外婆成为其主要教养人。然而外婆长期简单粗暴的教养方式，促成了小 C 遇事不沟通、直接动拳头的性格。缺位型家庭的家长，他们本身伴有一定程度的障碍，无法直接参与学生的教养，隔代教养较为普遍；此外，缺位型家庭对特殊儿童缺乏正确的认识，表现出不合理的期望。他们自己不仅无法给予特殊儿童有效的支持，家庭内部也常常矛盾重重，还会对学校工作产生不合理的要求。因此缺位型家庭既没有家庭成员间内部连接，又没有外部资源的支持，在这样的家庭中，随班就读学生成为了普校老师眼中的“随班混读生”，融合情况令人堪忧。

针对小C家庭的特征和需求，制定了“家庭结对→心理疏导+影子老师→社工介入”的方式，对其开展家庭个性化支持。

4 支持过程

通过分析小C的情况可以发现，小C的外婆对于其障碍有不清晰的认识，从而产生了不合理的期望值，希望小C能够通过教育转变过来；另外，由于缺乏正确的教育方法，外婆的打骂已经对小C产生了不良影响，小C的问题行为不仅严重影响了他与同伴的正常交往，还影响了课堂的正常教学。

针对小C家庭的特殊情况，学校联合区域特教中心以及社区资源，以家庭结对、心理疏导、影子老师支持和社工介入的方式，多渠道进行支持。

影子老师支持：区域特教中心提供影子老师支持服务。通过影子老师的进入，帮助小C维持情绪稳定，遵守课堂的常规；同时利用个训，将课堂学习要求、同伴相处技巧等进行个别化学习，让小C理解不同情绪的表现，以及如何在情绪来时学会冷静和理性沟通。

社工介入：学校邀请社区居委会进行属地管理，为小C家庭提供了一对一的社工上门疏导。社工每周2—3次上门了解小C家庭的情况，同时开展家庭指导，为小C的外婆和妈妈宣传正面的家庭教育理念，并利用社区心理沙龙的活动，开展心理疏导，让小C和外婆都有放松的空间。

5 尾声：“外婆我爱你！”

五月的第二个星期天是一年一度的母亲节。这一天，社区开展了“我为妈妈献束花”的活动，邀请了小C一家参加活动。小C显得很兴奋，外婆有点生气，可是社工一直在旁边鼓励外婆，放下对小C的不信任，让他多多独立参加活动。当小C拿着自己插好的花，送到妈妈和外婆面前时，外婆的眼眶有点湿润了，小C说“外婆我爱你！”紧紧地和外婆抱在了一起，全场都为之动容。

【分析】小 C 的家庭是一个典型的缺位型家庭，家庭成员自身和家庭本身根本不具备自我成长和支持的能力。案例中通过社区服务的介入，为小 C 这样的缺位型家庭搭了一个“支架”，帮助家庭回归良性、健康的成长环境，从而为小 C 提供一个“避风”的心灵港湾。

小 C 案例给我们的启发是：为缺位型家庭提供家庭个性化服务的关键是要充分利用生态系统中的学校、区域和社区资源，三方合力形成区域一体化、多渠道渗透的有效服务途径。

本节案例提供者：1. 上海第二听障教育指导中心　孔　娟
2. 闵行区实验小学　李　娜
3. 闵行区颛桥中心小学　周伟峰

第二节　学生个性化支持

特殊儿童个体差异显著、教育需求多样。为了帮助他们更好地适应普校的学习，解决融合过程中产生的困难与挑战，就需要给予特殊儿童个性化的支持。本节以个性化支持为切入点，借助不同的案例，阐述如何基于特殊儿童的需求和差异，开展不同维度的个性化支持，从而提高特殊儿童的随班就读质量，促进他们身心健康发展。

一、学生个性化支持的概述

（一）学生个性化支持的必要性

随班就读，是我国在融合理念指导下对特殊儿童较为普遍的安置形式之一，是特殊儿童融入普校、参与社会的重要途径。特殊儿童因障碍所限，本身存在较大的个体差异。在随班就读过程中，除了普通学科的学习需求之外，他们还会需要许多额外的支持，能够帮助这一类学生适应普校的学习与生活。

于素红对上海市三类学校开展随班就读工作的困难与问题的问卷中指出，特殊学生与正常学生差距大，课程教学难度大，是随班就读工作面临的主要问题。[1]这一问题对随班就读学生产生了较大压力，学生缺乏自信，不利于其成长。杨希洁同样指出，影响特殊学生随班就读最关键的因素是学生是否能够得到专业支持，以及提高其学业成就、自信心、社会交往，等等。[2]。

因此，亟需提供一种行之有效的个性化支持，能够满足特殊儿童在随班就读过程

1　于素红.上海市普通学校随班就读工作现状的调查研究[J].中国特殊教育，2011(04)：3－9.

2　杨希洁.随班就读学校残疾学生发展状况研究[J].中国特殊教育，2010(07)：3－10.

中多样化的教育需求，从而使其能够健康而有个性地发展。

（二）学生个性化支持的内涵

“个性”是先天和后天互相作用融合而成的独特整体。[1]特殊儿童的个性化支持，首先要正视个别差异，并把这种差异作为提供个性化支持的依据；还要尊重每个特殊儿童的个体需求，保证他们在随班就读中接受符合自身需要和特点的教育，引导特殊儿童全面和谐地发展。

区域基于随班就读的工作经验，对区内的随班就读学生开展个性化支持。通过问卷访谈、综合评估详细了解特殊儿童的当前情况，基于不同类型的障碍，以学生的教育需求为立足点，从学业辅导、听说训练、社会适应、行为干预、情绪管理等单个或多维度切入，协调家庭、学校、区域、社区不同生态系统的各类资源，有的放矢对随班就读的特殊学生开展个性化支持服务，从而全面提高区内随班就读的质量。

二、学生个性化支持的实践

在开展个性化支持的过程中，闵行区依托区域一体化优势，累积了许多值得借鉴的经典案例，同时也为后续在随班就读中对特殊儿童提供个性化支持提供了可供参考的经验。

案例 7-2-1 “小”故事中蕴含的“大”能量

1 案例导入

课间休息时，祺祺又像往常一样，拿出课桌里的奥数题库，去“考一考”同学们。小 A 正在和其他同学聊天，没有搭理祺祺；小 B 急着去上厕所，对着祺祺一顿摆手“快让开快让开，我要上厕所啦！”接连被拒绝后，祺祺有些急了，拿起笔写下题目，开始朝同学们扔过去，被扔到的同学开始指责祺祺，一场矛盾马上就要爆发了……

案例中的祺祺，仿佛无视了同学们的拒绝，在我行我素之间引发了

1 李如密，刘玉静.个性化教学的内涵及其特征[J].教育理论与实践，2001(09)：37-40.

同伴交往的矛盾。为什么祺祺会有这样的行为呢？究竟该如何帮助他走出困境呢？

2 基本情况

祺祺，男，上海公立小学五年级学生，左右耳听力损失各 60 分贝，双耳佩戴助听器。综合评估结果显示：祺祺具有很强的数字记忆力、类同比较和概念推理能力，逻辑理解能力较好；社会行为发展略有滞后，同伴交往中有零沟通和攻击性行为，需要有针对性的社会干预。

班主任和学科老师反映，祺祺的性格比较刻板和多疑，由于在低年级受过一些歧视，因此对于负面评价十分敏感。常常无端将老师的评价解读为批评或者歧视。和同学相处时也会因小事而发生矛盾进而大打出手。

【分析】祺祺因为听力受损，无法正确解读与人交往中的信息，加上缺乏社交技能，导致他面临人际交往的困境，引发了诸多问题行为。

因此，为祺祺提供个性化支持的首要目标，就是通过有效的策略，提高其社会交往技能，帮助他正确理解在交往中他人的意愿，理解人与人之间的差异性，与同伴能够和谐相处。

3 支持过程

针对祺祺当前的情况和需求，选择了“社交故事法”为其提供个性化支持。根据社交理解原则、自尊养成原则、个性化原则、序列性原则，围绕祺祺学校生活中的困难点、矛盾点编写社交故事，帮助祺祺在理解故事时学会遵守学校的课堂秩序，理解同伴交往的社会行为，在合作游戏和同伴互动中，以不干扰他人为前提，恰当地表达自己的观点和情绪。

比如，为了引导祺祺在周末外出乘坐地铁的集体活动中遵守规则，老师自编了社交故事《人们为什么坐地铁》（见图 7－2－1），其目的是让祺祺知道坐地铁的原因，并学会按照故事中所述，选择正确的站点下车，

人们为什么坐地铁

地铁是一项便捷的交通工具。地铁里环境舒适。地铁没有红绿灯，不会堵车，可以准点开车、到站，既方便又快捷。地铁不会排放尾气，比较环保。乘地铁按站点距离收费，经济实惠。

人们乘坐地铁，是因为他们可以避开交通堵塞，准时准点到达目的地。比如上班族上班，学生上学，都有可能乘坐地铁。

早晚高峰时间，乘坐地铁的人流较多，地铁里会比较拥挤。有时老人们会错开早晚高峰乘坐地铁，这样可以为年轻的上班族让出宝贵的交通资源。

如果没有必要，人们一般不去占用地铁资源。地铁中的座位是老、弱、病、残、孕专座，可以帮助有需要的人们。

地铁是一项便捷的交通工具，但不是玩具。人们只在有必要时才乘坐地铁，并且会在到站后及时下车。

图 7－2－1　社交故事——人们为什么要坐地铁

适时结束乘坐地铁的行为。

社交故事《声音的五点量表》(见图 7－2－2)则是为了帮助祺祺理解自己和他人对声音的敏感度是有区别的,从而能够运用声音的五点量表,早晨进校时能够学会轻推门、轻放书包等良好行为。

之前有家长反映,祺祺多次在听力考试中大声说话,影响其他同学的听力测试成绩。老师细问之下才发现,祺祺因为听不清而着急,进而大声嚷嚷。

为了引导祺祺了解在听力测试中每个人都希望听清音频的状况,老师自编了社交故事《听力考试应保持安静》(见图 7－2－3)。通过故事祺祺明白了在听力考试的时候保持安静,才能令大家都能听清楚。

声音的五点量表

许多事物可以按从无到有、从轻到重分为五个等级，这被称为“五点量表”。

声音也有五点量表。比如对于其他同学来说，以下是生活中感受到的音量：

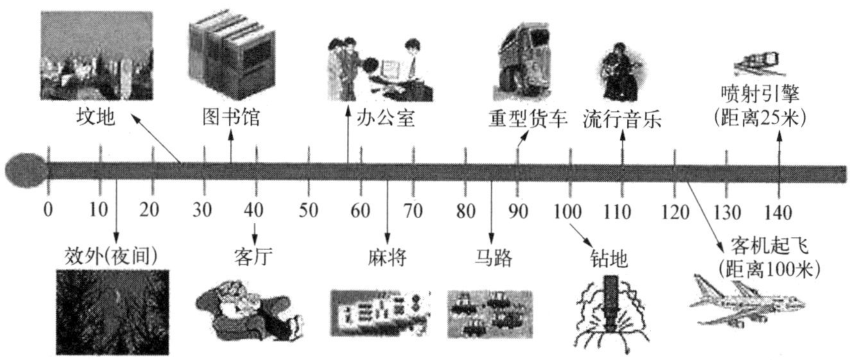

人们听到不同分贝的声音会有不同的感受。下面是同学们对不同强弱的声音的感受。

听觉效果与声音的强弱		
声　音	声音的强弱 （dB）	听觉效果 （感觉）
树叶微动	10	极静
轻声交谈	20～30	安静
正常说话	40～50	正常
大声呼喊	70～80	较吵
汽车喇叭	90	很响
载重汽车	100～110	震耳
飞机发动机	120～130	疼痛难忍

晨读的时候，60 分贝左右的声音有助于维持早读的纪律。

我的听力有 60 分贝的缺失。这使我听到的声音大小和大家不同。120 分贝飞机起飞的声音在我听来犹如____________________，但这对别人来说却很刺耳。我佩戴助听器时感受过刺耳的声音，噪音让人耳朵疼痛。

当同学的目光注视我，这可能是因为我发出了吵闹的声音。这时我的动作需要再轻些。我可以轻轻推门进来，轻轻地走到座位，轻轻放下书包，再轻轻拉开椅子。

图 7－2－2　社交故事——声音的五点量表

听力考试应保持安静

听力考试对所有同学都很重要。

为了保证大家能听清考试录音，监考老师会在考前播放测试音频，检测考场设备音量，确保所有同学都能听见。

在考试中，有时候音频声音会有极小的强弱变化，这可能是录音老师不同的语音、语调、语气造成的，也可能是设备的不稳定。

这时候，同学们大多会凝神静气，因为这有助于大家听得更清楚。举手抗议并不能发挥更大的作用，因为这会影响大家听后面的内容。

当考场发生影响学生听音的故障，监考老师会决定是否有必要采取措施，补放音频。但这必须完全由监考老师来判断，不由学生做决定。

这些故障对我的影响大于我的同学，我很着急，这是可以理解的。班主任和监考老师会帮助我。考试前我可以戴上助听器，监考老师会允许我站在离讲台最近的位置听音，如果没有听清楚，考试后，监考老师会单独再给我播放一遍，但是其他同学并没有这样的机会。

为了让大家都有听清楚的机会，在听力考试中，我应该保持安静。

图 7-2-3　社交故事——听力考试应保持安静

4 尾声

又到课间10分钟休息了，祺祺还是像往常一样，拿出奥数题库想要寻找对手。这一次，他一改往日横冲直撞的做法，走到每个同学身边问："你愿意和我比一比吗?""为什么呢?""下次我们约定和时间吧!"……这些询问句，让大家都刮目相看，祺祺也乐呵呵地说："原来耐心询问的好处这么大!"

【案例】充分基于特殊儿童的个性特点，是提供个性化服务的首要原则。祺祺的案例中，教师基于他的特点选择了社交故事法，发掘学校和生活中不同的场景，引导祺祺正视自己与同伴之间的差异，培养了规则意识和良好行为，不仅改善了祺祺与同伴间的互动质量，也进一步提高了他的社会适应能力。

个性化支持可以选择多种策略与教学方式，社交故事法只是其中的一种。但是无论选择何种方式，都要围绕随班就读儿童的年龄性格特点，选择应用范围广泛、实践方式具体的方法，才能有效改善随班就读儿童的融合质量。

案例 7-2-2　kk 的“专属”课表

1 案例导入

数学课马上要上课了，大家都做好了准备，等着老师进来，只有 kk 显得格格不入。只见他的课桌上凌乱地堆着各种文具，蜷缩在自己的座位上。老师不时提问，同学们都十分积极，纷纷举手想要发言；而 kk 呢，趴在桌上眼睛开始慢慢闭起来……

kk 的表现一定让所有人都皱眉头：这样的学生像是一个透明人，在班级中毫无存在感。这其中到底发生了什么呢？

2 基本情况

kk 是一名轻度智力障碍的三年级随班就读学生。综合评估显示：kk 的语言、认知发展均落后于同龄儿童水平，尤其是在逻辑思维、图形分辨方面；社会适应能力不佳，自我评价偏低。

根据班主任及学科老师反馈，kk 是一个朴实的学生，性格很温和。然而由于学习成绩不理想，无法融入自己的班级，十分自卑和消极，对周围的人和事都没有兴趣。

【分析】通过对 kk 的评估与深入了解后，发现 kk 因认知、语言发展受限，产生了学业压力，导致他对学习的放弃和自我认可偏低。kk 需要一种个性化支持，能够帮助他解决学习中的困难，同时也能重建对学习和自我的自信心。

3 支持过程

针对 kk 当前的情况和需求，为其设计了“专属”的个性化课表（见表 7-2-1）：

表 7-2-1　kk 的个性化课表

	时　间	周一	周二	周三	周四	周五
晨扫活动	7:45—8:10	学科个别辅导				
早操	8:15—8:30					

续 表

	时　间	周一	周二	周三	周四	周五
1	8: 40—9: 17	数学	音乐	自然	语文	数学
2	9: 27—10: 04	语文	英语	数学	音乐	美术
3	10: 14—10: 56	体育	体育	语文	英语	英语
4	11: 06—11: 43	自然	非洲鼓	语文	写字	体育
午休	12: 30—13: 00		个训		个训	大扫除
午会课	13: 00—13: 20	时政	卫生/心理	行规	红领巾广播	阅读
5	13: 30—14: 07	英语	语文	英语	数学	少活
6	14: 17—14: 59	探究	数学	高尔夫	劳技	拓展
7	15: 09—15: 46		品社	品社	品社	阳光体育
放学时间		15: 05	15: 50	15: 50	15: 50	15: 50

kk 的个性化课表基于班级课表和 kk 的当前情况“量身定制”，增加了学科辅导和个训，利用不同时间提供个性化支持。

(1) 学科辅导：利用每天的晨扫时间，为 kk 提供学科的一对一个别辅导，安排语、数、英等主要学科老师轮流进行，主要针对每日学习要点进行梳理和预学习，让 kk 能够跟上课堂节奏打好基础；同时在个性化辅导时，帮助 kk 梳理之前学习中的薄弱环节，通过多次讲授、指导练习等方式拾遗补漏，重新建立对学习的积极性。

(2) 个训：安排了两个午休时间由学校的心理老师，为 kk 提供心理咨询服务。通过沙盘游戏、情景沟通、音乐治疗等方式，排解 kk 因学业压力而产生的消极心理；并利用故事、动画等资源，引导 kk 学会正确处理困难的方式，发掘自己的优势和长处，勇敢迎接学习和生活中的挑战。

4 尾声

数学课开始了，周老师走进教室，在同学中间发现了kk：整齐的桌面，端正的坐姿……周老师朝他微微点点头，开始了今天的教学。课堂上，kk睁大了眼睛，仔细听讲，周老师提了个问题“谁能来读一读题目?”kk立马举起手来，把题目大声朗读出来，获得了大家的眼神鼓励，kk乐呵呵地坐下来。

【案例】巧妙贴合特殊儿童的当下需求，是提供个性化服务的必要条件。kk的案例中，“量身定制”的个性化课表，解决了kk在随班就读中的突出难点问题，帮助kk调整学习的状态，既有时间参与集体教学和活动，又能够获得当前急需的学科补习和心理辅导。

“一生一课表”能将校内资源充分运转起来，让班主任、学科老师、心理老师、资源教师等，都成为了随班就读儿童个性化支持的参与者，从不同方面满足特殊儿童的教育需求，助其更顺利地融合。

案例7-2-3 “人见人怕”的小魔王不见了

1 案例导入

英语课堂中，同学们都在老师的带领下朗读课文，突然传来一声“巨响”，原来是彬彬打翻了铅笔盒。过了一会儿，只听见“哎呀，好痛!”又是彬彬，抓了前面女同学的头发。英语老师忍不住上前，教育了彬彬，谁知他不仅没有意识到错误，还在在众目睽睽之下离开了课堂。老师连忙跟上去，把他拖住，彬彬竟然在地上打滚了……

案例中的彬彬，是老师和同学眼中的“问题学生”，不仅无法参与课堂内容，还出现了扰乱课堂秩序、欺负同学、离开教室等诸多不良行为，这些行为对彬彬自己和同班同学的学习都产生了负面的影响。

那么究竟是什么原因，导致彬彬在随班就读过程中出现了那么多问题呢?

2 基本情况

彬彬是一名伴有自闭倾向的一年级随班就读学生。综合评估结果显示：彬彬的语言、认知发展均落后于同龄儿童水平，社会适应能力不佳，无法在不同的情境中调整自己的行为，同伴交往时常有攻击性行为。

彬彬来自一个单亲家庭，爸爸因工作繁忙无法常常陪伴彬彬，日常生活都是由爷爷奶奶进行照顾。由于彬彬的特殊性，所以家长十分溺爱，养成了“饭来张口、衣来伸手”的习惯，一有不顺心就大发脾气，常常会达到自己的目的。

班主任及学科老师表示，第一次遇到这样特殊的自闭症学生，都十分头疼。由于学习跟不上，彬彬在课堂中厌学情绪较为明显，常常会出现不遵守纪律、扰乱课堂秩序的行为；同学们都很怕彬彬，叫他“小魔王”，常常对他退避三舍。

【分析】彬彬出现的行为问题有多个方面的因素：首先由于本身语言和认知发展的落后，彬彬跟不上学习进度，无法解决学习问题；其次，缺乏社交技能和行为控制能力，使得彬彬常常用不恰当的方式处理问题；第三，由于彬彬家庭的特殊性，无法在其成长中给予有力支持，还间接养成了他遇事耍赖、乱发脾气的错误行为。

因此，对彬彬的个性化支持，既要从多个维度进行，又要整合各方资源，多管齐下才能形成有效的支持力。

3 支持过程

介于对彬彬的综合分析，整合了学校、区域、社区三方面的资源，为其提供个性化的支持（见图 7－2－2）：

老师为彬彬制定了个性化课表，将心理辅导和个训干预纳入课表中，通过一对一的方式，缓解彬彬的学习压力，在个训中通过社交技能的学习，引导彬彬在不同的情景中正确运用恰当的社交技能进行沟通和交流。

表 7-2-2　彬彬个性化支持方案

彬彬的个性化支持方案	
支持方式	普校+区特教指导中心+社区
参与人员	班主任 & 学科教师
支持内容	1. 制定个性化课表； 2. 配合制定并实施干预方案； 3. 完成个案研究报告
家　长	1. 全程参与个性化支持过程； 2. 参与社区家长沙龙活动； 3. 协助老师开展家庭教育与支持；
指导中心	1. 选派特教教师一起参与制定个性化课表； 2. 协助影子老师实施课堂干预； 3. 特教教师定期走访，送课上门(个训)
社区	1. 每周二、五提供1小时的一对一家庭心理疏导； 2. 家长沙龙

与此同时，将“影子教师”引入课堂，在课堂学习时给予彬彬支持。影子老师将课堂行为干预拆分成若干小步，通过视觉提示卡片置于彬彬课桌前，鼓励彬彬每天在课堂中进行练习，当彬彬作出良好行为时及时给予正向强化刺激(见表 7-2-3)。

表 7-2-3　良好行为记录表

内　容	一	二	三	四	五
 坐端正	☆☆☆☆☆	☆☆☆☆☆	☆☆☆☆☆	☆☆☆☆☆	☆☆☆☆☆
 仔细听	☆☆☆☆☆	☆☆☆☆☆	☆☆☆☆☆	☆☆☆☆☆	☆☆☆☆☆
 勤思考	☆☆☆☆☆	☆☆☆☆☆	☆☆☆☆☆	☆☆☆☆☆	☆☆☆☆☆

续　表

内　容	一	二	三	四	五
自我评价	☆☆☆☆☆	☆☆☆☆☆	☆☆☆☆☆	☆☆☆☆☆	☆☆☆☆☆
总星数	☆☆☆☆☆	☆☆☆☆☆	☆☆☆☆☆	☆☆☆☆☆	☆☆☆☆☆

此外,还整合了社区资源,指导彬彬的家庭教育方法。社工定期向彬彬爸爸宣传家庭教育的重要性,引导爸爸多多参与彬彬的家庭教育;同时开展家庭教育指导,邀请彬彬的爸爸、爷爷奶奶一起参加社区组织的家庭教育讲座,更新陈旧的教育理念,学习有效、科学的陪伴方法。

4 尾声

又到了英语课上课时间了。彬彬看看周围同学端坐的样子,自己也调整了姿势坐端正。课堂中的朗读课文,是彬彬预习过的内容,他很自信地举起手,在被老师点名后,站起来大声地朗读起来。老师和同学给予他掌声鼓励,彬彬的脸上洋溢着自信的笑容。

【案例】整合多方资源,是个性化支持的重要保障。彬彬的案例是多方共同参与、提供个性化支持的典型案例。学校和区域通过"影子教师"和"送课上门",给予彬彬个性化的支持,一方面引导彬彬建立正确的规则意识,培养良好的行为习惯;另一方面,利用个别辅导,帮助彬彬客服学习上的困难,逐步建立对学习的兴趣和自信,在减少彬彬学业压力的同时,也提高了随班就读的学习效果。

在彬彬的案例中我们也发现,积极发掘社区资源,为家庭提供支持服务,帮助特殊儿童家庭形成助力,对特殊儿童的成长和身心发展是十分有益的。因此,将围绕特殊儿童的生态系统,即家庭、学校、区域、社区这些重要的组成部分,以学生为中心进行协调统筹,急学生所急、想学生所想,形成共同助力才能更好地提供个性化的支持,为更优质的融合教育保驾护航。

本节案例提供者:1. 闵行区罗阳小学　陈海棠

2. 上海市马桥强恕学校　朱敏敏

第三节 教师个性化培养

20 世纪 90 年代以来，随着我国随班就读工作的大力推进，越来越多的特殊学生进入普通学校随班就读，改变了以往只有少数轻度智力落后学生在普校就读的现状，随班就读学生的障碍类型和障碍程度呈现多样化、严重化的趋势。这对普通学校提出了前所未有的挑战。

特殊儿童在普通班级能否获得有效的教育，普通教育教师是否具备一定的融合教育素养便成为了重要的影响因素。[1]非专业化的随班就读教师队伍不仅会严重影响随班就读的质量与持续发展，还会极大地削弱随班就读这种教育安置方式在教育体系中的地位与价值，从而影响我国整个教育事业的和谐发展。[2]因此，依据岗位角色的不同，对普校随班就读教师开展个性化的培养势在必行。本节将就“普通学校如何做好随班就读教师的个性化培养”这一问题作重点论述。

一、教师个性化培养的概述

（一）普通学校随班就读教师角色

随班就读教师不是单指某一类型的教师，而是一个由多层次、不同专业背景的教师所构成的一个群体的、集合的概念。[3]在普通学校之中，主要指随班就读分管领导、资源教师、班主任及学科教师。

1 朱楠，王雁.“复合型”特殊教育教师的培养——基于复合型的内涵分析[J].教师教育研究，2015(11)：39 - 44.

2 李拉.专业化视野下的随班就读教师：困境与出路[J].教育理论与实践，2012(23)：34 - 36.

3 王雁，黄玲玲，王悦，张丽莉.对国内随班就读教师融合教育素养研究的分析与展望[J].教师教育研究，2018(1)：26 - 32.

学校领导的关心与支持是随班就读工作顺利开展的保证，学校应充分体现以人为本的教育理念，从管理的制度化和规范化角度开展特教工作；资源教师是普校开展随班就读工作的关键人物，应能够为随班就读学生提供跨专业、跨学科的特殊教育与辅导，同时为其他普通教师提供特教专业支持；班主任及学科教师要在班级内为随班就读学生创设接纳、融合的氛围，同时对课程进行适度调整，满足随班就读学生的学习需要。因此，不同的随班就读教师角色承担着不同的责任，不同岗位的教师在融合教育专业素养方面也应有所差异。

（二）教师个性化培养的内涵

本节所指的教师个性化培养，面向普通学校中从事随班就读工作的一线教师，通过分析不同岗位的教师角色，整合学校、区域资源，对分管领导、资源教师、班主任及学科教师提供个性化培养路径（见表7-3-1），从而帮助普校教师获得个体的专业成长，促进随班就读教师队伍的专业化发展，同时为普校随班就读教师团队的组建提供可借鉴的经验。

表7-3-1　普通学校随班就读教师的个性化培养路径

教师角色	主要职责	培养路径
分管领导	加强学校随班就读制度化建设与校园融合氛围创设，对资源教师、班主任及学科教师提供行政支持。	文件解读　理论培训 经验分享会　实地考察 ……
资源教师	承担随班就读学生的个别化评估和教育计划制定，面向随班就读学生开展资源教学，为其他教师提供咨询，日常管理资源教室。[1]	资源教师岗位培训　项目化学习 教学研讨活动　实践性课程培训 ……
班主任	营造融合的班级氛围，全面关注随班就读学生在校学习生活，做好家校合作。	特殊个案研讨　专题培训 经验分享式学习 ……
学科教师	调整普通课程，在课堂上落实对于随班就读学生的关注，实施分层教学，拟定分层作业，评估教学效果。	学科教研　案例研讨 融合教育课程主题培训 ……

1　王和平.随班就读资源教师职责及工作绩效评估[J].中国特殊教育，2005(7)：37-41.

根据教师岗位不同，个性化培养的方式也不尽相同。分管领导是普通学校推进随班就读工作的决策者，对分管领导的培养主要依靠于区级统一规划，重在融合教育理念的渗透，从而加大分管领导对于一线教师的支持，促进各校随班就读工作的落实；资源教师作为随班就读学生个别化教育的主要实施者，需要参加资源教师岗位培训，并获得专业证书，同时在实践中提炼经验、边学边做；班主任需关注随班就读学生的身心健康，在班级中营造接纳融洽的氛围，可通过个案研讨、经验分享等方式掌握融合技术；学科教师是在普通课堂落实分层教学的主力军，需夯实学科基础，通过融合教育专题培训、教学实践等方式积累经验，科学实施分层教学。

二、教师个性化培养的实践

经过多年来随班就读工作探索，区域已形成区校联动的随班就读教师培养体系，以主题培训、研讨活动、经验分享等方式，为普校随班就读分管领导、资源教师、班主任及学科教师提供个性化培养路径，帮助教师提升特教专业技能，关注随班就读教育教学有效性。

区域以“进一步建立健全各类工作机制、加强各学段特殊教育内涵建设”为总体目标，整体规划对于普校分管领导的个性化培养。每学年组织《国家特殊教育提升计划》《上海市教育发展“十四五”规划》《上海市特殊教育三年行动计划》等上级文件精神的解读培训会议，面向分管领导宣传融合理念、理清上级要求。区教育局要求各校成立随班就读工作领导小组，并制定实施校级《随班就读工作管理制度》《随班就读学生档案管理制度》《资源教室制度》等工作制度。以区级“特殊教育先进集体”“特殊教育先进个人”评选为契机，鼓励校际经验分享，激发各校随班就读分管领导的工作积极性，并将经验与成果进行辐射。近年来，普通学校对随班就读工作的重视程度显著提升，渐渐承担起融合教育的主体责任，彰显了普校分管领导培养的成效。

在普校随班就读分管领导的带动下，各校纷纷构建起具有学校特色的教师融合教育专业化培养机制，对资源教师、班主任及学科教师的培养体现出个性化特色。

案例 7-3-1　资源教师的培养

1 案例背景

M 小学是一所兼具传统底蕴与活力生机的百年老校，在区域内有较大的影响力和示范性。近年来，随着办学规模持续扩张，随班就读学生数量与日俱增，学校现有的普通融合课堂已经无法满足特殊儿童个性化的教育需求。因此，设立资源教室、配备专职的资源教师迫在眉睫。学校在特教专业师资短缺的情况下，从现有教师队伍中物色了有事业心、精通普教业务的优秀教师赵老师来担任资源教师。由于赵老师没有经过特教专业化培训，因此学校确立了“边学边干、实践中成长”的资源教师“分阶培养”模式。

由于特教专业人才的缺乏，应聘到普通学校担任资源教师的应届毕业生少之又少，因此，大多数普通学校选择从已有的教师队伍中选拔优秀教师来担任资源教师。这样选拔出来的资源教师既有较为深厚的学科背景，又熟悉学校的管理流程及其他教师，便于开展随班就读学生的补救教学，也便于为其他教师提供咨询等服务。

2 资源教师岗位培训

M 小学的赵老师在确定资源教师工作岗位后，即报名参加了华东师范大学组织的“上海市特殊教育专业岗位培训”，学习了“残疾儿童的身心发展与教育”“特殊教育行为矫正”“资源教室的建设与运作”“融合教育背景下的学校课程”“自闭症学生的教育与干预”等 14 门课程，共计 136 学时，并通过考核，取得了岗位培训合格证书。赵老师如是感慨道：“一年的岗位培训很辛苦也很值得，为我们培训的老师都是华东师大特殊教育学系的教授和上海各区特殊教育学校的校长们。通过培训中的理论学习和案例分析，我了解了特殊教育发展的历程，体会到了特教老师的不容易，明确了资源教师的职责和任务，感到要想胜任资源教师的岗位，要学的东西还好多好多……”

资源教师应掌握各类残疾儿童的身心发展特点与教育指导方法，具备对特殊儿童进行评估、制定个别化教育计划的能力，因此需持证上岗。

上海市教委与华东师范大学合作，每年面向各区开办为期一年的“上海市特殊教育专业岗位培训班”，接受培训的教师在通过考核后可获得《特殊教育岗位培训合格证》，又称“特教上岗证”。这项培训为资源教师初步了解特殊学生、适应特殊教育的教学与管理打下了基础。因此，接受岗位培训、获得上岗证，是资源教师个性化培养的第一步。

3 教学研讨活动

区内中小学资源教师团队，在区特教学科教研员的带领下，定期参加市、区两级随班就读各类教研活动。研讨课中教学设计的有效实施、学生学习目标的有效达成，都能激发参与活动教师的反思与提高。以2021学年第一学期为例，赵老师参与的区级随班就读教研活动(见表7－3－2)：

表7－3－2 赵老师参与的资源教师教研活动列表(2021学年第一学期)

教研活动主题	教研活动形式	参与取得成效
《特殊儿童感知能力评估手册》的使用	评估手册解读、评估经验交流	掌握对随班就读学生实施感知能力评估的基本方法
以“情绪”为主题的自闭症学生个别化训练	个别化教学示范课展示、经验分享	了解自闭症儿童个别化训练的基本流程与方法
随班就读学生生活技能训练“包馄饨”	随班就读学生小组式教学展示	观摩他校“生活技能训练”为主题的随班就读小组课堂，反思自身教学
随班就读学生的语文、数学学业能力评价	评价手册解读、评估经验交流	掌握随班就读学生学科评价的要点，待进一步在日常教学中落实
提升小学随班就读学生“阅读课程实施”的有效性	随班就读学生小组式教学展示	观摩他校“绘本阅读”为主题的随班就读小组课堂，反思自身教学
五年级随班就读学生的数学课程调整与教学支持	随班就读学生小组式教学展示	深入理解普通课程调整的方法，观摩他校随班就读小组课堂，反思自身教学

除参与外，M 小学还积极承办了主题为“基于评估、结合生活、优化课程”的 2021 年上海市“随班就读课程调整”教研活动。资源教师赵老师面向 4 名随班就读学生，开设了一节生活数学小组训练课，以“使用计算器进行计算”为核心，解决随班就读学生“数学计算普遍存在困难”这一问题，提高他们学习数学的兴趣和信心。赵老师还分享了学校在资源教室建设过程中不断优化资源教室配置，为特殊学生、家长及教师提供专业服务的工作经验。在此过程中，赵老师与本校数学组教师、市区特教学科教研员始终保持互动，多次修改教案、试教磨课，提升了理论应用于实践的小组化教学专业技能，最终为大家呈现出一堂优秀的随班就读训练课。

区校联动的教研机制是促进各校资源教师优化教学活动、提高随班就读教学质量的重要保证。通过课堂观摩与交流互动，资源教师可以了解到其他学校面向随班就读学生的特殊课程开设情况，学习个别化、小组化教学的流程与方法，从而根据本校特殊学生的实际情况，灵活调整教学组织形式，提升教学效果。

除观摩学习之外，承办市、区级教研活动也是促进资源教师快速成长的有效途径。资源教师一次次磨课、磨稿的过程，就是一遍遍反思教学方法、提升课堂质量的过程。由此可见，教学研讨活动能够帮助资源教师在实践中学习，在真实的资源教室课堂情境中成长，是教师个性化培养的重要方式。

4 成效

经过几年的培养，赵老师的专业能力得到了很大的提升，在 M 小学资源教室的建设过程中和对其他教师的指导过程中均发挥着关键性作用。除了学生评估、课程开发、教学研究外，赵老师还经常开展家长咨询活动，对准备申请随班就读的学生家长进行政策的解读、学校特教工作的介绍，消除家长的焦虑，帮助家长理性正视随班就读。赵老师在做好本校工作的同时，还被选为闵行区特教学科中心组成员、区兼职巡回指导教师，承担了示范和辐射引领的责任。

【分析】资源教师作为普校随班就读学生教育教学的核心人物，必须具备特殊教育基本素养和专业能力。由于特殊学生的障碍类型多、个体差异性强，因此资源教师需掌握的理论和实践技术也复杂多样，需要较长的成长周期。M 小学与区特教教研员、区特教指导中心紧密合作，采用"分阶式"培训对资源教师进行个性化培养。通过"资源教师岗位培训"培训，获得上岗证书；通过以市区级资源教师教研活动为主要内容的进阶培训，掌握贴合实际教育教学需求的理论与实践双重技能。在资源教师的培养过程中，注重区校联动、构建以随班就读学生需要为指导的教师培养体系是十分重要的，同时还需积极调动资源教师的学习自主性，在实践中反思理论、在持续不断的学习中摸索前进。

案例 7－3－2　班主任与学科教师的培养

1 案例背景

S 小学是区内规模较大且较早开始接受并支持随班就读学生的学校。该校突出"融合共生 · 协同发展"的理念，注重对全校教师进行普及性融合理念的学习。学校通过行政会议、教工大会、党团员大会等多途径开展融合教育相关理论讲座，使得学校所有教师都能够微笑面对每一位特殊学生，融合理念深入人心。在此基础上，对随班就读学生的班主任及学科教师还有进一步的专业培训。学校各层面的培训相互交叠、相互补充（见图 7－3－1）。

图 7－3－1　S 小学三层培训结构图

随班就读的发展过程就是全纳教育的实现过程。每一位班主任及学科教师都应以全纳理念为指导,做好融合教育的心理与专业准备。而这背后,离不开学校的支持。全员培训的层次化开展,可以促进学校教师整体融合教育水平的专业化迈进。

2 专题讲座培训

S小学的随班就读学生中有听力障碍、智力落后、注意缺陷多动障碍、自闭症等多种障碍类型。班主任及学科教师在日常工作中,会经常遇到特殊学生问题行为、不同障碍类型孩子的教学方法等具体化的问题。区教育学院、区特教指导中心会定期牵头组织主题培训,帮助普校教师有针对性地进行专题研习。近一年半,S小学的普通教师参与的主题培训列举(见表7-3-3):

表7-3-3 随班就读主题培训列表(2020—2021学年第一学期)

培训主题	培训内容
新生入学支持策略	各类特殊儿童的个性特点,以及在新入学时需要何种支持。
听力辅具设备的使用	助听器原理,如何正确使用与维护助听器设备,诺+笔的正确使用。
多动症学生的组织技巧训练	多动症学生身心特点,如何对这类学生进行心理疏导。
随班就读研究策略	随班就读学生日常教育教学的组织与策略。
融合教育的课程建设与教学实践	学校如何对特殊学生提供个体层面的支持,如何调整课程与教学、因材施教。
自闭症儿童的教育与支持	了解自闭症儿童的基本特征及学校应如何给予教育支持。

由于随班就读学生障碍类型的多样化及特殊性,对他们教育教学的干预仅凭资源教师一人之力是远远不够的,班主任及学科教师也需具备帮助各类特殊学生适应课堂、发展学业能力的技能。因此,基于实践、聚焦难点的各类主题培训在普校教师的培养过程中是不可或缺的。特殊教

育强调“承认并尊重学生的差异，根据学生的个别化需求开展教育教学”，主题培训能够很好地凸显这一理念，帮助基层教师突破难点问题。

3 经验分享式学习

学校充分利用每周一次的“班主任培训时间”，请任教随班就读学生的班主任进行经验式分享。定期组织开展教师的外出学习，并开展小范围的教研活动及典型个案研讨。培训活动除了引导教师营造良好的班级融合氛围之外，更注重融合文化和融合技术的再学习。

2020学年，S小学开展了一次题为“关注特殊需要学生，情暖与爱同行”的随班就读教师研修活动。班主任徐老师介绍了自己班级听障学生小王的案例。入学初，班级中不少调皮的男生会对小王同学做出不礼貌的行为，例如：课间拨弄他的助听器、对着耳麦大声讲话、课堂听到他口齿不清的发音时，模仿嘲笑他，等等。小王也因此变得有点胆小害怕。学校资源教师及班主任及时发现了这个问题，随即成立了“小王同学的教师合作群”，开展了听障儿童言语发展特点及日常学习需求相关的主题培训，让老师们都了解了佩戴助听器对周围环境的要求，同时微调课程设置，为小王增设了语文、英语和音乐等学科的个别辅导。与此同时，班主任及所有学科教师在对全班学生的教育引导上注重平等关爱，不允许孩子们在任何课堂中或者课间活动时出现对听障孩子的歧视与不尊重，大家为营造友爱团结的班集体而努力。通过一段时间的实践，小王同学逐步参与到学校的各类学习活动中，同学们对他的帮助越来越多，特殊孩子和普通孩子都收获了更加丰富的成长经历。

这样的经验分享，让所有参与研讨的教师都受益匪浅。大家从培训中了解了随班就读学生的特殊性和特殊教育技术的专业性，学习了针对特殊学生问题的应对办法。一次次的经验分享式培训，让大家在观念上不断得到统一，在专业技能上不断得到发展。

班级是学校教育的基本管理单位，也是随班就读学生每日置身其中的“小社会”，班主任和学科教师则是班级发展的引导者、班级管理的示范者。S小学定期召开的"随班就读教师主题研修活动"能够帮助老师们聚焦典型案例、梳理已有经验,并围绕个案进行研讨,将经验有效传播给其他教师,起到了有效辐射的作用。

4 成效

学校通过主题培训及经验分享活动对教师们展开丰富的特教普及,老师们的融合教育理念不断得到强化并根植于心,并且逐渐显现在日常的教育教学活动和校园文化的营造中。班主任在班级内适时引导教育,特殊学生更愿意融入到集体之中,普通小朋友也渐渐发生了变化,他们能够更加友好地理解、包容随班就读学生,在关心别人地同时,也收获了快乐。学科教师能够在教学过程中,充分尊重学生的差异性,调整随班就读学生的教学目标与任务难度,帮助随班就读学生巩固新知。总之,学校在教师个性化培养机制的推动下,呈现出良好的校园融合文化,也有效地助推了区域层面整体的融合共生。

【分析】在融合教育大背景下,班主任与学科教师的个性化培养离不开区域及学校大环境的支持。S小学从顶层设计架构出发,注重营造包容、友爱的校园氛围。长期以来的全员培训有效推进了教师融合理念的统一,也让特殊学生在校园环境中真实受益,更好地融入普通群体。在班主任及学科教师的培养过程中,注重教师、家长、普通学生、特殊学生之间的情感联结,通过主题培训、经验交流、个案研讨等方式,让所有老师逐步学会面对不同障碍类型特殊学生时的教育方法,建设更加和谐的校园人际关系及家校合作关系。与此同时,注重融合教育策略与学科知识之间的平衡,科学处理分层教学,有效推进不同学习水平学生的知识习得。S小学的经验值得其他学校借鉴,在这样的融合校园之中,每一名学生尤其是随班就读学生,都能心向阳光、快乐成长。

本节案例提供者:1. 闵行区七宝镇明强小学　赵燕萍
2. 闵行区实验小学　苏　君

后　记

特殊教育是造福于全社会特殊儿童与家庭、体现教育温度的系统工程，标志着城市发展的文明程度。闵行区将以更坚决的态度贯彻落实党的十九大关于“办好特殊教育”的精神，构建和实施区域随班就读支持系统，关心关爱有特殊需求的儿童，营造和创设“平等、尊重、接纳、合作”的融合生态，以期推进区域特殊教育质量的提升与发展。

“随班就读”是我国特殊儿童融合教育的主要形式，随班就读的系统构建是特殊教育研究的重点领域。2017 年，闵行区教育局申报了全国教育科学规划课题“提升 3—15 岁听障儿童随班就读质量的区域性支持系统研究”（DHA170343）。几年来，课题引领、区校合作，一起探索区域随班就读系统的构建及实施，以此保障每一个有特殊需求儿童健康、高效的随班就读的学习和生活质量，促进其今后自主、平等地融合、参与社会生活。本书是对该课题研究过程与结果的全面阐述。

全书共分探索、构建和应用三大板块。

探索板块由第一、第二章组成。通过对融合教育的理论追溯、现实辨析和区域听障儿童随班就读的实践探索，以比较性研究、实践性构想，厘清国内外融合教育的发展历程和现实存在的问题，并对听障儿童随班就读的系统进行实践探索。

构建板块由第三、第四章组成。此板块从第一章构建听障儿童随班就读的系统延伸至适合各类有特殊需要儿童的随班就读系统。本系统从微观、中观和宏观三个层面构建提升随班就读质量的关键指标，进而建构三个层面的随班就读系统。关键指标既是系统构建的指标，也是评价随班就读质量的发展性指标，我们追求“每一位孩子健康发展”的目标，基于多元评价，为有特殊需要的孩子量身定制课程与教学。为了找到学生发展的基点、障碍点和发展点，对研究对象进行前、后测，再基于评价数据进行跟踪式研究。建立起有人、有魂、有道、有爱、有术的发展性评价系统。

应用板块由第五、第六、第七章组成。随班就读系统在区域实践应用后，形成了区校联动支持模式、学段特色运行方法和个性化支持与服务策略的丰硕成果。

全书由乔慧芳、何永红策划，明确了成果定位、确定了全书框架、制定了写作体例。全书执笔者有蒋莉琴、陈玉、白永平（第一章），牛丽君、孔娟、姜丽霞、严淑琼、成旭星（第二章），韩秀华、张磊、彭云晖、朱丹（第三章），乔慧芳、成旭星、聂佳妮、李历彩、李建凤、谭宏、朱晓庆（第四章），严淑琼、彭盼、陈海棠（第五章），聂佳妮、张磊、孔娟（第六章），李燕珍、谭宏（第七章）。牛丽君、韩秀华负责全书的初稿修改、统稿和定稿。

最后，衷心感谢方俊明、苏忱、许开宇、陈东珍、刘春玲、汤林春、熊立敏、蔡蓓瑛、邱铁、张洁华、陈建军、史惟、丁美珍、朱剑平等专家在课题研究过程中的指导和支持。感谢恽敏霞、何美龙、朱靖、李啸瑜等领导们，跟进式指导课题研究，保障了课题高质量地完成。

感谢上海市闵行区启音学校、上海市闵行区启英幼儿园、上海市闵行区启智学校、上海第二听障教育指导中心、闵行区特教指导中心、闵行区实验小学、闵行区七宝镇明强小学、上海中医药大学附属闵行蔷薇小学、上海市七宝实验小学、闵行区罗阳小学、闵行区虹桥中心小学、上海市闵行区碧江路小学、闵行区平阳小学、闵行区颛桥中心小学、闵行区新梅小学、上海市闵行区七宝第二中学、上海市闵行区龙茗路幼儿园、闵行区浦莲幼儿园、上海市莘城学校、上海市闵行区君莲学校、上海市马桥强恕学校的主动合作和热情参与；感谢华东师范大学出版社的大力支持与帮助。

研究，如琢如磨。本书撰写过程中，由于时间和作者水平的有限，尚存不足之处，恳请广大读者多提宝贵意见，让我们的研究更趋完善。